N

Patrick Van God

# Trismus

## Im Winter um Kap Hoorn

Edition Maritim

ISBN 3-922117-12-0

Schwanenwik 27
D-2000 Hamburg 76
Titel der französischen Originalausgabe:
Trismus. Des îles du Cap-Vert aux Galapagos
par le Cap Horn et la Patagonie


Übersetzung: Christiane Carola Lippner
Redaktion: Marita Ellert
Design: Jan Buchholz & Reni Hinsch
Lithografie: Grafische Kunstanstalt Walter Huber, Ludwigsburg
Satz und Druck: Süddeutsche Verlagsanstalt und Druckerei GmbH, Ludwigsburg
Bindearbeiten: Großbuchbinderei Sigloch, Künzelsau
Printed in Germany 1980

Die Photos stellten Wendy van God/Port Vauban und Oscar van Godtsenhoven/Brüssel zur Verfügung. Die Photos Nummer 1, 2, 3 stammen von Harald Mertes/Koblenz, Nummer 17, 18 von Otmar Dills/Koblenz
Die Zeichnungen auf den Seiten 24/25, 90/91, 125, 196/197 erstellte Lutz Orlowski/Kiel
Die Konstruktionszeichnungen der Trismus wurden von der Bauwerft META/Tarare zur Verfügung gestellt

# INHALT

Meinem Vater
Mit zwölf Jahren sagte ich ihm:
»Papa, du bist mein bester Freund«.
Mit 32 widme ich ihm dieses Buch

# VORWORT

Dank gebührt Ricardo Salomaô dos Reis, dessen Name ebenso wundervoll ist wie seine Kunstfertigkeit als Mechaniker und der uns als erster auf den Kapverdischen Inseln weiterhalf. Ferner der Familie Savino, Jean-Jacques Terrasson, Jacques de Smedt, Mario Besse, die unseren Aufenthalt in Brasilien verzauberten und die wir in unser Herz schlossen; der Familie Kitowski und Horacio Pastori in Uruguay sowie in Argentinien den Familien Beau de Loménie, Bottazzi, Pietranera, Carlos Manuel Imhoff, Daniel Dupin und seinem Schamottstein, dem Club Nautico San Isidro und seinem Geschäftsführer M. Francisco Szuhi, die uns alle nach dem »knock-down« der TRISMUS halfen, wo sie nur konnten. Ferner dem chilenischen Konsul in Ushuaia, M. German Meza, der uns seine Landesfahne überreichte, die wir noch heute mit uns führen.
Weiter danke ich den Familien Robyn und Hudelot, Roberto Anrique und Luccho Fello, den »Vier Bärtigen« Manu de Halleux, Christian Stein, Pierre Vidal und Carlos Desmet für ihre herzliche Freundschaft während meines siebenmonatigen Aufenthalts in Chile.
Herrn M. Andrew Lindsay in Callao danke ich für die Mobilisierung einer Kompanie Feuerwehrmänner, die mir halfen, den Kiel der TRISMUS zu säubern, der Familie De Roy, die mich auf Galapagos aufnahm wie den eigenen Sohn. Unvergessen bleibt die aufrichtige Unterstützung, die die TRISMUS und ihre Besatzung durch die Marineakademie Brasiliens und ihres Kommandanten Oscar Mattoso Maia erfuhren, die Hilfeleistung der argentinischen Marine, des Kapitän Pedro Margalot, des Kommandanten des chilenischen Stützpunktes Puerto Williams, der chilenischen Marine und Luftwaffe sowie deren Hauptmann Sepulvida.

Mögen all jene, die ihre Tore und Herzen der TRISMUS und ihrer Crew geöffnet haben, hier den Ausdruck meiner Dankbarkeit und aufrichtigen Freundschaft wiederfinden. Meine tiefsten Gefühle gelten weiterhin meinen Begleitern, allen voran meinem Cousin Marco Braillard, der mit seinem Jagdhorn aus den Schweizer Bergen zu mir herabstieg, dem Dichter Martin Burton, genannt »cookie«, André Leclercq und Pedro »Chanchito Regalon« – sie alle waren stets vergnügte Begleiter der TRISMUS und gingen mit ihr durch dick und dünn. Ohne sie wäre diese Reise nie zu dem geworden, was sie war.

## Marco der Cousin

Zunächst muß ich gestehen, daß ich stets eine instinktive Abneigung gegen Vorworte gehegt habe. Sie leiten meist sehr trockene Werke ein und sind höchstens ermüdend. Es wäre notwendig, ja geradezu unerläßlich, sie mit einer Art von Gebrauchsanweisung zu versehen. Ich muß es noch einmal sagen: Gegen Vorworte hege ich grundsätzlich Argwohn, also werde ich versuchen, dieses mit um so größerer Leichtigkeit zu schreiben.

Wenn nun schon kein gewöhnliches Vorwort, dann soll hier eine Vorstellung beginnen – nicht die des Buches, sondern die seiner Hauptdarsteller. Ich wage nicht zu sagen: seiner Helden, denn man würde mir nicht glauben, und das ist auch ganz gut so. Doch wenn man den Leser einlädt, sich bis an das andere Ende der Welt mit einzuschiffen, scheint es mir nur höflich, ja unumgänglich, daß er weiß, auf welchem Boot er seinen Seesack ablädt, wie es an Bord zugeht und vor allem, mit wem er es zu tun haben wird.

Zunächst ist da mein Cousin Marco. Man hört und sieht ihn bereits von weitem. Er ist groß, bärtig, liebt große Gesten und Worte, singt und pfeift wundervoll und – hier darf ich mich auf die Vertraulichkeit der Leser verlassen – dreht gern den Kopf nach hübschen Mädchen um. Ja, er hat schon beachtliche Talente.

Marco ist Schweizer, besser gesagt Genfer. Doch stellt er ein permanentes Dementi gegenüber dem herkömmlichen Ruf seiner Landsleute dar, denen man ja gern nachsagt, sie hätten ebenso wenig Humor und

Fantasie wie einer jener exakten Chronometer, für die seine Vaterstadt berühmt ist. Zu diesem Charakterzug kommt noch ein gehöriges Quantum Koketterie und – das ist sehr ungewöhnlich für diesen Menschenschlag – Extravaganz. Verstehen Sie jetzt? Ich hoffe doch! Zudem ist er akademisch gebildet und von jenem Hauch durchweht, der die Bewegung von 1968 kennzeichnet. Im Laufe der Jahre studierte er mit wechselnder Ausdauer Schöne Künste in Paris, dann auch Architektur und hat sich erst kürzlich ein wenig in der Universität von Berkeley in Kalifornien umgesehen. Er kann übrigens eine Menge darüber erzählen, wie dort die Kurse abgehalten werden, noch mehr weiß er darüber, wie man ein Diplom erwerben könnte, doch umgeht er diesen Punkt stets mit größter Eloquenz . . .

Marco ist ein unnachsichtiger Gegner der Konsumgesellschaft, des »Systems«, und ich muß jedesmal mit Bewunderung erkennen, wie er trotz seiner Stereoanlage und eines halben Dutzend Kameras Philosophie und Praxis in Einklang zu bringen versteht.

Er weigert sich zum Beispiel, ein Auto zu kaufen und durchstreift das Quartier Latin mit einem Dreirad. Es muß ein Dreirad sein, denn ein gewöhnliches Fahrrad wäre zu alltäglich. Angetan mit einem Zimmermannsanzug aus Savoyen und der dazugehörigen Mütze sieht man ihn von Zeit zu Zeit mit großartigem Schwung von seinem Gefährt absteigen – geradeso, als wolle er sich von einem Paradepferd zum Handkuß herabschwingen. Ihn so zu sehen ist schon ein ästhetischer Genuß. Wer nie das Privileg hatte, ihn so anzutreffen, wird das Leben durchschreiten, ohne zu wissen, welche Schönheiten es in ihm gibt. Ich jedenfalls habe es so empfunden.

All diese Qualitäten machen ihn zu einem idealen Gefährten für eine Weltumsegelung. Weil jeder am Ende einer gut geführten Unternehmung dieser Art ein recht anständiger Begleiter sein wird, so ist kaum anzunehmen, daß ein Mann mit solchen Talenten, selbst wenn er ab und zu schwermütig ist, jemals seinen Humor verlieren wird.

Wenn ich zwischen technischen Fähigkeiten und der Fantasie zu wählen hätte, würde ich stets für letztere optieren. Denn – es ist wohl kaum noch nötig zu sagen – mein Cousin konnte nicht segeln. Doch ich übertreibe, denn Marco hatte bereits einmal die Verrücktheiten des Binnensee-

Segelns kennengelernt. Es war auf dem Genfer See an der Pinne eines widerspenstigen Bootes. Man sah ihn dort bei einer schönen Brise von 6 Beaufort, wie er am Kai Mont Blanc das Schiffchen zu Wasser ließ und sogleich Kurs auf die Fontäne nahm. Die Legende berichtet, daß er dabei die leicht stockige Weste und den Frack unseres Urgroßvaters trug. Leider hatte mein Cousin auf dem Dachboden nicht mehr den Klappzylinder gefunden, der seinen Anzug vervollständigt hätte. Er ist nie so richtig darüber hinweggekommen, denn dieser Zylinder hätte der ganzen Angelegenheit den letzten Schick verliehen. Bei einer Geschwindigkeit von sieben Knoten wurden die Frackschöße des Urgroßvaters zu lustigen Spielbällen der unruhigen Wellen.
Marco war gerade im Begriff, sich unvergänglichen Ruhm zuzulegen, als er, kaum an der Fontäne angelangt, auch schon kenterte. Ein enttäuschtes Murmeln ging durch die große Menge, die sich mittlerweile am Kai Mont Blanc versammelt hatte. Schließlich hatte man sich seit der letzten spektakulären Bergbesteigung nicht mehr so amüsiert, und die nächste würde bestimmt erst in einigen Monaten stattfinden.
Auf dem Balkon, von dem aus sie die Entwicklung beobachtet hatte, verließ meine Tante ihr auf ein Stativ montiertes Opernglas, um trockene Kleidung und heiße Milch vorzubereiten. Es war nämlich November und recht kalt für die Jahreszeit, und mein Cousin trinkt eigentlich nur Milch.
Das Denkwürdigste dieser Heldentat, so schien es Marco nachträglich, war, daß ich ihn daraufhin zum Begleiter meiner Weltreise machte. Doch war ich über diese Entscheidung auch dann noch sehr froh, als er seine Koffer – ja, es waren Koffer! – am Anleger der Werft Camper & Nicholson in Gosport an Bord hievte. Bei dieser Gelegenheit trug er einen weiten Umhang aus Ziegenfell mit langen Ziegenhaaren, of course! Der Umhang reichte ihm bis zu den Waden hinunter, und als wir zwischen den Wendekreisen Kurs auf die Passatwinde nahmen, präsentierte sich unser Begleiter in dieser Montur. Es war ein Anblick, der alle Hoffnung vergehen ließ, und man glaubte, jeden Augenblick den strahlenden Schein eines großen historischen Augenblicks erleben zu können.
Ich war das genaue Gegenteil zu meinem Cousin, und trotz annähernd gleichen Alters mußte ich ihm gegenüber als sehr gesetzt, ja bürgerlich erscheinen. Ich war, bin und werde auch stets ein Verteidiger des von

ihm verabscheuten Systems bleiben. Meine Haltung zu diesem Punkt gab genug Gesprächsstoff für die langen Abende unter Deck.

Ich halte dies in der Tat, und ich spreche hier aus Erfahrung, für den besten Weg, um dem zu entrinnen, was er die Konsumgesellschaft nennt. Dieses System verfolgt einen sogar bis ans andere Ende der Welt. Es geht eigentlich nur darum, ihm zu entkommen. Doch um sich von ihm zu befreien, muß man es zunächst einmal akzeptieren. Logisch, nicht wahr? Nun, ich habe es jedenfalls so gemacht: 23 Jahre Schule, Universität und Zahnarztpraxis schienen mir genug Opfer für das System. Und 29 ist eigentlich ein vernünftiges Alter, für meinen Geschmack sogar schon ein bißchen zu spät, um dem Ganzen zu entfliehen.

Ich tat es dann ja auch, sehr zur Bestürzung meiner Angehörigen. Genau betrachtet, trugen sie dafür die Verantwortung. Zu meinem zwölften Geburtstag schenkten sie mir eine »Firefly« und halfen mir sogar dabei, sie zu Wasser zu lassen. Sie hätten bereits damals ahnen müssen, daß sein Kielwasser eines Tages bis zum Kap Hoorn reichen würde. Doch sie haben das nicht vorausgesehen, und als es ihnen endlich klar wurde, war es zu spät. Mein Vater hat mir oft erzählt, daß es wohl besser gewesen wäre, man hätte mir zum zwölften Geburtstag einen Billardstock, einen Tischtennisschläger oder ein Briefmarkenalbum geschenkt – alles Dinge, die einen ins normale Leben einbinden sollen. Und wenn man es recht bedenkt, eine Sammlung exotischer Briefmarken . . .

Leider weiß man nie, welche Unwägbarkeiten das Schicksal noch bringen wird. Später glaubte ich entdeckt zu haben, daß es meine Eltern doch vorzogen, mich auf Hiva-Oa fischen zu sehen, als in irgendwelchen rechten oberen Backenzähnen zu bohren. Sie haben das recht gut vor mir verheimlicht, obwohl das nicht gerade nett ist und einen ausgesprochenen Hang zur Unaufrichtigkeit zeigt.

Jetzt soll nun endlich auch die TRISMUS ins Bild rücken. Es ist eine kanariengelbe Ketsch. Niemand war erstaunt, daß es ein Typ Joshua war, denn bevor ich mich zum Bau entschloß, hatte ich Charterfahrten unter der Fuchtel von Bernard Moitessier gemacht. Bernard ist ein sehr beredsamer Verteidiger jener Bootstypen, die ihm lieb und teuer sind. Wenn man ihm nur genügend Zeit gelassen hätte, würde er auch Marcel Bich überzeugt haben, mit einer Joshua im America's Cup anzutreten.

Das hätte zu den gleichen Resultaten geführt und wäre letztlich billiger gewesen. Doch darüber könnte man endlos diskutieren . . . Kurz, ich habe meine Expedition nun an Bord einer Joshua durchgeführt. In der Erkenntnis, daß mir das »System« den Kauf überflüssiger Dinge erlaubt, von denen ich mich dann später wieder befreien kann, habe ich das Schiff TRISMUS getauft. Das ist ein Wortspiel, ein ganz schöner Reklametrick, wie mein Cousin meint, der zudem zeige, daß der künftige Weltumsegler sich noch nicht zum alten Eisen zähle. Daran ist viel Wahres, denn den zahlreichen Neugierigen, die unbedingt die Bedeutung des Namens erfahren wollten, könnte ich in aller Ruhe erklären: »Trismus ist ein Krampf der Kaumuskeln und verhindert das Öffnen des Mundes.« War mit dieser Erklärung die Neugier erst richtig angestachelt, so berichtete ich haarklein von meinem Beruf und deutete an, daß ich an Bord eine komplett eingerichtete Zahnklinik hätte. Sie stehe sofort zur Verfügung und sei funktionstüchtig. Dann könnte ich ganz von oben herab meinen »Pavillon« beschreiben: Total schwarz, verziert mit einem herrlich großen weißen Backenzahn samt Wurzeln. So richtig aus dem Leben gegriffen. Es fehlt dann nur noch ein wenig Rouge, um das Ganze auch authentisch zu machen. Einige werden bereits beim Anblick des Bohrers augenblicklich keine Zahnschmerzen mehr haben, andere die Gelegenheit wahrnehmen und mit in meine schwimmende Praxis hinuntersteigen, wo ich dann in aller Ruhe die Spritze takeln und die Bestecke bereitlegen könnte. Auf irgendeine Art muß man ja sein Geld verdienen und leben, oder?

»Was erst noch zu beweisen wäre«, meinte Marco, »jedenfalls nicht auf diese Art und Weise. Du enttäuschst mich, Cousin . . .«

Doch auch andere werden enttäuscht sein, fürchte ich. Ich denke hier vor allem an jene Leser, die immer alles ganz genau wissen müssen, die gern hinter die Dinge blicken wollen, also woher die TRISMUS gerade kommt, wie gut sich eine Joshua steuert, den exakten Standort während der Mittagshöhe und auf ein Zehntel Beaufort genau die Windstärke im näheren Umkreis.

Zu meiner Schande muß ich allerdings gestehen, daß ich kein Genauigkeitsfanatiker bin. Es ist mir passiert und passiert mir immer wieder, daß ich vier oder fünf Stunden keine Beobachtung mache oder sogar – und das

# JOSHUA

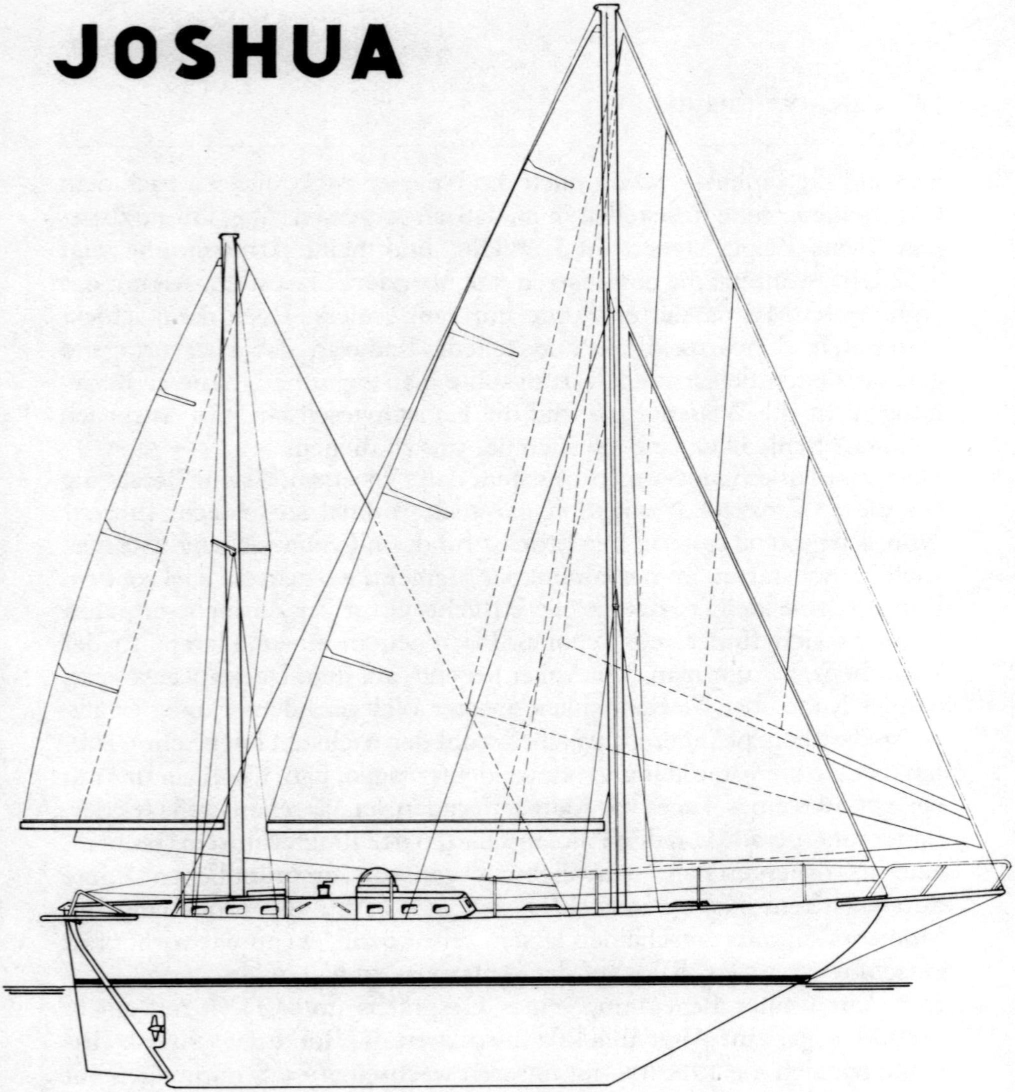

| | | | |
|---|---|---|---|
| Architekt: | Knocker | Fock 1: | 21,75 m² |
| Pläne: | Bernard Moitessier | Klüver: | 13,68 m² |
| Werft: | Méta | Großsegel: | 33,30 m² |
| Länge: | 12,07 m | Besan: | 15,00 m² |
| LWL: | 10,43 m | Sturmfock: | 6,32 m² |
| Breite: | 3,68 m | Fock 2: | 13,00 m² |
| Tiefgang: | 1,60 m | Yankee 1: | 42,70 m² |
| Ballast: | 14000 kg | Yankee 2: | 30,20 m² |
| Motor: | 40 PS | Vorstagsegel: | 24,10 m² |
| Segelfläche am Wind: | 83,73 m² | Besanstagsegel: | 35,40 m² |
| | | Genua: | 45,00 m² |

ist wohl die Höhe! –, wenn mich die Neugier packt und ich nach dem Chronometer sehe, feststellen muß, daß ich vergessen habe, ihn aufzuziehen. Seine Zeiger stehen auf 5.28 Uhr, und meine Armbanduhr zeigt 9.22 Uhr, während die Sonne senkrecht über dem Mast steht. Als mir das zum ersten Mal passierte, wurde mir ganz anders. Doch dann schickt man sich ins Unvermeidliche und stellt das Radio an, das ja hervorragend genaue Zeiten liefert, und warum sollte man eigentlich in dieser Beziehung nicht die Wissenschaft und die Konsumgesellschaft in Anspruch nehmen? Schließlich sind sie auch da, uns zu dienen.
Darf ich es überhaupt wagen zu sagen, daß TRISMUS und seine Besatzung bei dieser Zickzack-Navigation gar nicht einmal so schlecht fuhren? Nun, ich gestehe es gern: Die Erde ist rund, und von welcher Küste man auch immer startet, immer kommt der Moment, wo man ein Ziel vor dem Bug hat, eine kleinere oder größere Bucht, ein stiller Zufluchtsort oder, wenn es sich findet, ein schönes Plätzchen in einem Hafen. In der Zwischenzeit kann man, vor Anker liegend, auf dem Deck ausgestreckt, in aller Ruhe über die Endlichkeit unserer Welt nachdenken oder ersatzweise darüber spekulieren, welches wohl der nächste Hafen sein wird.
Ich möchte hier ganz klar und unzweideutig sagen, daß, wenn wir uns mit der TRISMUS eines Tages vor Kälte zitternd in der Magellanstraße wiederfinden und gerade von den Palmenschatten der Jungferninseln träumen, eine unvorhergesehene Abweichung von der ursprünglichen Route durchaus kein Navigationsfehler sein muß. Nur die Eingebung des Moments soll uns entscheiden lassen, selbst dann, wenn wir vorher fest entschlossen waren, Kurs auf den Amazonas zu halten.
Der Zufall einer Begegnung, eines Gesprächs unter Deck mit einem Freund, sogar eine Augenblickslaune diktiert die Route der TRISMUS. Bis heute hat sich die TRISMUS mit unseren wechselhaften Stimmungen gut abgefunden.

Patrick van God

# KURS BRASILIEN

»Fucky – fucky?« Schon seit langem mußte uns die kleine schwarze Gestalt erspäht haben, die dort mit baumelnden Beinen am Mindelo-Kai saß, vielleicht schon, seitdem die Masten der TRISMUS langsam am Horizont der Kapverdischen Inseln auftauchten.

Geduldig ließ er uns anlegen, Anker werfen, die Segel abschlagen und wartete, bis wir von Bord gingen.

Welches Alter mochte er haben? Zehn, höchstens zwölf. Die kugelrunden, fragenden Augen in seinem kleinen, aufgeweckten Negergesicht warteten auf unsere Reaktion.

Es war fast Nachmittag, aber die Sonne, die erst viel später sinken würde, wog bestimmt noch zehn Megatonnen. Wir wagten nicht, ihn zu verstehen. »Fucky, fucky«, beharrte er. Diesmal war kein Mißverständnis möglich. Mit einer Geste von obszöner Unschuld hatte er seine Worte unterstrichen und – um jeden Zweifel auszuräumen – verlockend hinzugefügt: »Pretty girls! Very pretty girls!«

Breites Lächeln. Ein Gesicht von treuherziger Verderbtheit. Wenigstens empfand ich diesen Ausdruck so; sicherlich wäre er der gleiche gewesen, wenn er vorgeschlagen hätte, uns zum Schiffsausrüster an der nächsten Ecke oder zu einem Spezialitätenrestaurant zu führen. Aber für uns war die Stunde für »pretty girls« noch nicht gekommen – noch nicht.

Außer einer Handvoll Peseten, die von der Zwischenlandung in Las Palmas übriggeblieben waren, hatten wir nur einen Fünf-Dollarschein in der Tasche und natürlich die unverzichtbaren Travellerschecks. Wir hielten sie ihm unter die Nase.

»No money. We must change. Where is the bank?«

In weiter Ferne hoben sich die Blätter einer staubigen Palmenallee wie Metall vor dem Hintergrund des gleichfalls metallisch glänzenden Himmels ab. Eine schwache Brise wiegte von Zeit zu Zeit die Palmen, bevor sie in ihre bewegungslose Schläfrigkeit zurückfielen. Juanito, so hieß er, trottete neben uns her.

Beharrlich ließ unser Fremdenführer immer wieder die Worte »Pretty girls« fallen. Mit Bestürzung stellt man fest, daß sowohl in Mindelo als auch in jedem anderen Hafen der Welt dieses Ansinnen immer auf amerikanisch an einen gestellt wird. Wohlbemerkt, nicht auf englisch, sondern auf amerikanisch. Meines Erachtens ist diese Beobachtung niemals deutlich gewürdigt worden. Sie sollte die wissenschaftliche Neugierde der Sozial- und Sexualwissenschaftler anstacheln. Sie könnten in dieser Besonderheit einen wahrhaft fesselnden Untersuchungsgegenstand über den »way of life« des »homo americaniensis« entdecken.

Während ich diesen Gedanken nachhing, wanderten wir im Schatten einer hohen Mauer durch eine endlose Straße, deren Namen ich vergessen habe, aber die wohl nach Salazar, einer bekannten Persönlichkeit dieser Gegend, benannt sein könnte.

La Banca de Portugal hatte am Ende dieser Straße ihren Sitz. Es ist ein langgestrecktes, einstöckiges Gebäude mit einer großen überhängenden Pergola im Kolonialstil, die sich über die ganze Fassade ausdehnt. Ein Baum von unbestimmbarem Duft wirft kaum Schatten auf den Bürgersteig. Ein Polizist, der dort seßhaft geworden schien, lehnte am Stamm, bereit einzugreifen. Doch die Kreuzung, um die er sich kümmern sollte, blieb hoffnungslos leer.

Unter dem grellen Weiß seines Kolonialhelms blitzte ebenso weiß die strenge Schärfe seines schläfrigen Blicks. Das Geklapper einiger sehr gleichgültiger Schreibmaschinen drang aus den geöffneten Fenstern der Banco de Portugal, hinter denen man die vorwiegend schwarzen Angestellten an ihren Banktresen ahnte. An der Decke über den Schaltern drehte sich langsam und bedächtig ein Ventilator, bei höherer Geschwindigkeit wäre die feuchte Luft sicherlich wie Mayonnaise geronnen.

Mit seinem Scheckheft in der Hand stieß der Cousin die Tür auf. Ich wartete. Plötzlich überquerte ein Taxi die verlassene Kreuzung, schaltete laut, bog irgendwo um die Ecke, und es herrschte wieder Stille.

Selbst das Geklapper der Schreibmaschinen verstummte, ein tiefer Frieden machte sich breit. Stille und Regungslosigkeit – wie Vorboten von Unwetter, Donner, Blitz und Sintflut. Ich wartete. Unter dem schon flammenden Sonnenuntergang kroch hinterlistig der Schatten eines Astes wie ein von der Nacht vorausgeschickter Fühler an meinen Beinen hoch. Er hatte sie schon ganz umschlungen, als plötzlich der Cousin wieder auftauchte. Lakonisch brachte er nur einige fatale Worte hervor: »So, jetzt sitzen wir ganz schön in der Patsche ...«
Stunden vor unserer Ankunft in Mindelo hatte ein gewisser Richard Nixon die Nicht-Konvertierbarkeit des Dollars verordnet. In der darauffolgenden Minute eilte diese Nachricht um die Welt und war ohne Widerstand – das war ja gerade unser »Glück«! – bis nach Mindelo zur Banco de Portugal gelangt.
Unsere Schecks, unsere schönen, zurückgewiesenen Schecks, hatten von diesem Moment an kaum noch Wert. Als wir unsere Atlantiküberquerung beginnen wollen, stehen wir ohne einen Pfennig in der Tasche da. Mit einem beleidigten Blick auf einige Angestellte, die gerade die Bank verließen, fragte der Cousin: »Glaubst du, daß sie Rassisten sind?« Sein Ton war gewollt spaßig, oder bildete ich mir das nur ein? Doch hatte ich den Eindruck, daß der hübsche Bariton seiner Stimme nicht mehr über die gewohnte Überzeugungskraft verfügte.
Und – halt, Juanito war verschwunden. Solche einfachen Wesen können wohl mit untrügerischem Instinkt das Unglück wittern und machen sich rechtzeitig aus dem Staub.
Welch traurige Abenddämmerung in diesen südlichen Breiten, wenn mit jedem Schritt melancholisch und ohne Echo wertlose Münzen in der Tasche klimpern! Unerreichbare Versuchungen kleiner, einladender Cafés, wo wir gestern noch Könige gewesen wären, heute aber nur ängstliche und mittellose Landstreicher sind.
Im Zeitraum von nur wenigen Stunden waren mit dem Dollar auch die eigentlichen Pfeiler der Zivilisation brüchig geworden, zusammengestürzt. Fast eine Art Weltuntergang.
Mit solch hochphilosophischen Gesprächen über die Vergänglichkeit von Weltreichen und den Untergang Roms trollten wir uns zu den Kais, zur TRISMUS, dem einzigen Zufluchtsort, als uns plötzlich das Schicksal

aufhielt. Eine höchst merkwürdige Angelegenheit, das Schicksal. Es offenbart sich in den unvorhersehbarsten Formen. Dasjenige, welches uns auf den Kais von Mindelo erwartete, tauchte plötzlich auf, schoß eher hervor, sprang auf, hüpfte mit mächtiger Kraft, als wäre es im Delirium eines größenwahnsinnigen Ingenieurs entstanden. Aus dem zuckenden Geflecht rostiger Räderwerke mit senkrecht angebrachten Kesseln fiel eine Art Gnom oder Kobold vor unsere Füße. Als wäre er hervorgezaubert worden, so plötzlich erschien Ricardo.

»Franzosen! Sie sind Franzosen! Ich habe dreißig Jahre in Frankreich gelebt.« Wir hatten später noch Zeit, ihm seine Illusionen zu nehmen. Im Moment betrachteten wir diesen kleinen jubilierenden Greis, seine weißen Haare, die in Büscheln unter einer Radfahrermütze hervorschossen, deren Schirm bis zu seiner Nasenwurzel reichte. Hinter seiner riesigen schwarzen Brille konnte man sehen, daß er vor Freude ganz außer sich war.

»Franzosen!« wiederholte er und fügte hinzu: »Gehen wir doch einen trinken!« Wir gestanden ihm, daß wir keinen einzigen Escudo in der Tasche hätten. Doch der Bericht von unserem Mißgeschick störte ihn überhaupt nicht. »Macht nichts, das ist meine Runde!« In solchen Situationen zeigt sich das Strahlen der französischen Kultur in der Welt. Wir gingen mit.

Der vinho dulce schmeckte ziemlich widerlich, der Punsch war ein bißchen steif. Nach dem ersten Versuch zogen der Cousin und ich Limonade und sumo de frutas – Fruchtsaft – vor. Ricardo nahm das keineswegs übel – er bemerkte es nicht einmal. Vorurteilslos trank er Punsch und vinho dulce durcheinander und betrank sich am Alkohol ebenso wie an seinen Worten. Nach der dritten Runde hatten wir alles von ihm erfahren: seine Auswanderung und Rückkehr 30 Jahre später, noch genauso arm wie vorher.

Seitdem bewachte er eifersüchtig diese Art von neusteinzeitalterlicher Maschine, aus der wir ihn herausspringen sahen. Wozu diente dieses vorsintflutliche Gerät?

Ricardo hatte keine Ahnung. Er hatte es noch nie in Betrieb gesehen. Wozu mußte er es auch wissen? Wie so viele andere Bewohner der Kapverden, die immer damit beschäftigt sind, Straßen zu bauen, die nirgendwo hinführen, Bewässerungskanäle anzulegen in einem Land, in dem seit vielen Jahren kein Tropfen Regen mehr gefallen war, so bewachte Ricardo ein geisterhaftes Maschinenungetüm, diese surrealistische Konstruktion, deren einziger Sinn anscheinend nur darin lag, ihm die täglichen Einnahmen von 70 Escudos zukommen zu lassen. 70 Escudos – eigentlich nur eine Arbeitslosenunterstützung, doch in der Form eines Gehalts ließen sie ihm seine Menschenwürde.

Bei der vierten Runde wurde das Gespräch schon sehr vertraulich, und nach der fünften erkundigte sich Ricardo nach unseren Berufen. »Architekt, Bildhauer und Fotograf«, antwortete der Cousin lakonisch, »Zahnarzt«, ergänzte ich knapp.

Ricardo sah mich ungläubig an. »Zahnarzt? Zahnarzt, und Sie haben kein Geld?« Dieser Widerspruch brachte ihn aus der Fassung und mußte ihm erklärt werden. Er wurde nachdenklich, bis sich plötzlich sein ganzes Gesicht durch ein strahlendes Lächeln in tausend Falten legte.

»Morgen«, sagte er und griff nach seinem Glas, »morgen bringe ich dir zwanzig Patienten, und du bist reich!« Von diesem Augenblick an steigerte sich unsere nächtliche Expedition ins Grandiose. In allen Kneipen wurde ich vor den Anwesenden als »o meu amigo dentista, un muito bom, un muito grande, un maravilhoso dentista« vorgestellt. Dabei drehte sich Ricardo jedesmal zu mir um und blinzelte mir zu: »Gute Werbung! Morgen vierzig Patienten.« Ich sah den Augenblick kommen, wo ich für den starken Beifall danken, mit erhobenen Armen auf den Tisch steigen und die Anwesenden grüßen mußte wie Cassius Clay nach seiner Weltmeisterschaft.

Er legte sich ganz schön ins Zeug, dieser Ricardo. Als ich dank einiger zusätzlicher vinhos dulces zum »Professor na Universidade« wurde (warum schließlich auch nicht?), hatte die Nacht längst den Mindelo-Kai in tiefes Schwarz getaucht. »Hundert Patienten! Morgen hundert Patienten«, schrie Ricardo in den seltsam verlassen daliegenden Straßen.

Guter Ricardo! Außer dem Heimweh nach der Canebière, der Hauptstraße von Marseille, nach Anis-Schnaps und einem für das Hafenviertel Joliette typischen Akzent hatte er eine ausgeprägte Begeisterung für Poesie aus Marseille mitgebracht. Hundert Patienten! In der Zwischenzeit – aber warum und zu welchem Wucher-Wechselkurs? – hatten wir

unseren einzigen Dollarschein bei dem einzigen Barmann in der einzigen Bar im einzigen Hotel von Mindelo getauscht.
Die Kneipen schlossen ihre Türen. Ricardo wohnte in Fonde Felipe außerhalb der Stadt und sichtbar zu weit für seine wacklig gewordenen Beine. Wir weckten einen Taxifahrer. Das Auto verließ Mindelo, erklomm einen kleinen Berg, drehte, fuhr weiter bergan, nahm mehrere Kurven, und nach einigen Minuten tauchte im Licht der Scheinwerfer eine Art, nein keine Art, es war ein Elendsviertel vor uns auf.
Ricardo, mit schwankendem Kontakt zum Boden, riß die Arme hoch und schrie zu den Sternen hinauf: »O meu dentista é o melhor do mundo!« Ja, das war eine Reklame! Doch nur das Echo von den Hügeln hörte ihn, das leise Murmeln des tief unten liegenden Meeres und – seltsam zu dieser ungewöhnlichen Stunde – einige Schatten, die im flackernden Schein schwacher Lampen gerade einen gelben »Shell«-Benzinkanister zerschnitten, Grundstein für eine neue Bleibe. Ein streunender Hund hob sein Bein an einem Reifen des Taxis.
Skeptisch wie wir nun einmal sind, glauben wir nicht an Kobolde, gute Geister, Feen und Poeten. Und wie sollten wir daran glauben, daß Ricardo dies alles und noch mehr war? Unser personifiziertes Glück war dieses gegerbte und faltige Gesicht des Wächters einer apokalyptischen Maschine, der eine geflickte Hose trug und in ausgelatschten Sandalen herumlief. Am nächsten Morgen kamen wir im Getöse eines uralten Gefährts und unter einer entflammten Sonne nach Fonde Felipe zurück. Durch ein paar Leute, die uns im Elendsviertel bereits erwarteten, erfuhren wir, daß Ricardos nächtliches Geschrei nicht nur von einsamen Sternen und streunenden Hunden gehört worden war.
Ricardo hatte an alles gedacht, vom großen muskulösen Schwarzen, der – sofort zum Helfer ernannt – sich meines Köfferchens bemächtigte und es wie das heilige Sakrament trug, bis zu dem, was ich wohl Behandlungsraum nennen muß: Es war der Hinterhof des einzigen Lebensmittelladens am Ort, eingezäunt von einem Steinmäuerchen und Wellblech. Die 25 Quadratmeter des Lehmbodens waren peinlich sauber gefegt. Einige Hühner scharrten nach Futter und fanden erstaunlicherweise auch hier etwas. In drei Kisten hockten hinter Drahtgittern neugierige Kaninchen. Ein Korbstuhl ergänzte die Ausstattung. Und dann waren da

die Patienten. Nicht 100, klar, aber rund 20, und das war doch viel. Ricardo raunte mir zu: »Du mußt 20 Escudos von ihnen verlangen. Der Zahnarzt ist seit drei Wochen verreist und nimmt ihnen 50 ab.«
Währenddessen öffnete ich meinen Utensilienkoffer, legte die Zangen in eine Reihe, bereitete die Spritze vor, und die Behandlung – ich werde das Spektakel noch beschreiben – begann. Ja, man muß es schon Spektakel nennen, denn für die Bewohner von Fonde Felipe war es eines: Der Künstler operierte, der große Schwarze hielt die Köpfe der Patienten und der Cousin mit seinem Tonband, seinen Kameras, seinem Gepfeife und dem Finger am Auslöser – dies alles mußte für die Schaulustigen eine selten gelungene Vorstellung sein. Es fehlte auch nicht an Komik, wie bei jenem herumfuchtelnden Männchen, das ein außergewöhnliches Gebiß hatte und zehnmal vom Korbstuhl heruntergeholt wurde, aber zehnmal wieder hinaufstieg, mit seinem 20-Escudo-Schein herumwedelte und wild schimpfte, weil ich seine Behandlung ablehnte.
Des Kampfes müde, erreichte er schließlich doch sein Ziel, und als er sich davontrollte, trug er glücklich den am wenigsten schönen seiner Backenzähne vor sich her wie ein Stierkämpfer in der Arena den Schwanz und die Ohren.
»Millionär!« Ricardo streifte mich bisweilen unbemerkt, »Sie werden Millionär! Hervorragende Werbung! In zwei Tagen werden Sie noch 100 Patienten haben ...«
Noch am selben Abend dachte ich im Cockpit der TRISMUS darüber nach, zählte meine Escudos und überließ mich meinen Träumen. 100 ..., nein, gesetzt den Fall, wir hätten alle zwei Tage 40 Patienten, so wäre das für unseren Lebensunterhalt genug.
Von den Einnahmen seiner Fotos könnte sich der Cousin seiner Berufung als Architekt und Städteplaner hingeben, Pläne von Elendsquartieren mit Innenhöfen und vorgebauten Balkons, Terrassen und schattigen Verandas entwerfen. Das Ganze gefällig aus Blech gebaut, aus ehemaligen Seekisten, Benzinkanistern, amerikanischen Waschmittelpaketen. Marcoville anstelle von Bidonville! Eine Legende. Brasilien ...
Gerade in diesem Augenblick durchfuhr mich das konfuse Gefühl, daß mein Bart sich langsam von meiner Brust löste, bevor er in der Horizontalen erstarrte. Was! Dieser Ricardo, in dem wir eine Fee zu sehen

glaubten, hatte er seine Gestalt dem Teufel geliehen? Und jagte uns dieser nicht gerade hier, im Herzen der Kapverden, mit seinen gefährlichen Versuchungen? Ich hörte mich sagen: »Cousin, morgen früh brechen wir auf. Unser Heil steht auf dem Spiel.«

»Hm? Wie? Was sagst du?« Ich mußte es ihm erklären und schloß mit einer Prophetie, die in der Plicht wie ein Trauergesang erklang: ». . . und wenn's schlecht läuft, müssen wir wohl eine Arbeit aufnehmen.«

»Zum Teufel auch«, murmelte der Cousin in die große Stille hinein. Er war sehr blaß geworden. Am nächsten Tag lichteten wir im Morgengrauen, bei uns war das 11.30 Uhr, die Anker.

Während wir uns immer mehr entfernten, hockte dort am Kai eine kleine Gestalt mit baumelnden Beinen auf dem Sitz der zyklopenhaften und unsinnigen Maschine. Sie trug eine weiße Kappe mit Klappschirm, und auf den Schultern lastete das Gewicht unendlicher Traurigkeit angesichts unseres Abschieds. Bald konnten wir sie nicht mehr sehen.

## Archipel der Überraschungen

Diejenigen, die mit ihren Yachten aus Europa kommen und ohne besondere Probleme die amerikanischen Kontinente zu erreichen suchen, nehmen eine Route, die ebenso klassisch ist wie jene entlang der Loire-Schlösser: Eine Zwischenlandung in Las Palmas auf den Kanaren, bisweilen – und warum eigentlich so selten? – eine weitere in Mindelo, von dort, das Ruder immer schön nach Steuerbord, kommt man direkt in die Passatwinde. Wenn alles gut läuft, tauchen ungefähr 20 Tage später vor dem Bug die Antillen auf. Der Wind führt einen so sicher dorthin wie die Nationalstraße No. 6 von der Porte d'Italie zur Promenade des Anglais in Paris. Ich möchte fast behaupten, daß das Risiko noch geringer ist. Aber die Kapverdischen Inseln, das ist nicht nur Mindelo. Weil man meist rasch die Jungferninseln erreichen will, vergißt man allzu leicht Santiago, Santa Lucia, Fogo. Sicherlich hat keine dieser Inseln den lässigen Charme polynesischer Atolle, aber wie immer sie sein mögen, dem Mondschein von Meubeuge in Belgien halten sie immer noch stand. Es ist einfach zu wenig bekannt, daß sie für Unterwassersportler, Feinschmecker und auch für Segler viel Interessantes zu bieten haben.

Nehmen wir zum Beispiel Fogo: Der neue Hafen San Felipe, eine Meile nördlich des Dorfes gelegen, ist auf keiner Karte aufgeführt. In aller Seelenruhe kann man dort Wasservorräte und Diesel ergänzen. Wir entdeckten ihn zufällig und völlig unvermutet, als wir in der Bucht von Vale dos Cavaleiros tauchten. Merken Sie sich den Namen. Er wird Ihnen nützlich sein, wenn Sie nach durchstandenen Abenteuern in der Umgebung nicht wissen, was Sie auf Ihren Speiseplan setzen sollen.

Im völlig klaren Wasser erkennt man von Deck aus in drei bis vier Metern Tiefe einen Schwarm von Langusten, selbst auf den Galapagos habe ich sie nicht so zahlreich gesehen.

Mit einem einzigen Tauchgang ohne Gasflaschen kann man auch den größten Appetit an Bord zufriedenstellen. Hier in Vale dos Cavaleiros machte ich zu meiner Verblüffung und entgegen jeder Schulbuchweisheit die Erfahrung, daß Langusten sich nur rückwärts fortbewegen und sie einem, wenn sie Lust dazu verspüren, sehr wohl mitten ins Gesicht springen können. Sie sind ohne Zweifel von besonders großer Aggressivität. Wenn eine Languste ohne ihre Artgenossen ist, befreit sie sich offenbar von allen Komplexen. Wie auch immer, wenn man das erste Mal angesprungen wird, versetzt einem das einen ganz schönen Schock – man möchte Reißaus nehmen.

Anstatt auf Langustenjagd gehen zu können, eröffnen diese selbst die Jagd. Ein Angler, der sich hinter einem Baum verstecken müßte, wenn er den Köder an den Haken steckt, damit ihm die Forellen nicht die Fliege aus den Händen reißen, wäre wohl ebenso überrascht, wie ich es damals war.

Tatsächlich hatte ich ein ziemlich riesiges Ding gefangen. Der Cousin, in lobenswerter Gewohnheit um den Herd bemüht, griff meine Beute, betrachtete sie mit Abscheu und verkündete unwiderruflich: »Dritte Wahl!« Nun, kein Koch der Welt hätte einem Kenner dieses Vieh vorgesetzt. Bei der Languste verhält es sich so wie beim Hummer: 500 Gramm im Höchstfall. Und – schwupp – meine Drei-Pfund-Languste ging wieder über Bord. Wie bei den Vandalen!

Solche Verhaltensweisen geben den Dingen erst ihren richtigen Wert, denn sie zeigen, daß ein würdiges Mahl nicht von seiner Schmackhaftigkeit, aber sehr wohl von seiner Seltenheit abhängt, und haben zu einem

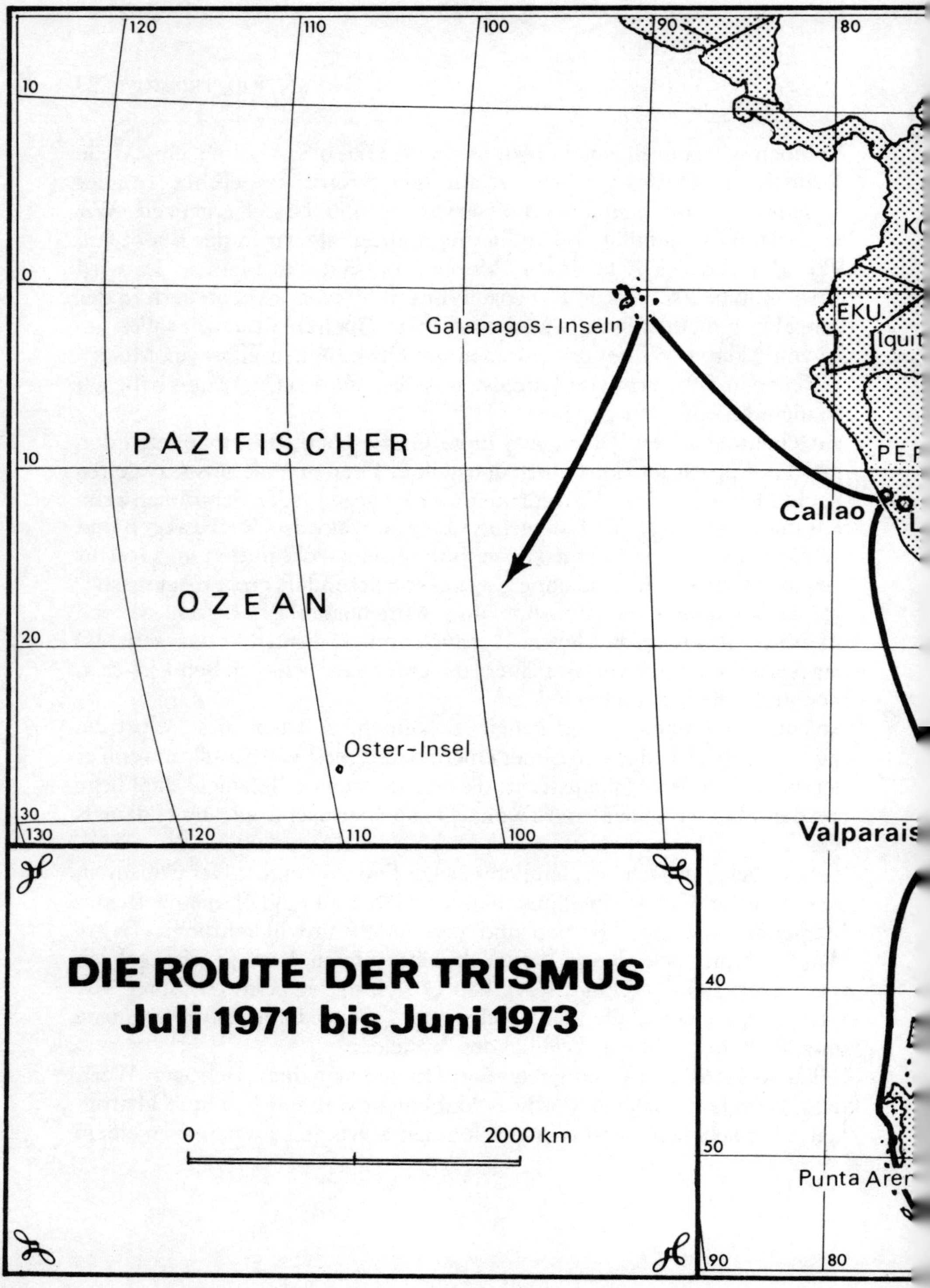


**DIE ROUTE DER TRISMUS**
**Juli 1971 bis Juni 1973**

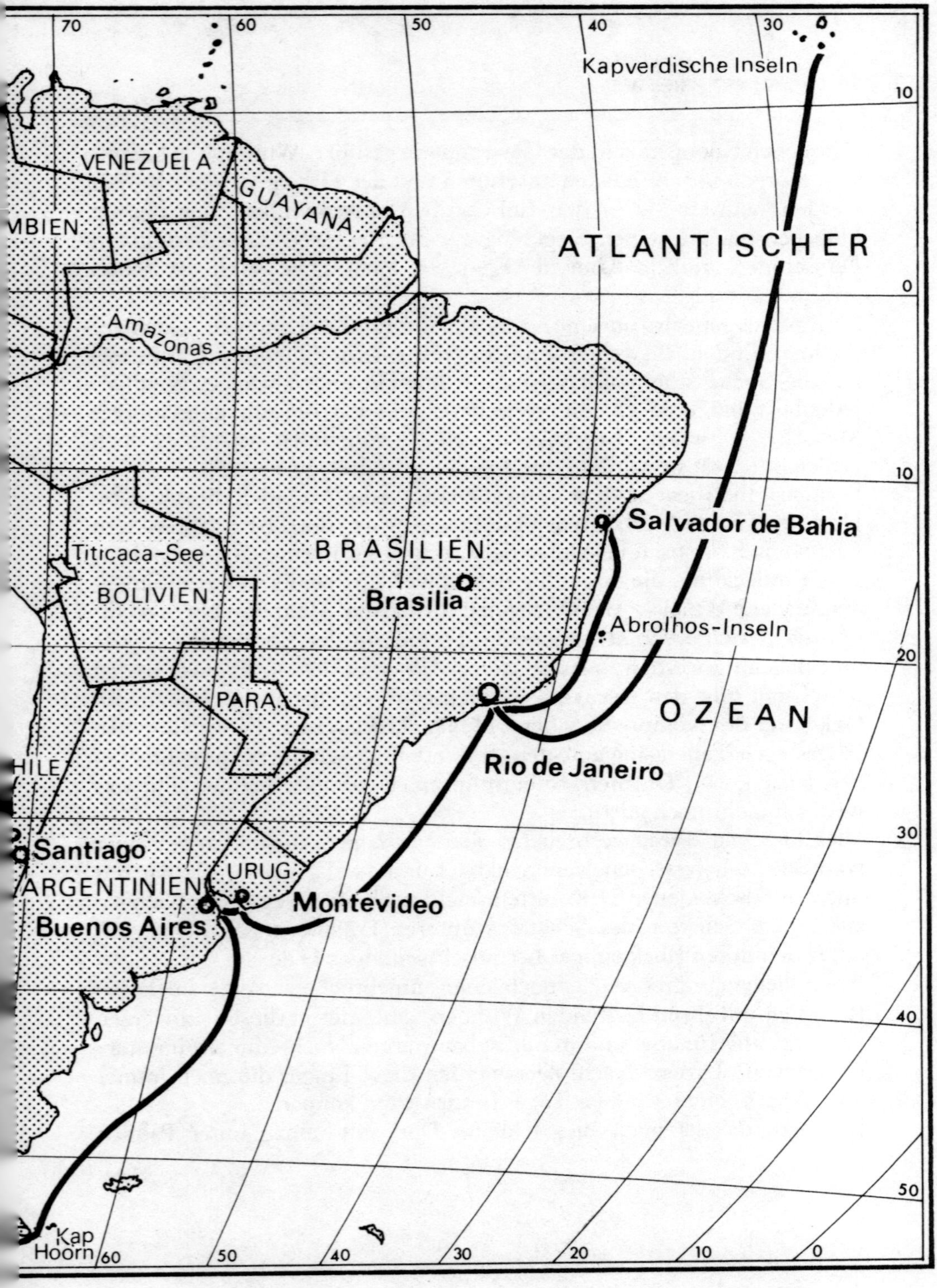

Kapverdische Inseln
VENEZUELA
GUAYANA
MBIEN
ATLANTISCHER
Amazonas
Salvador de Bahia
BRASILIEN
Titicaca-See
BOLIVIEN
Brasilia
Abrolhos-Inseln
PARA
OZEAN
Rio de Janeiro
HILE
Santiago
URUG
ARGENTINIEN
Montevideo
Buenos Aires
Kap Hoorn

ziemlichen Snobismus in der Gastronomie geführt. Würden die Langusten morgen unsere Küsten überfluten und der Hering zu einer Rarität werden, würden sie in den Imbißstuben verschwinden, der Hering hingegen machte seinen Siegeszug auf der Speisekarte des berühmten Feinschmeckerlokals Tour d'Argent in Paris. Die Welt ist schon seltsam . . .

Nun gut, es geht also um eine höchstens einpfündige Languste. Tauchen. Suchen. Finden. Bisweilen kann ein großer, stromlinienförmiger Schatten die Suche stören – das ist dann nur ein ungefährlicher Sandhai. Jedenfalls hat man es mir versichert, und ich bin ein gutgläubiger Mensch. An jenem Tag habe ich einige von ihnen getroffen, doch vielleicht haben sie seitdem ihre Launen geändert, wer weiß?

Weiter südlich liegt Santiago, von allen Inseln des Archipels die schönste. Dort, bei Citade Veilha an der Westküste, genau dort, bei zwölf Metern Tiefe hinter verstreut liegenden Felsbrocken, gelang uns eine archäologische Entdeckung, die uns völlig fiebrig werden ließ: Es waren auseinandergefallene Wracks zweier Galeonen. Galeonen! Mehr braucht es nicht, um die Berichte von sensationellen Funden in der Erinnerung wieder quicklebendig werden zu lassen, sofort schwingt sich die Fantasie in den Sattel und gibt den losgaloppierenden Hirngespinsten die Sporen. Im Geknatter des Kompressors beim Füllen der Flaschen, die wir für einen ausgiebigen Tauchgang anlegten, träumten wir schon von aufgebrochenen Kisten, von Dukaten, Silbermünzen, wertvollen Steinen und was weiß ich nicht noch allem.

Vier Flaschen waren verbraucht, aber wir fanden nichts. Außer einer vom Salz angefressenen Kanonenkugel und zwei Ankern, die wir mit unseren bescheidenen Hilfsmitteln nicht nach oben bekamen. Nichts – außer dem Schatten des Schattens unserer Träume, zwölf Meter tief, unter dem toten Blick einiger herumschweifender Haie.

Aber vielleicht gibt es dennoch eine aufgebrochene Kiste in diesen Rümpfen mit ihren klaffenden Wunden, ganz tief in diesen schwarzen Löchern, die für uns undurchdringbar waren. Noch einmal hinunter? Ach, wozu? Unsere Nachfolger werden diese Frage, die mich immer noch fesselt, eines schönen Tages beantworten können.

Santiago, das ist auch dieses kleine Dorf mit seinen unter Palmen verstreut liegenden Hütten – oder waren es schon Elendsbaracken? Am Abend war die Luft mild, und man mußte nur die Hand in den Himmel strecken, um die Sterne herunterzuholen. Tiefer Frieden. Ein kleiner Negerjunge zog vorüber, die Resignation über sein Elend auf den Schultern.

Vermischt mit dem Lächeln eines leichten Windes in den Palmen, erklang von irgendwoher Musik, ein Lied: »Hör mal . . .« Das war ohne Frage die klagende und schmerzliche Stimme von Roberto Carlos, dem Idol Brasiliens. Sie kam aus einem Haus, dessen erleuchtete Tür ein helles Rechteck aus der Dunkelheit schnitt. Leise kamen wir näher. Im Innern thronte auf einem Tisch aus Seifenkisten ein batteriegetriebener Stereo-Plattenspieler. Neuestes Modell, »Made in Japan«. Mehrere verzückte junge Schwarze huldigten schweigend diesem Hausgott.

Der Cousin schüttelte den Kopf: »Das System, immer das System, bis hierher. Noch nie habe ich ein schlimmeres Bild über die Frevel der Konsumgesellschaft gesehen. Ein Plattenspieler! Ein Plattenspieler, aber ihren eigenen Gören fehlt's an Schuhen, Kleidung und am Essen. Ich hätte meine Leica mitbringen sollen . . .«

Natürlich hatte der Cousin recht, ziemlich sicher sogar. Aber da konnte ich ihm dennoch nicht ganz folgen: Ich muß gestehen, daß ich immer eine heimliche Zuneigung zu jenen gehabt habe, die völlig überflüssig das Allernotwendigste und eine Mahlzeit für eine Melodie opfern. Die Seele braucht wie der Körper Nahrung, und diese bekommt man nicht im Supermarkt, sondern die bringt Roberto Carlos den verzückt-träumerisch lauschenden jungen Schwarzen in dieser Septembernacht unter den schlafenden Palmen von San Iago.

Meine Anlegemanöver waren mir eigentlich immer recht ordentlich gelungen, aber in Santa Lucia gelang mir ein echter Volltreffer: Als wir uns mit dem Dinghy dem Strand näherten, erfaßte uns eine herrliche Welle von hinten und – hopp – wir lagen bis zu den Ohren im Wasser, während sich das Dinghy auf den Sand schob.

»Hol's der Teufel!« verkündete der Cousin. Ich kann mich eigentlich nur dieses einzige Mal daran erinnern, daß mein Cousin geflucht hat, und ich werde es wohl bis zu meinem Tode nicht mehr von ihm hören. Er hat sich für den persönlichen Geschmack ein Repertoire zurechtgeschneidert, das nach dem 17. Jahrhundert duftet, und es klingt so lustig, weil es ein Edelmann auf dem Parkett des Spiegelsaals von Versailles hätte sagen können. Als Meister von Konjunktivformen im Plusquamperfekt nennt er zugleich ein stattliches Sortiment von verwirrenden Beleidigungen sein eigen. Mit dem Zuruf »Macrobite!« verwirrt er einen Pariser Taxifahrer, der sein Wörterbuch hervorkramt und den Motor abwürgt, während der Cousin mit seinem ominösen Fahrrad im Gewimmel von Saint Germain untertaucht.

Ein ordentlicher Wortschatz bedeutet eben Macht. »Hol's der Teufel!« sagte also der Cousin.

Die Insel war kahl, ohne Bewuchs. Einziges Lebenszeichen war allem Anschein nach ein verlassenes, baufälliges Haus, ein kleiner Brunnen, dessen gemauerter Rand völlig zerfallen war und ein gerade urbar gemachtes Fleckchen Land. Auf dem Weg dorthin wurden wir nur von unseren feuchten Fußstapfen verfolgt. Als wir gerade unsere nassen Hosen auszogen, überraschte uns Senhor Cruz. Unter Umständen ist eine solche Begegnung ja von gegenseitiger Überraschung gekennzeichnet. Senhor Cruz zeigte aber keine Regung. Senhor Cruz steht weit über solchen Dingen. Senhor Cruz ist ein magerer, riesiger und lakonisch wirkender Mestize. Er trug und trägt sicher noch immer eine Bergsteigermütze und eine völlig verschlissene Jacke. Ein Hund – ebenso dünn wie sein Herr – streicht um seine Füße. Die beiden waren, abgesehen von den Seevögeln, die einzigen Lebewesen von Santa Lucia. Senhor Cruz wohnt hier allein seit 15 Jahren.

»Fünfzehn Jahre?« Er staunte über unser Staunen. Warum nicht 15 Jahre? Warum nicht 20? Warum nicht ein ganzes Leben? Senhor Cruz wird von einem reichen Portugiesen, der der Besitzer der Insel ist und sich dort nie wieder hat sehen lassen, äußerst kläglich bezahlt, um dieses Eiland, auf dem keinerlei Vegetation herrscht und keine Herde weidet, zu »bewachen«. Das ist also »dienen« in seiner reinsten Form. Bezahlt für Wind und Wolken wie Ricardo mit seiner völlig verrosteten Maschine.

Er hatte inzwischen ein Feuer aus dem herumliegenden Kleinholz gemacht, und wir trockneten unsere Sachen. Man mußte ihm jedes Wort aus der Nase ziehen. Jeden Morgen läuft er über die Insel, an den Stränden entlang und klaubt alles zusammen, was Wind und Wellen

angespült haben: alte Reifen, Plastikkanister, Fischernetze, die der letzte Sturm losgerissen hat. Als besonderes Geschenk des Himmels findet er manchmal sogar eine schlecht getrimmte Kiste, einen kleinen Container, der irgendeinem Frachter über Bord gegangen ist.
Zweimal im Jahr zieht Senhor Cruz mit diesen Schätzen auf den Markt von Mindelo. Ist sein Angebot ausverkauft, das Geld in den Kneipen ausgegeben, dann kehrt er mit dem Hund an den Fersen nach Santa Lucia in seine Einsamkeit zurück – für immer außerhalb des Systems. Unverwundbar. Unerreichbar.
Der Tag ging zur Neige, als wir, nun trocken, zur TRISMUS zurückkehrten. Eine Stunde später tauchten zwei Männer auf, als wären sie direkt vom Mond gekommen. Ihre Silhouetten zeichneten sich vor dem wunderbaren Sonnenuntergang ab. Wie mit feiner Chinatusche gezeichnet, auf den flammenden Abendhimmel gemalt, erblickten wir weit hinten die Takelage einer Yawl: Martin Saaf, Ulrich Briner . . .

## Ein Freund ist schon ein Dinghy wert

Zwei Burschen steigen an Bord, man setzt ihnen einen Teller vor, sie kippen eine Flasche bewundernswert schnell hinunter; zwei Menschen, deren Existenz einem vor einer Stunde noch unbekannt war und die man vielleicht eines Tages am anderen Ende der Welt wiedersieht oder auch niemals mehr. Zwei Bekanntschaften, mit denen man mühelos und direkt Gemeinsamkeiten entdeckt, ins Blaue hinein redet, die einem die Kajüte verräuchern, während die nächtlichen Stunden nur so dahinfließen: Auch das ist Segeln.
Das Herumbummeln mit einem Schiff, unvorhergesehene Augenblicke, die sich nie gleichen, zufällige Begegnungen, während derer jemand, noch unbekannt am vorherigen Tag, einem plötzlich nähersteht als jemand, den man in der Stadt über Jahre hinweg regelmäßig getroffen hat.
Ein unsteter Segler kann an allen Liegeplätzen dieser Welt das treffen, was Soziologen und Psychologen in ihrer Sprache den »menschlichen Kontakt« nennen. Selten ist er geworden, dieser menschliche Kontakt. Er wird gelehrt, studiert an der Universität, in Begriffe gekleidet und gar

von Prüfern bewertet. Menschliche Beziehungen lassen sich sogar verkaufen, die Medien beweisen das. In der Hektik der Metro oder am Bahnhof Saint-Lazare erlebt man derartiges selten. Dagegen braucht man nur in einer einsamen Bucht zu ankern, und schon ist eine Beziehung da, oder sie stürzt wie am Mindelo-Kai von einer urzeitlichen Maschine und fällt einem um den Hals. Das tut gut.

Egal was er auch macht – Sie werden niemals etwas von Ulrich Briner, dem stämmigen Deutsch-Schweizer mit seinem schweren Akzent hören, einem Akzent, den man mit der Kreissäge zerteilen muß. Nun gut, ich werde es für Sie tun.

Eines Tages hatte er die Idee, die Welt zu umsegeln. Eigentlich banal, weil jeder Segler sie einmal hatte. Weniger banal ist jedoch die Tatsache, daß Briner zu Säge und Hobel griff und mit der landesüblichen Verbissenheit sein Schiff selbst baute. Das brauchte Jahre. Danach verschwand er ganz still, so, als hätte er sich eine Fahrkarte nach Zürich gekauft. Ganz allein. Alles hätte auch sicherlich geklappt und wäre ein großer Erfolg geworden, hätte ihn nicht eines Tage auf der Höhe der Kanarischen Inseln ein polnischer Frachter in zwei hübsche Teile zerlegt. So etwas passiert. Mit einem Fangnetz wurde er glücklich aus dem Wasser gefischt und noch triefnaß am Kai von Las Palmas abgesetzt, wo er dann Martin Saaf traf.

Martin ist groß, blond und so schwedisch, daß es eigentlich verboten werden müßte. Sie lernen sich kennen, gefallen sich und beschließen, die Welt gemeinsam zu umsegeln. Ein Deutsch-Schweizer ist eben stur ...

Hier muß ich etwas einschieben. Jeder weiß, daß Las Palmas der klassische Zwischenaufenthalt vor dem großen Sprung ist. Viele, ja Scharen haben hier gelegen. Weitaus weniger sind wieder abgefahren. Einige fangen nach der Ankunft an zu fragen und nachzudenken. Amerika ist schließlich noch ganz schön weit. Selbst bei klarem Wetter und auf Zehenspitzen sind die erträumten Antillen nicht in greifbarer Nähe. Außerdem ist der Atlantik ziemlich tief. Nur wenige von ihnen haben schon mal eine ordentlich harte Reise mitgemacht, und so prüfen und beobachten sie sich ständig selbst: »Geh ich, geh ich nicht?«

Nach einer jeweils unterschiedlich langen Zeit meditativer Vorbereitung fällt es einigen plötzlich ein, daß sie eine dringende Verabredung an der

Haltestelle vor der Oper haben und stürzen sich mit dem wirren Gefühl davon, noch einmal dem Schicksal entronnen zu sein.
In Las Palmas, dem Hafen der verlorenen Illusionen und Träume, kann derjenige, der gut beobachten und warten kann, lohnende Geschäfte machen. Nichts außer einem verlorenen und im Regen zitternden Hund ist erschütternder als ein im Hafen verlassenes Schiff, dessen Anker langsam vor sich hin rosten. Ulrich Briner und Martin Saaf erwärmten sich für eines von ihnen, und nach hartem Feilschen konnten sie es schließlich erwerben: 300 000 Peseten oder 5000 Nixon-Dollar. Die CARINA war, und ich hoffe, sie ist es noch, eine niedliche kleine Yawl von 11,50 Meter Länge. Zwar schon ein bißchen vom Rost angegangen und mit dem etwas traurigen Aussehen eines lange vernachlässigten Schiffs, aber sie hingen mit ganzem Herzen an ihm.
Und jetzt in unserer Kajüte erzählen sie uns die ganze Geschichte, während die TRISMUS sanft an ihrem Anker zieht und die Stunden nur so verrinnen. Eine Kabellänge von uns entfernt wartete die CARINA unter dem aufgegangenen Mond auf die Rückkehr ihrer Besitzer. Es war unglaublich spät, als sie sich erhoben. Um sie zurückzubringen, wollte ich den Anker des Dinghys heben, doch soviel ich auch tastete – nichts. Der Anker und mit ihm unser Beiboot waren verschwunden. Der mit der Nacht aufgekommene Wind, die sanfte, aber andauernde Dünung hatten alle Vertäuungen gelockert. Das warf Probleme auf.
»Ihr könnt doch hoffentlich schwimmen?« – »Na klar.« – »Also gut, dann beweist es!« Sie tauchten ins Dunkel der Nacht und inszenierten ein Feuerwerk. Die letzte Erinnerung an sie sind die Wellen ihrer Armschläge, die sich im phosphorisierten Wasser riesig ausweiteten.
Am Abend vor der Atlantiküberquerung also ohne Beiboot. Naja, so schlimm war es auch nicht, schließlich hatten der Cousin und ich nicht vor, Brasilien mit der Luftmatratze zu erreichen . . .

## In den Kalmen

Nahezu augenblicklich geriet die TRISMUS in die Kalmen. Das ist schon ein recht seltsames Gefühl: Das Boot läuft gut, macht brav seine sechs Knoten im Passat, dann verringert sich unmerklich das Murmeln des

Wassers am Bug, und plötzlich ist es ganz still. Eine große und ungewohnte Ruhe ist da, dann schlagen die Segel, es folgen weiche Ohrfeigen lebloser Segel, und plötzlich hört man Hunderte von kleinen Geräuschen aus der Kajüte, der Segelkammer: Schlecht gestaute Konservendosen, Stifte im Schreibfach des Kartentisches, Bücher, die im Schapp aneinanderstoßen, klappernde Töpfe und Teller . . .
Dann, sehr deutlich, der dumpfe Schlag eines Fliegenden Fischs, der an Deck liegt. Seine Zuckungen füllen das Schiff mit der leichen Unruhe des Todeskampfes. Die verstörte TRISMUS fängt an zu rollen. Und ich bin geradewegs, ohne zu zögern, in diesen Schlamassel hineingeraten.
Ja, ja, ich weiß: wäre ich auf meinem Südkurs westlicher geblieben, selbst mit einem Umweg über die Inselchen Peter und Paul, hätte ich die TRISMUS im Passat halten können und wäre dann direkt auf den nach Brasilien führenden Strom gestoßen. So steht es ja auch im Handbuch »Ocean Passage of the World«, einem hervorragenden und unverzichtbaren Werk, das einen Ehrenplatz in meiner Bordbibliothek einnimmt. Da steht sogar drin, daß solche verrückten Dinge auch dort auftauchen können, wo man sie gar nicht vermutet, wo man am wenigsten darauf eingestellt ist. Das ist wenigstens ein kleiner Trost, wenn man in etwas hineingeraten ist, was man durch sorgfältige Überlegungen vermeiden wollte.
Unser Fall lag etwas anders. Vorsatz und Leichtsinn hatten die TRISMUS in diese Situation hineinmanövriert. Schließlich hat man auch nicht an jedem Wochenende Gelegenheit, sich in einer schwierigen Situation zu bewähren. Es war aber auch eine Art Neugierde. Gäbe es einen Michelin-Führer der Seefahrt, wäre diese Stelle sicherlich durch einen kleinen Hinweis mit der Qualifikation »Lohnender Umweg« gekennzeichnet worden. Wir hätten uns geärgert, wenn wir vorbeigefahren wären, ohne zu wissen, worin das Lohnende des Umwegs lag. Aufrichtigerweise muß ich gestehen, daß es um das Hirn des Steuermanns und Kapitäns in diesen Tagen nicht gerade gut bestellt war. Am Abend vor dem Aufbruch von den Kapverden hatte ich Fieber bekommen, nicht mal schlecht, es waren gut 39,5 Grad, und dem Thermometer wollte ich gern glauben. Mit brennendem Hals, weichen Knien und dem einzigen Wunsch, in meiner Koje bleiben zu können und in Ruhe gelassen zu

werden, schließlich hatte die TRISMUS genug Wasser vor dem Bug, ging es los. Ich hatte eine Angina, das war unbestreitbar. Mit Chinin und anderen Mittelchen konnte ich ihr nicht beikommen, sie war resistent gegen jede Behandlungsmethode, und jeden Morgen pochten meine Schläfen, und mein Schädel drohte zu zerspringen. Ja, das war eine gefährliche Situation . . ., und der Lohn meiner Eigenliebe, doch davon später.

Dann ist da auf einmal das Geräusch des Anlassers, der Lister tuckert vor sich hin, und nun lautet die Devise: Nur durch! Das war eine ganz einfache Sache: den Gashebel so weit vorschieben, bis der Drehzahlmesser auf 1000 weist und ab geht's – bis zu dem Moment, wo der Cousin – Wache, Krankenschwester, Küchenchef in einem – aus dem Cockpit herunterbrüllt: »Böen mit Windstärke 10!« Im gleichen Augenblick hat er auch schon den Lister auf 2000 Umdrehungen! Unruhe im Schiff – Angriff. Ruder hart Backbord und die TRISMUS jagt los wie vom Teufel geritten. Ich taumele aus meiner Koje und ziehe mit übermenschlicher Anstrengung Stiefel, Pullover und Ölzeug an.

Ich denke während des Anziehens ohne besondere Begeisterung daran, daß ich nach oben muß, um die Stärke und Richtung des Windes einzuschätzen, die Segel zu setzen – und zwar die richtigen! –, um mit einer guten Halse die Böen anzugreifen, die das Wasser verdunkeln und deren näherkommendes Grollen den Ozean erfüllen.

Plötzlich fällt lauwarmer Regen, unter dem der völlig nackte Cousin zu prusten beginnt, während mir in meinem Ölzeug die Zähne klappern. Die TRISMUS legt sich ganz auf die Seite und jagt dann davon, richtet sich im nächsten Moment wieder auf, fast steht sie still, während die triefnassen Segel klatschen. Der Lister läuft mit 1000 Touren, der Cousin muß die Stellung halten, denn ich bin noch einmal auf der Koje zusammengebrochen, hatte schon vorher gewankt, zitterte am ganzen Körper bis hinunter zu den Beinen. Später stellte ich fest, daß die Schwindel- und Taumelanfälle von den Abgasen herrührten, dem bläulich-dunstigen Schleier, der bei Windstille die TRISMUS begleitete, über dem Cockpit hing und bis in meine Koje drang. Vielleicht war es aber auch der Verdünner, der aus einem völlig überhitzten Plastikbehälter aus dem Vorschiff ausströmte.

In diesen Augenblicken des Fiebers und der Schwäche überfallen einen wilde Gedanken, Todesahnungen – absurd, sicherlich – ziehen einem durch den Kopf. Wenn es soweit ist, was würde mit dem Cousin werden? Er hat fast keine Hochsee-Erfahrung und kann noch nicht einmal sein Besteck machen. Ich sollte ihm für den Fall der Fälle erklären, daß er nur ganz wenig Segel setzen darf, um nicht von einem Sturm überrascht zu werden. Und daß der Diesel noch für 100 Stunden Unabhängigkeit in den Kalmen garantiert und daß er mit Kurs 270° auf Land treffen muß und irgendwie entlang der Küste einen Hafen finden wird.
Ich habe dem Cousin niemals etwas über diese Stunden erzählt. Tage später habe ich über diese Gedanken gelacht, der neuaufgekommene Wind hatte das Fieber mitgenommen, und wir stellten die See mannhaft auf die Probe. 1000 Kilometer war das nächste Land entfernt, unter uns öffneten sich 10 000 Fuß flüssiger Abgrund. Welch ein Gefühl von Freiheit empfindet man in solchen Situationen!
Das Ganze dauerte drei Tage. Drei Tage – wenn ich bisweilen aus der Kajüte hochkam, hatte ich das Gefühl, in eine Welt aus Metall einzudringen, bleiige Böen kamen aus einem Himmel von Platin, der sich über der TRISMUS spannte, die Sonne war kupfern, das Meer aus Öl, das – ganz sicherlich – gerinnen und uns in quecksilberartigem Packeis einschließen würde. War es Joseph Kessel, der große Flieger des Ersten Weltkrieges, oder Saint-Exupéry, der bei der Beschreibung der ersten Luftpostverbindung – in der gleichen gefährlichen Lage – gezeigt hatte, wie Mermoz den Doppeldecker in eine Kathedrale von Licht steuerte und die riesigen Säulen des Windschattens umging, also selbst dem auswich, wonach die TRISMUS heute suchte. Nein, nach meinen Überlegungen konnte diese poetische Begeisterung nur von Saint-Exupéry sein. Aber meinte er den Mermoz? Ich wußte es nicht mehr. Das Fieber . . .
Eine gefährliche Situation konnte schon bisweilen verdammt schön sein.
Zu jener Zeit habe ich etwas gelernt, von dem ich im folgenden reichlich Gebrauch machte: Man kann gut fünf Tage verstreichen lassen, ohne sein Besteck zu machen. Wenn man mitten auf dem Ozean ist, Wasser vor dem Bug und Zeit hat, bleibt die fehlende Kenntnis um den Standort ohne Folgen. Ich würde sogar sagen, daß diese Unkenntnis zum Freiheitsgefühl beiträgt. Man kreuzt schließlich nicht über die Meere, um

immer nur die Sonne mit dem Sextanten einzufangen oder sich den Kopf über irgendwelchen Tabellen zu zerbrechen.

Dann gingen wir über den Äquator – mit großem Zeremoniell und kulinarischem Aufwand, den ich einfach aus dem Logbuch abschreibe: Hummersuppe, fish-cake, Hähnchen mit Champignons, Erdbeeren mit Saft und – ich wage es kaum zu schreiben – Champagner, Mumm Cordon Rouge. Bisweilen gibt es im Leben eines Weltumseglers eben recht angenehme Augenblicke und, wie der Cousin treffend bemerkte: »Man muß sich auch ein bißchen beschäftigen.« So, nun ist es heraus: Jawohl, man muß sich beschäftigen. Sicherlich fehlt es an Bord niemals an Arbeit, selbst wenn einen der Passat schön vor sich herschiebt und die automatische Steuerung 24 Stunden hindurch brav ihren Dienst versieht.

Gerade zu Zeiten echter Flaute kann man eine Menge machen, aufräumen und vor allem ausbessern, oder eine Flagge nähen, die einer der Republiken Brasiliens zum Beispiel, und das kann sogar Spaß machen. Allerdings schafft man während einer Überfahrt auch nur eine, und von Zeit zu Zeit muß man auch Muße haben und einfach auf das Meer schauen können. Wir befanden uns mit der TRISMUS gerade in einer sehr einsamen Gegend: Kein Vogel, keiner der ulkigen und lustigen Delphine, selbst die Fliegenden Fische waren verschwunden, die ausgehängte Angel blieb verwaist.

Eine Ozeanüberquerung kann bisweilen auch lang werden. Später habe ich wie alle, das muß man sich klarmachen, allein den Pazifik überquert. Das macht sich auf einer Visitenkarte immer sehr gut, und alles in allem bereue ich das nicht. Trotzdem muß ich gestehen, daß das ein bißchen eintönig ist: Einsamkeit und Meer, es ist letztlich wie mit den Langusten der Kapverden – irgendwann möchte man mal wieder etwas anderes essen.

Jetzt fürchte ich allerdings, daß ich gnadenlos als Wochenend-Segler etikettiert werde. Der »wahre, echte« Weltumsegler hat natürlich nie genug von der See. Er braucht sie und verlangt immer wieder nach ihr. Und Bernard Moitessier, der sich in die hohen Vierziger wagte und sich dort noch immer befände, hätte er nicht an seine Versorgung denken müssen, dieser Moitessier ist das Urbild, auf das man sich stets bezieht. Ich habe Bernard sehr gern, aber ich kann ihm hier nicht folgen. Segeln ist für mich nicht einzig und allein das Zusammenzählen Tausender endloser Meilen bis zur Erschöpfung der Logge. Genauso gehört eine unvorhergesehene Zwischenlandung an jahrmarktähnlichen Ankerplätzen dazu wie eben in Paris nach einer durchzechten Nacht die endlosen Ernüchterungsgespräche oder das plötzliche Auftauchen eines polynesischen Atolls sowie das Herumhängen in fürchterlich zugigen Bootshäusern – es ist eben alles!

Vor allem aber sind es die zufälligen Begegnungen mit all jenen, die sich auf der See mit ihrem Anhang herumtreiben, die mit Rückenwind aufgebrochen sind und ihn nun von vorn haben, die einen steifen Wind kennen, aber all das lieben und ohne aufzutrumpfen davon erzählen. Sie werden nicht einmal ein Buch daraus machen, so wie ich es an meinem Kartentisch versuche, mit einem Wörterbuch backbord, Filzstiften und Stilwörterbuch steuerbord und ungewöhnlich viel schwitzend bei der Suche nach einer Wortbedeutung. Ich übertreibe wohl ein wenig in meinem Fall, zwar ist eine Atlantiküberquerung zuweilen etwas langweilig, doch birgt sie auch andere, strahlende und mit nichts zu vergleichende Augenblicke in sich.

Am heutigen Tage beispielsweise bei gutem, frischem Südostwind surfte die TRISMUS auf Backbordhalsen und glitt mit einer munteren Geschwindigkeit von bis zu zwölf Knoten von Welle zu Welle, so als wolle sie einen vor ihrem Bug entfalteten Regenbogen einfangen. Und der Cousin und ich stehen im Cockpit und singen aus vollem Hals, holen mal die Schoten dicht, fieren wieder und nehmen unser Schiff tüchtig ran – es verlangte geradezu danach. In solchen Augenblicken hätte ich zu Wagner hinabsteigen, ihn mit seinem heiligen Teufelslärm wecken und die Stereoanlage voll aufdrehen mögen, um die Walküren, Trompeten, Pauken und Violintriller zu entfesseln. Es wäre grandios gewesen! Ein erfüllter Augenblick, in dem man, eingehüllt in die Daunen der Kumuluswölkchen, bis zum Himmel wachsen und sich ins volle Leben stürzen möchte.

Ich denke übrigens gerade daran, daß wir ja wunderbare Musik an Bord hatten. Der Cousin stand, mit einer Hand an der Pinne, im Cockpit und intonierte – mit falschen Tönen – unser Wohlergehen. Ich muß nun wohl gestehen, daß wir sein Jagdhorn mit an Bord hatten. Wozu? Zu nichts anderem, als unsere Freude ertönen zu lassen. Wir nannten diese herrlichen Stunden in unserem Logbuch das »Unternehmen Ben Hur«, es dauerte 24 Stunden, während derer wir nicht schliefen und schließlich voll zufrieden waren, als ein kurzer Blick auf die Logge zeigte, daß wir 195 Meilen zurückgelegt hatten. Aber würde dieser trunken machende »Ritt« nicht doch nach spätestens zwei Wochen ein wenig müde machen? Nun, ich zögere ...

23 Tage nur Wellen, Himmel, ziehende Wolken, neue Planeten. Und am 23. Tag wird nach dem ganzen Blau des Ozeans aus dem, was zunächst als Dunst am Horizont erscheint, aus auftauchenden Konturen, die klarer werden und hervortreten, schließlich eine unglaublich grüne Wand.

Kaskaden, Rinnsale und Sturzbäche von Favellas, den Elendsvierteln, stürzen wie Blutströme in diesem Grün herab, breiten sich aus zu einer Stadt, die durch Mauern in viele Viertel geteilt wird, die sich in leichten Wellen bis zum blendenden Sandstrand hinziehen. Wie ein Theatervorhang werden die Abhänge auseinandergezogen und legen die Bucht von Guanabara frei, in der ganz oben der Christus von Corcovado mit ausgebreiteten Armen in den vorüberziehenden Wolken zu segeln scheint. Wir haben den Anker am Fuß des Zuckerhutes geworfen. Wir sind in Rio angekommen.

## Die Mädchen von Rio

Den Atlantik mit dem Boot zu überqueren ist eine banale Angelegenheit: Man kann es auf direktem Weg oder Wind und Wellen folgend, längs oder quer rübergehend, mit dem Passat im Rücken oder dem Wind im Gesicht; allein, zu zweit, mit Familie, manchmal mit Hausmädchen und Vogelkäfig; mit dem Ruderboot, im Kajak und wenn nötig auf der Luftmatratze. Es wird der Moment kommen, wo man Amerika mit dem Tretboot, auf Wasserskiern oder in einer Tonne mit Außenborder erreicht: Man darf den Fortschritt eben nicht aufhalten.

Dies nur zur Erklärung, warum der Cousin und ich weder mit einem Feuerwerk noch mit Fernsehreportern rechneten, als die TRISMUS am Anleger des Yacht-Clubs von Rio de Janeiro festmachte. Da es schließlich auch nicht üblich ist, daß eine Crew während einer Segel-Weltmeisterschaft 5000 Meilen zurücklegt, um einer Einladung des organisierenden Clubs nachzukommen, hatten wir mit einem ganz anderen Empfang gerechnet, als er uns zuteil wurde.

Der Herr war dick, glatzköpfig, verschwitzt, schwermütig – und argwöhnisch. Er schien uns eine Art Sekretär zu sein, wenn nicht gerade der Direktor der Einrichtungen des Yacht-Clubs. Die Hand, die er uns reichte, hätte eine Zange sein können, und sein Aussehen zeigte uns unmißverständlich, wie schockierend unsere nackten Füße und meine geflickten Jeans auf ihn wirken mußten. Bei einem solch warmen Empfang braucht man kein Psychologiestudium, um festzustellen, daß unsere Gegenwart an der Grenze des Erträglichen war.

Dennoch ist der Yacht-Club, abgesehen von seinem »Materialverwalter«, nicht gerade schlecht: Ein langgestreckter, heller, einstöckiger Bungalow, ein ausladendes Vordach, unter dessen Schatten weiße Tische stehen, rauschende Palmen, die den kleinen Hafen beschatten und abgrenzen, schließlich bietet die herrliche Umgebung der Guanabara-Bucht ein Flair, in dem man sich ganz wohlfühlt. Außerdem ist ein 50-Meter-Schwimmbecken vorhanden. All das, und ich schließe den schwarz gekleideten Hotelchef und die in weißen Westen bedienenden Mestizen mit ein, drückt deutlich aus, daß dieser Ort nicht für jeden zugänglich ist. Unser Einfall in diesen äußerst vornehmen Kreis mußte wie ein Pistolenschuß in einem Konzertsaal wirken, von dem Stendhal so trefflich schreibt.

Als ich hinter dem Cousin den großen Saal des Yacht-Clubs betrat, machte sich eine große Stille breit, und die Köpfe der anwesenden Mitglieder drehten sich langsam in unsere Richtung mit einer ganz eigentümlichen Halsbewegung, die ich erst Monate später wieder bei den Schildkröten der Galapagosinseln beobachten konnte. Zur Entlastung der ehrenwerten Anwesenden muß man aber erklären, daß der Cousin zu seinen großen Zeiten Che Guevara ähnlicher sah als sich selbst. Damals hatte er sich nämlich einen Lederriemen umgebunden, an dem einige äußerst verdächtig aussehende Patronentaschen baumelten. Tatsächlich hatte er darin aber nur eine Leica, Ausweise, Notizblock, ein Teleobjektiv und einen großen Eckzahn, Schreibzeug, Schwarz-Weiß- und Farbfilme, Nagelschere mit Feile, eine Selenzelle, ein Schweizer Messer mit

verschiedenen Klingen sowie Reiseschecks verstaut, manchmal noch einen besonders originellen Stein oder ein Stück Eisen, das er unterwegs aufgesammelt hatte, und irgendwelchen anderen undefinierbaren Krimskrams.
Man kann wohl behaupten, daß das alles sehr friedliche Dinge sind, doch das äußere Erscheinungsbild kommt schon eher einem Tupamaro gleich und sorgt für Verwirrung und Beunruhigung. Vor allem natürlich bei den Mitgliedern des Yacht-Clubs, die auf solche Besuche nicht vorbereitet sind, und in einem Haus, in dem allein für die Aufnahme eine Gebühr von 6000 Nixon-Dollar berappt werden muß, natürlich unabhängig von einem angemessenen Jahresbeitrag. Diese Anfangseinlage erklärt natürlich manches, kommt zu derartigen Opfern noch der obligatorische Kauf eines mit Abzeichen versehenen Blazers hinzu, hört der Spaß wohl auf. Die seglerische Ausrüstung muß dann natürlich zu kurz kommen: Im Yacht-Club gibt es mehr Bridge-Tische als Yachten der IOR-Klasse.
Die Atmosphäre war also reichlich steif, als wir unseren ersten Caipirinha tranken, eine Art Zuckerrohrschnaps mit Zitronensaft und feinem Zucker. Nicht übel, dieser Caipirinha. Unter normalen Umständen durchaus trinkbar. Aber an diesem Tage ging er nicht so leicht runter. Ich wollte die Stimmung ein wenig verbessern und redete dem Cousin zu: »Siehst du die schöne Frau dort? Dreh ihr dein spektakuläres Profil zu, warte, bis es gewirkt hat, und stell dich dann mit einem Handkuß vor. Du verstehst, mit dem besonderen, normalerweise nur für Gräfinnen geeignet. Das tut unserem schlechten Image gut.« Der Cousin hob die Brauen: »Sie scherzen wohl, Cousin? Sie wollen tatsächlich, daß wir uns zu einem solchen Täuschungsmanöver herablassen sollten? Hol mich der Teufel, wenn ich da mitmache!« Und das sagte er laut genug. Der Teufel holte ihn aber keineswegs, und unsere Lage blieb, wie sie war: hoffnungslos. Langsam fühlt man sich total bekloppt. Paßt man sich an? Ein ekelhaftes Gefühl, wie in zu engen Schuhen. Und der auf uns zusteuernde Mann, bittet er uns, das Feld zu räumen?
»Sie sind Belgier, nicht wahr?« Mein schwarzes T-Shirt, Erinnerung an einen ehemaligen Cup, bezeugte es. Man konnte die aufgedruckten Worte »Copper Snipe Belgium« noch gerade erkennen.
»Erstaunlich! Kellner, drei Caipirinhas! Na, wie war die Reise?«

Oh Wunder! Da war doch jemand im Club, der sich auch für das Segeln interessierte. Ein Mann, für den der Spruch »Kleider machen Leute« wohl nicht galt und der sich ohne Zögern mit zwei unordentlichen, bärtigen Vagabunden abgab. Mit guter Laune versuchte er, unsere Schüchternheit zu vertreiben.
»Und Sie waren allein an Bord?« »Allein.« »Ohne Freundinnen?« »Ohne Freundinnen.« »Und das 23 Tage?« »23 Tage, ja.« »Kellner, noch drei Caipirinhas!« »Glauben Sie, wir hätten es schneller schaffen können?« »Darum geht's nicht, aber 23 Tage . . .«
Das Gespräch machte ihn nachdenklich. Er sah uns ungläubig an und sagte sich vielleicht . . ., aber unser Aussehen beruhigte ihn.
»Hören Sie mal, ich könnte, wie soll ich sagen? Ich könnte Sie einigen netten Mädchen vorstellen. Ist das . . .?«
Endlich verstand uns jemand! Wir kippten unsere Caipirinhas hinunter und verließen mit festem, siegessicheren Schritt den Yacht-Club.
Sagte ich, daß Jacques de Smedt Belgier sei? An dieser Stelle muß ich etwas weiter ausholen. Kinokenner nennen das in gutem Französisch »flache-baque«. Eine Rückblende um viele, aber noch nicht vergessene Jahre. Als Jugendlicher verschlang ich Segelbücher, die in meiner Bibliothek den Werken Ciceros den Rang abliefen.
Ich war verblüfft über die Unwissenheit der Autoren bezüglich einiger angenehmer Seiten des Lebens. Das Deckmäntelchen der Verschwiegenheit! Das mag für Alain Gerbault akzeptiert sein, er hatte wohl seine persönlichen Gründe, aber – welch seltsamer Zufall – alle Segler scheinen ein gestörtes Verhältnis zu Frauen zu haben. Oder aber, was noch beunruhigender ist, vielleicht existierte die andere und interessantere Hälfte der menschlichen Rasse nicht in den Ländern, wo sie anlegten?
Später korrigierten Eric Tabarly und dann Alain Colas durch ihr Beispiel meine allzu pessimistische Vorstellung. Sowohl Janichon als auch Poncet machten in zarten Farben und diskreter Schreibweise gewisse Anspielungen, die meine Phantasie anregten. Zugegebenerweise ein weiteres Motiv zur Rechtfertigung unserer Reise mit der TRISMUS. Ich werde also von den herrlichen Mädchen sprechen. Aber leider seltener als ich eigentlich will und sie es aufgrund ihrer Bedeutung für meine glücklichen Tage verdient hätten.

Die Mädchen von Mindelo warteten auf ihr Glück in einer Taberna und ließen sich – welch zusätzlicher Reiz! – den Hof machen, bevor sie einwilligten; am nächsten Morgen stießen sie einem lachend die Hand weg: »Nein, diesmal war es wegen des Vergnügens.« Schmeichelhaft für das Selbstbewußtsein und günstig für die Haushaltskasse.

Und all die anderen aus Quintero und Buenos Aires, den Marquesas und aus Valparaiso, das verfrorene Mädchen aus Ushuaia unter den Daunen der Tag- und Nachtgleiche in der eisigen Kajüte, wo sich aus unserem Atem Stalaktiten formten . . . All diese Namen darf ich nicht nennen. Sie liegen mir aber auf der Zunge, und die Erinnerung an sie wird hoffentlich nie ausgelöscht sein. Guten Tag, Lebwohl – wir haben wunderbare Augenblicke miteinander erlebt, betäubend wie eine Schußfahrt auf einem Gletscher oder im frischen Schnee und ohne weitere Konsequenzen.

Jacques de Smedt führte uns in die »zona«, ein von hohen Mauern umbautes Viertel. Hier herrschte eine Fest- und Jahrmarktsstimmung mit rollenden Bars, Würstchen- und Sandwich-Buden, man schrie und lachte, und die Passanten kamen nicht nur so vorbei, sondern wollten sich für Augenblicke oder Stunden unterhalten lassen. Und die Mulatas – Mulattinnen, Mestizen, sehr hellhäutige Farbige – nahmen mit schallendem Gelächter an diesem Treiben teil.

Ich habe nicht viel übrig für die Liebe nach Tarif – außer zu Zeiten äußerster Not –, weil bei uns derartige Etablissements eine trübe, soll ich sagen industrielle? Stimmung verbreiten, wo die dort beschäftigten Mädchen soviel Freude haben, wie ein schlecht bezahlter Arbeiter, der zuviel schuften muß: Das macht traurig.

Vielleicht hätte ich diese Zeilen besser nicht geschrieben, weil man mit Recht einwenden kann, daß sie nichts in einem solchen Bericht zu suchen haben, der sich ausschließlich der Navigation und ähnlichen Dingen widmen sollte. Ich habe darüber nachgedacht und tue es trotzdem.

In der »zona« wurde mir übrigens klar, warum die Mädchen bei uns mürrisch und zynisch zugleich sind, während sie in Rio lustig und fröhlich sind: Sie haben keinerlei Schuldgefühle.

## Eine alte Rechnung wird beglichen

Earl Elms, Rodney Pattison, Didier Poissant, Ralph Conrad, Pierre Siegenthaler, Jan Person, all die anderen . . . Wenn man während der Saison in Nassau oder in Karlskrona liegt und in Lacanau, Kopenhagen oder Luanda herumgesegelt ist und sich schließlich in Rio wiedertrifft, gibt es eine Menge zu erzählen!
Das Deck der TRISMUS sah manchmal wie ein Dorfmarktplatz am Sonntag nach der Messe aus. Menschen reden nun einmal gern und das macht bisweilen Lärm. Und der Lärm belästigte den Materialverwalter, der sich übrigens über fast alles ärgern konnte. Sogar darüber, daß wir den strahlenden »marinheros« (Bootsleuten) nach einem Händedruck auch noch die Schultern klopften. Man gibt einem »marinhero« nicht die Hand, man gibt ein Trinkgeld. Das wahrt den Abstand, verweist die Leute auf ihren Platz, und alles ist in Ordnung. Immer auf das Ansehen bedacht sein! Unseres war schlecht genug, und das war auch nicht unsere letzte Initiative, um es ein wenig aufzupolieren.
»Trotzdem«, sagte Jean-Jacques Terrasson, »habt ihr denn kein anderes Beiboot als dies Ding da?« Was konnte man dem »Ding« vorwerfen? Außerdem war es kein Ding: Es war ein schöner Lastwagenschlauch und fast neu. Wir jedenfalls fanden es prima so. Wenn man mit den Händen rudert und der Wind nicht zu stark ist, kann man ihn sogar in ein bestimmtes Ziel lenken. In einem Club jedoch, wo man mit einem Schiff, das kleiner als zwölf Meter ist, wie der Fahrer einer Ente im Vergleich zu einem Cadillac-Besitzer behandelt wird, liefert ein Lastwagenschlauch schon Gesprächsstoff. Das muß man verstehen, und Jean-Jacques Terrasson verstand es. Er verstand alles.
»Ich muß euch unbedingt etwas anderes besorgen . . .« Wer von den in allen Meeren Segelnden hat noch nichts von Jean-Jacques Terrasson gehört, dem Schutzengel der Weltumsegler? Er traf Bernard Moitessier, als dieser gerade Schiffbruch erlitt, und schneiderte ihm eine neue Fock für seine MARIE-THÉRÈSE II. Danach begann er seinen Törn auf der ALALILA und segelte in aller Ruhe in 24 Tagen von Kapstadt nach Rio, wo seine Ketsch von recht eifrigen Dieben bis auf das Gerippe ausgeplündert wurde. Die Sache war zwar ärgerlich, aber die Landschaft nach seinem

Geschmack, und so blieb er in Brasilien. Warum auch nicht? Zwischenzeitlich war er offizieller Landvermesser der brasilianischen Bundesregierung geworden und bereits seit vier Jahren hier, als er uns erklärte: »Trotzdem müssen wir für dieses Ding etwas anderes finden.«

Er hat das Herz auf der Hand und die Hand immer ausgestreckt. Sein Bart und die Haare sind weiß, die Augen funkeln und seine Rede ist überströmend, aber schlicht, gelegentlich heftig und schnell. Immer ist er bereit, die Ärmel aufzukrempeln und zuzupacken. Wäre er noch in Rio, ich wette, Jean-Jacques hätte sich auf die PEN DUICK VI gestürzt, als sie dort während ihrer Weltumsegelung entmastet einlief. Er war auch zur Stelle, als Jérôme Poncet und Gérard Janichon eine Zwischenlandung einlegten, um ihnen sein Zodiac-Schlauchboot für das alte Beiboot der DAMIEN abzutreten. Er lieh es an uns weiter.

Es war nicht gerade allzu hübsch, dieses Beiboot – offensichtlich aus Polyester – ein schiefes Nichts. Dennoch war es unbestreitbar praktischer als ein Lastwagenschlauch. Auf dem Kurszettel des Yacht-Clubs stieg unser Ansehen um zwei Millibar. Doch einige Tage später fiel es ins bodenlose und blieb dann unwiderruflich bei 960 – also unter dem Strich.

Diesmal war es weder meine noch die Schuld des Cousins: Während eines Windstoßes, der in der dritten Runde der gerade stattfindenden Weltmeisterschaft allen Konkurrenten den Kiel nach oben gedrückt hätte, machte sich die TRISMUS selbständig und war gegen den Anleger des Yacht-Clubs geschlagen. Es machte dem Schiff nichts, denn man baut solide bei Méta. Aber die Spundbohlen des Anlegers . . .

Man sagte es mir später, aber ich konnte es nicht glauben: In genau diesem Moment schien der Christus von Corcovado auf dem Gipfel die Hände noch höher in den Himmel gestreckt zu haben. Und der Materialverwalter hätte deshalb geweint. Als sich unsere Wege später noch einmal kreuzten, schwitzte er Öl.

»Eine Weltmeisterschaft«, so sagt mir Rodney Pattisson, »ist eine ernsthafte Sache und kann nicht improvisiert werden.« Rodney spricht von Gold, und seine Worte sind uns Evangelium. Wir sind alte Bekannte. In Burnham hatten wir uns während der Yachting World Cadet Trophy kennengelernt, als keiner aus den Klamotten rauskam.

Ich hatte damals gewonnen, und Rodney verlangte Revanche. Er wurde aktiv, wechselte in die Flying Dutchman-Klasse und errang bei den Olympischen Spielen zwei Goldmedaillen, gewann übermäßig viele Welt- und Europameisterschaften und andere internationale Cups. Eine echte Geißel! Ich betrachtete seine Heldentaten nur von fern, zollte ihm Respekt, aber hielt mich abseits.

Seit gut zwölf Jahren hing unsere Beziehung in der Schwebe. Als ich ihn dann in Rio auftauchen sah, erklang der Gong zur nächsten Runde: Es war der Augenblick gekommen, über die Seile zu springen, in den Ring zu steigen und den Streit zu beenden. Rodney ist äußerst fair. Er hätte seinen Coup vorbereiten und mich erbarmungslos fertigmachen können. Aber er wollte ein Duell mit gleichen Waffen.

»Los«, sagte er, »nimm die TRISMUS und laß uns die Strömungen ausmachen.« An den Tagen vor unserem Duell fuhren wir einen olympischen Kurs ab, und an jeder Wendemarke warf Rodney ein halbes Dutzend Apfelsinen über Bord und verfolgte mit größter Konzentration die Abtrift. Er hielt alles fest: Stunde, Tide, Richtung und Stärke des Windes und der geschätzten Strömung und vielleicht auch noch das Gewicht der Apfelsinen. Ich traute mich kaum, Luft zu holen. Ein echter Einstein, dieser Rodney!

Fasziniert schrieb ich alles ab. Und langsam verstand ich dort in der Bucht von Guanabara die Ursache seiner Erfolge. Begierig lernte ich, daß das Gewinnen einer Regatta nicht allein das Ergebnis einer Begeisterung an der Sache ist, daß gelungene Manöver nicht allein von der Inspiration des Skippers abhängen, sondern daß eine gründliche wissenschaftliche Untersuchung die Grundlage allen Erfolgs ist.

Zwei Kisten mit Apfelsinen mußten noch dran glauben. Als die letzte verschwunden war, schloß Rodney sein Heft, in dem er alles notiert hatte.

»Nun zu uns beiden, Patrick. Wir werden ihnen alles zeigen, was wir können.« Das Ganze dauerte eine Woche und grenzte zuweilen ans Grandiose. Niemand bemerkte uns. Wir schlossen mit dem 15. und 16. Platz ab; Rodney Pattisson hatte seine Revanche, aber knapp. Das ist eben die Technologie.

Nachdem die Siegerehrung vorüber war und eine leichte Brise traurig in

den Palmen rauschte, kam der Materialverwalter auf mich zu; mit leichtem Schritt und dem Lächeln eines Katers, der gerade einen rohen Fisch verschlingt, verkündete er, daß wir nach Beendigung der Meisterschaft genau 15 Tage – nein 14 – Zeit hätten, um das Feld zu räumen. 15 Tage – eine Welt und Ewigkeit. Und so reichte die Zeit noch aus, um die in Rio verbliebenen Wettbewerbsteilnehmer an Bord zu laden.
Mit ohrenbetäubendem Lärm, Gitarrenklängen und Mädchengekicher entfernt sich die TRISMUS vom Yacht-Club. Der Cousin, mit einer Hand am Mast, bläst in sein Jagdhorn, was die Lunge hergibt. Vor unserer Abfahrt haben wir noch ein schönes Abschiedsessen veranstaltet: Mit Unmengen Flaschen im Cockpit und einem Korb geeister Austern aus Arcachon, die ein Freund von der Air France am Vorabend vorbeigebracht hatte.
Der Drehzahlmesser des Listers stand auf 1200, die TRISMUS glitt ruhig dahin. Mit Rodney hatten wir schon seit langem eine kleine stille Bucht ausgemacht, auf die wir nun Kurs nahmen. Schließlich hatte auch die wissenschaftliche Vorbereitung der Meisterschaft etwas Nützliches: Wir entdeckten diesen von grünen Hügeln umschlossenen Hafen, einen gemütlichen Ankerplatz mit klarem Wasser und duftenden Eukalyptusbäumen.
Nachdem wir geankert hatten, wurden die Picknickkörbe geöffnet, die Gläser hervorgeholt, und als wir uns gerade den ernsthaften Dingen zuwenden wollten, da ...
»Hört mal, in dieser Ecke soll's Moskitos geben.« Wir spitzten die Ohren. Es gab zwar unbestreitbar Moskitos, aber das waren riesige Tauchmoskitos. In der nun eingetretenen Stille hörten wir sie fliegen und ins Wasser klatschen. Zunächst 50 Meter entfernt, dann 30, schließlich 20.
»Verdammt – man schießt auf uns!« Eine Eins mit Sternchen für diese Erkenntnis! Es stimmte – ebenso wie die Tatsache, daß sich die TRISMUS, wie eine eilig zu Rate gezogene Karte bezeugte, inmitten einer »zona militar« befand.
So etwas kann ja nur mir passieren. Und dann dies betäubende Geballere da oben, die Soldaten mit ihren Mordwaffen, die uns langsam einkreisten – unsichtbar, aber sicherlich mit wildem Blick in der verlängerten Visierlinie. Hoffentlich konnten die wenigstens zielen! Sofort den Anker

lichten, den Lister anwerfen, vor allem – keine Segel setzen! Der oder die Stümper da oben hätten uns auch gereffte Segel noch zerschießen können.
Mit Würde, aber dennoch leicht beunruhigt, sind wir aufgebrochen und haben mit der Flagge und einem ordentlichen Stoß aus dem Jagdhorn gegrüßt, um ihnen zu zeigen, daß wir nicht zu beeindrucken sind.
Trotzdem, das Faß lief über: 16. Platz bei der Weltmeisterschaft, Rauswurf aus dem Yacht-Club, Übungszielscheibe für Soldaten einer Abteilung der brasilianischen Armee und schließlich – das hätte ich beinahe vergessen – der Diebstahl unseres Generators durch sachkundige Langfinger. Ziemlich viel für eine Zwischenlandung also.
Es wurde wirklich langsam Zeit, dieses gastfreundliche Land zu verlassen. Vier Monate später waren wir noch immer da. Das war vielleicht eine Geschichte . . .

## Seltsame Dinge

Im Grunde sind alle Häfen gleich. Hoffentlich versteht man mich recht: Das soll nun nicht heißen, daß ich Valparaiso mit seinen Pelikanen und St. Tropez mit seinem Quai-aux-Ravissantes über einen Kamm scheren will. Aber im wesentlichen ist ein Hafen immer Wasser mit ein paar Kais ringsherum. Die Kneipe gegenüber, der Yachtausrüster an der Ecke, Poller zum Festmachen, Hafenmeister und Zollgebäude – man ist schnell rum. Alles ziemlich dürftig. In den Ländern, in denen man einen Zwischenaufenthalt einlegt, sind die Kais mehr oder weniger trügerische Fassaden, man muß hinter die Kulissen schauen. An Bord zu bleiben ist wie das Betrachten einer Frucht, ohne hineinzubeißen – man erfährt nichts über das Land, in das der Wind einen trug.
Die Neugierde hat mich oft dazu gebracht, die Tür zu einem Land zu öffnen, und dabei habe ich die TRISMUS ganze Tage, bisweilen sogar Wochen im Stich gelassen. Man könnte mir vorhalten, daß ein »echter« Seemann nie sein Schiff verläßt. Klar, ich bin eben kein richtiger Seemann. Ich habe darüber nachgedacht – ich bin Zahnarzt. Wichtig, sich von Zeit zu Zeit daran zu erinnern, bisweilen vergesse ich es einfach.

Es ist übrigens sehr wahr, was die Volksweisheit und die der Seeleute behauptet: Man läßt nie sein Schiff im Stich.
Es treibt schon so sein Spiel, das Schiff, wenn man ihm den Rücken zudreht und sich fünf oder 2000 Kilometer entfernt für den 16. Platz in einer Regatta abschindet, auf Skiern die Hänge der Kordilleren hinabfährt oder sich mit Salzsäcken in einem verlorenen Hafen am oberen Amazonas abschleppt.
Es ist recht liederlich, so ein Schiff, denn während der Abwesenheit des Skippers beschädigt es mutwillig die Bohlen am Anleger eines Yacht-Clubs, setzt sich am Strand von Quintero aufs Trockene oder läßt sich von Amateurdieben Generator, Super-8-Kamera und andere Kleinigkeiten, die ich nicht weiter festgehalten habe, entwenden.
Aber Schluß damit – es bleibt dennoch ein niedriger Preis, für den man ein fremdes Land entdecken, einen neuen Horizont gewinnen, fremde Menschen kennenlernen und ein total anderes Leben als das übliche führen kann.
Man hat viel von den Favellas geredet und noch mehr darüber geschrieben. Deshalb habe ich nicht die Absicht, zu den vielen gefühlvollen Äußerungen die meine über dieses Problem noch hinzuzufügen. Und schließlich sind die Favellas von Rio für diejenigen, die dort wenigstens einige Tage verbracht haben, schön und geradezu luxuriös im Vergleich mit denen von Salvador de Bahia, wo zwischen Pfahlbauten bei Ebbe ein ekelerregender Gestank herrscht und wachhundgroße Ratten umherrennen.
Ich gehe sogar noch weiter: Hätte ich die Wahl zwischen manchen Sozialbauwohnungen in Europa und den Favellas von Rio, würde ich mir ohne zu zögern die letzteren zum Wohnen aussuchen.
Das Haus, das ich beinahe gekauft hätte, lag sehr hoch, am oberen Ende einer Art Gasse, die wie eine Lawinenschneise wirkte. Unter einem Fenster eröffnete sich ein Sturzbach von Dächern, die weiter unten in wilder Unordnung in die Bucht von San Conrado zusammenstürzten.
Am Abend stieg von dort ein betörender Duft der Eukalyptusbäume herauf, während zur gleichen Zeit ein Konzert von 1000 Transistorradios aus 1000 verschiedenen Ecken anhob.
»Vende se barraco!« verkündete ein an die Tür genageltes Schild. Eine

Baracke? Nein, viel besser: ein mit verschiedenen Ziegeln und einem Stück Wellblech bedecktes Lehmhaus, aus dessen Fenster man den schönsten Ausblick der Welt hatte.
Alles, Umgebung, Himmel, die zu Füßen liegende Stadt mit dem Grundstück für 150 Nixon-Dollar.
Ich habe hier gewohnt und während der drei Tage ein bißchen geträumt, aus diesem Fenster eine große Öffnung zu machen, den festgetretenen Lehmboden abzudecken, ein paar Ziegel zu ergänzen, damit man des Nachts nicht dem langsamen Gang der Sterne durch die Löcher zusehen muß, und schließlich die Wände zu weißen, alles vielleicht mit 50 Nixon-Dollar . . .
Der Komfort natürlich spartanisch. Der Brunnen lag 200 Meter weiter unten. Von dort sah ich schimpfende und nach ihren herumrennenden Kindern kreischende Frauen, die vom Gewicht der Wassereimer ganz gebeugt gingen. Eine feuchte Spur markierte ihre Schritte. Ohne Pickel, Nagelsohle und Fangleine stiegen sie diese Gäßchen des schwindelerregenden Abhangs empor – eine große Leistung!
Probleme machte also das Wasser. Hingegen gab es mit dem Strom in den Favellas keine Schwierigkeiten: Über den Dächern schaukeln mehr oder weniger hoch die Hochspannungsleitungen. Man brauchte nur sogenannte »Piratenkabel« anzuschließen, um billig an Strom zu kommen. Die Bewohner waren zu Meistern im Anzapfen geworden, und der Himmel sah aus wie ein riesiges Spinnennetz, das über den Favellas gespannt war.
Aus diesem Gewirr schlagen zuweilen die Funken, und der Wind spielt in den Drähten wie auf einer Äolsharfe. Natürlich schmoren derartig improvisierte Leitungen auch durch, und was macht es schon, wenn eine Barraco sich als weniger feuerfest erweist, als es sein Besitzer erhofft hatte.
Unwichtig – warum sich wundern? Wozu sich erstaunt zeigen über diese zwei Männer, die ein Gäßchen hinaufsteigen, stehenbleiben, ein Messer aus der Tasche ziehen und einem Todesschreie ausstoßenden Hahn, den sie an den Beinen halten, den Bauch aufschlitzen?
Sie beugten sich über die ausgebreiteten Eingeweide, lasen irgendeine Zukunft heraus, gingen ohne weitere Blicke davon, nachdem sie zuvor

noch eine Kerze und eine kleine Gipsfigur mitten zwischen die verstreuten Federn neben das noch zuckende Tier gestellt hatten. Ein banales und alltägliches Schauspiel.

Selbst auf den großen Straßen Rios und den ausladenden Gehsteigen von Rio Branco kann man abends manchmal neben einem Zeitungskiosk und zwischen zwei brennenden Kerzen den Todeskampf eines Hahnes beobachten.

Die Scheinwerfer eines vorüberfahrenden Autos erleuchten kurz das zuckende Tier. Leute gehen vorüber. Keiner bleibt stehen. Das ist eben alltäglich. Woanders steht in einem Park eine blakende Kerze neben einer kleinen Statue, auf der seltsamerweise eine Havanna-Zigarre ausbalanciert ist.

Niemand würde solch ein Tabu mißachten. Ebenso brennen jede Nacht am Strand von Copacabana Kerzen im Schutz kleiner Sandhöhlen. Das sind Macumba-Riten und zeigt ein heftiges Wiederaufleben des Voodoo-Kultes. Die zarten Flammen werden manchmal von vorbeirauschenden Cadillacs gelöscht. Dies ist die Gegend der schwarzen Magie, der Wahrsager und Wunderheiler wie auch die der weißen Magie, wo der katholische Glaube mit seinen Heiligenstatuen, Gewändern und Kerzen völlig mit dem überlieferten afrikanischen Opferkult und der Eingeweideschau verschmolzen ist.

Wie wir von Barra de Tijuca erfuhren und – der Cousin auf dem Sozius einer 75er Honda – dort hinkamen, soll keine Rolle spielen. Barra de Tijuca liegt einige Kilometer von Rio entfernt an einem natürlichen Wassergraben zwischen zwei Tälern und ist ein heller Eukalyptuswald mit abgeschälten Stämmen, durch den ein kleiner Wildbach mit ein paar ruhig plätschernden Wasserfällen fließt.

Hier treffen sich an bestimmten Tagen und Abenden kleine Gruppen von ungefähr zehn Eingeweihten, von denen jede einen Umhang von verschiedener Farbe trägt, zu Riten, Anrufungen und den verschiedensten Beschwörungen. Sie tanzen und singen im Kreis oder reinigen sich halbnackt unter einem der Wasserfälle. Ihre Glaubensbrüder, mir fällt für sie kein besserer Ausdruck ein, stimmen dazu Gesänge an.

Zunächst geschieht nichts, bis zu dem Moment, wo einer ihrer Priester von jenen dunklen Mächten »besucht« wird, die er angerufen hat und die sich nun seiner bemächtigen: Er gerät in Trance, wirft sich wälzend auf den Boden, während die aufmerksamen Zuhörer bedrohliche oder gute Prophezeiungen empfangen, die der Priester in seinem Delirium hinausschreit.

Später, ohne Tunika, erkennen wir einige von ihnen vor der Autobushaltestelle nach Rio wieder. Die Zelebration ist beendet, und in der Schlucht von Barra de Tijuca am Fuße der Eukalyptusbäume bleiben nur die sterbenden Flammen verlöschender Kerzen und Gipsbildnisse zurück, die das nächste Unwetter vernichten wird.

La Macumba . . . Ob mit Begeisterung oder Zweifel, von nahem oder aus der Ferne, ich glaube, daß jeder in Brasilien mindestens einmal an diesen Riten teilgenommen hat. Und die Anhänger sind ebensowenig nur das einfache Volk wie in Paris die Teilnehmer an den Therapiegesprächen der berühmten Madame Soleil, der wohl bekanntesten Wahrsagerin Frankreichs.

Übrigens ist das Thema Macumba in Brasilien tabu, es wird wenig darüber gesprochen und sicherlich schon gar nicht darüber gespottet.

Selbst Skeptiker haben immer, wenn man nur nachbohrt, persönliche Erfahrungen damit gemacht und erzählen von Fakten, Erlebnissen und Heilungen, die den Ernst und die Wirksamkeit des Macumba-Kults beweisen sollen. Man braucht gar nicht erst nach Barra de Tijuca zu gehen, um sich von der starken Verwurzelung des Kults in den Anschauungen der Brasilianer zu überzeugen. Bereits am Morgen entdeckt man an den Stränden von Rio und besonders von Niteroy an der anderen Seite der Guanabara-Bucht kleine Statuen neben erloschenen Kerzen.

Und im Licht tausender flackernder Kerzen fließen in der Silvesternacht fremdartige philosophische Gedanken in die Messe des Priesters mit ein.

Das Mysteriöse ist anziehend und verführerisch. Der Cousin und ich wollten in einer bestimmten Nacht noch tiefer in den Eukalyptuswald eindringen. War es ein unglückseliger Augenblick, als unser Marco eine Leica aus seiner Tasche zog und dieses Sakrileg den heiligen Zorn eines Besessenen in seiner Trance hervorrief? Gleichviel, er kam mit ausgestreckten Armen, Beleidigungen oder Verwünschungen ausstoßend, auf uns zu, und wir mußten dringend handeln.

Unter den Blicken, die unsere übertrieben ungezwungene Flucht begleiteten, fühlten der Cousin und ich das Wachsen von Hühnerflügeln am Hals, am Arm und an den Schultern. Das ist übrigens ganz einfach: Wir werden bald fliegen.

Stadt ohne Seele

Endlos schlängelt sich die Straße, und jede Stunde scheint hier mindestens 100 Minuten zu haben. Brasilia lag ganz am anderen Ende, 1000 Kilometer von hier, und bei der Bummelei brauchten wir sicherlich noch drei Tage, bis wir dorthin gelangten. Autostopp in Brasilien ist ein nervenaufreibendes Unternehmen. Mit erhobenem Daumen wartet man neben seinem Rucksack, der seit Stunden schon Wurzeln schlägt.
Einzelne Autos fahren vorüber, und ihre Fahrer starren stur geradeaus, was auf unverhohlene Aggression schließen läßt. Der Aufzug des Cousin erweckt ihr Mißtrauen: Mit seinem Gürtel und den Patronentaschen hat er ein recht kriegerisches Aussehen. Solche Taschen sind selten in Brasilien, und schon eine geringe Anzahl von ihnen reicht aus, um die Aufmerksamkeit eines mißtrauischen Polizisten auf sich zu ziehen: »Was ist da drin?« »Meine 36er Kanone«, antwortet der Cousin jedes Mal und greift schnell an den Gürtel.
Bis jetzt war er immer der Schnellere, aber wer könnte versprechen, daß nicht eines Tages ein Polizist mit ausgezeichneten Reflexen schneller reagiert und der Cousin ihm nicht seine Leica unter die Nase halten kann? Nicht auszudenken!
Gäbe es keine Lastwagenfahrer, stünden wir heute noch mit dem Daumen in der Luft auf der Straße nach Brasilia. Patronentaschen können Lastwagenfahrer Gott sei Dank gar nicht erschrecken.
Mit Forschheit und Gleichgültigkeit fahren sie Strecken – vergleichbar der Entfernung zwischen Hamburg und dem italienischen Stiefel – in Wagen, die sensationelle Durchschnittsgeschwindigkeiten versprechen. Aber sie sind leider eben Brasilianer und das heißt, daß sie sich zu gern in Gespräche verwickeln lassen und sich begeistern können, während ihr Fuß ganz langsam vom Gaspedal rutscht und die Tachonadel auf 60 runtergeht. Sie zögern auch nicht, in der Kurve einem fest in die Augen

zu sehen, beide Hände vom Steuer zu nehmen, um Formen zu beschreiben. Ich wiederhole: Formen.
Denn ist für die Chilenen die Politik das Lieblingsthema, für die Argentinier das teure Hausmädchen, so wird der Brasilianer poetisch, sobald man auf Mädchen zu sprechen kommt. Dieses Thema begeistert ihn noch mehr als eine hochdramatische Fußballentscheidung – und das will schon etwas heißen.
Und jeder wird wissen, daß dieses Thema die Fantasie anregt. Seit Stunden fuhren wir mit einem sehr fantasievollen Menschen. Auf dem Weg nach Brasilia gibt es eine Unmenge von Plätzen, wo man diese zeigen oder ihr Gestalt geben kann.
Das Volltanken ist nur ein Vorwand: Neben oder gegenüber der Tankstelle wohnt eine kleine Freundin, die man schon so lange nicht mehr gesehen und gesprochen hat. Da waren wir aber in eine Sache hineingeraten! Beim zweiten Mal dasselbe, beim fünften Mal war es ganz außergewöhnlich, und das siebente Mal stand dem letzten in nichts nach. Das scheint bei den brasilianischen Lastkraftwagenfahrern eine Berufskrankheit zu sein, deren Heilkosten ohne Selbstbeteiligung erstattet werden müßten. Oder die Sozialversicherung ist nur leeres Gerede.
Man muß sich damit abfinden, in Geduld fassen und, sobald der barmherzige Samariter an der Bar der Tankstelle wieder auftaucht, ihm möglichst dringend einen starken Kaffee bestellen, denn die vor uns liegenden Kilometer werden den Lenkrad-Don-Juan sehr mitnehmen. Noch heute würden wir uns auf der Route nach Brasilia von Tankstelle zu Tankstelle schaukeln, wenn wir nicht entschieden hätten – zum Teufel mit dem Geiz! –, regulär ein Auto zu mieten.
Wir glaubten, einen Ochsenkarren gegen eine Caravelle eingetauscht zu haben: Kilometer verringerten sich plötzlich zu 100 Metern, die Hosteß bringt Erfrischungen im klimatisierten Raum, die Fahrer schienen wie in Trance mit dem Steuer verbunden zu sein und legten mit durchgedrücktem Gashebel phänomenale europäische Entfernungen zurück.
Die andere Seite dieser blitzschnellen Etappen sind vorbeiflitzende Flecken, kaum wahrzunehmende Dörfer, wo ein Aufenthalt sicher angenehm gewesen wäre, ein sogleich wieder verschwundener Marktplatz, eine Kirche mit erfrischendem Halbschatten.

Einige Goldwäscher verschwinden gleichfalls hinter den Scheiben, und man hätte sich doch gern neben sie an das Flußufer gehockt und sich faszinieren lassen von den langsamen, kreisenden Bewegungen ihrer Siebe und mit ihnen gewartet, ob sich nicht doch ganz auf dem Grund ein Körnchen oder gar ein Klumpen Gold oder nur die Hoffnung der großen Hoffnung finden würde.

Auch unter diesem Baum hätte es gutgetan, den Schlafsack auszubreiten und die Nacht zu verbringen. Auch er ist schon verschwunden, kaum daß man ihn überhaupt erblickt hat. Das Gaspedal ist durchgedrückt, und die Zeit verfliegt, zerrinnt einem unter den Fingern, wenn die Tachonadel fest auf 120 steht.

Der dampfende Wagen blieb schließlich stehen. Wir waren auf einem riesigen Vorplatz, einer Art Startpiste für Fernfluglinien. Der Asphalt wirkte wie lackiert und glänzte von häufigen Gewittern wie ein dunkler Spiegel von Pfützen, in denen sich schwere Wolken in einem riesigen Himmel spiegelten.

Brasilia. Brasilia mit Kuppeln, Pfeilern und seiner Begeisterung für Architektur, dem Theater, besonders der Kirche l'Itamarati, deren Schönheit einem den Atem raubt. Brasilia, dessen zwei Betonflügel wie zum Losfliegen ausgebreitet sind, diese riesigen verlassenen Straßen, wo auf sechs Spuren nur ein einziges Auto wie ein Insekt davonfährt, verschwindet und nur Ruhe und Einsamkeit zurückläßt.

Eine wunderbare Stadt ohne Seele, bewundernswert einsam und unmenschlich. Das Architekturmuseum eines Genies, das die Menschen vergessen hat. Die Menschen und auch uns, deren Schritte in den Straßen die Echos dieser Totenstadt weckten.

Die Universitätszeit ist uns noch sehr nah, und die vielen Bindungen haben auch die vergangenen Jahre nicht lösen können. In einer fremden Stadt begeben wir uns niemals unmittelbar zum Konsulat oder zur Botschaft, sondern unweigerlich zum Universitätsgelände. Wie eben auch die Tauben instinktiv immer in ihren Schlag zurückkehren.

Auch später, nachts in São Paulo, gingen wir zur Universität, die ganz am Ende einer nicht enden wollenden Straße liegt, öffneten die Türen, breiteten die Schlafsäcke in einem leeren Hörsaal aus, wo uns morgens die ersten Hörer schlafend fanden.

Neben der See, der TRISMUS, den Yacht-Clubs sind auch die Universitäten unser natürlicher Lebensraum. Dort fühle ich mich wohl. Über das Hindernis des Meeres, der Kontinente und Sprachen, über diese Mauer, die die Jahre langsam aufbauen und eines Tages unüberwindlich zwei Generationen voneinander trennen, genügt uns heute (für wie lange noch?) ein Blick, ein Lächeln, ein paar Worte, und wir Studenten von gestern fühlen uns in dieser unbekannten Stadt Brasilia wie Studienfreunde. Zwei Stunden nach unserer Ankunft fühlen wir uns wie zu Hause.

Der Campus liegt am Ufer einer künstlichen Lagune am Ende der Stadt. Eine Woche sind wir dort geblieben, herumgebummelt oder haben an Kursen teilgenommen, die hier übrigens in einer sehr lockeren Atmosphäre stattfinden.

Den Rest der Zeit sind wir wie Touristen durch die Straßen geirrt, zwischen den Riesenblöcken von vier bis fünf Gebäuden, von denen jede Zelle ihr eigenes Ladenzentrum, Schule und Kapelle besitzt. Sie sind alle gleich gebaut, wie am Fließband hergestellt, bewundernswert, aber so wohnlich wie eine Kaserne, eine Bahnhofshalle, ein Museumssaal oder schlicht eine Bürostadt.

Jeder hier lebt wie unter einer Käseglocke, ohne Kontakt zu Nachbarn. Aus diesem Zustand entwickelte sich eine klare Klassentrennung. Die Bewohner des Südflügels kennen nicht die vom Nordflügel, der anderen Seite des Betonbaus, dessen Fassade nur spärlich von Erdreich umgeben ist, wo der Putz den Aussatz des Alters zeigt. In zehn oder zwanzig Jahrhunderten wird Brasilia für die Archäologen ebenso interessante Ruinen anzubieten haben wie heute der Machu Picchu in den Anden oder Angkor in Kambodscha.

Zum Essen gehen wir stets in die Universitätsmensa: Eine »feijàos«-Mahlzeit, Kartoffeln und ein Stück Fleisch, hat uns während dieser Tage nicht viel gekostet. Unter den Studenten herrscht eine Brüderlichkeit, die sicher größer ist als irgendwo anders.

Eingeschrieben in die Universität, aber ohne Einkünfte oder Stipendien, ergaunern sie sich ihr Essen, haben eine Unterkunft, und der besser Gestellte hilft dem Schwächeren. Sie treffen sich abends alle in – ich nenne es mangels eines besseren Ausdrucks so – »Wohnungen«. Es sind

Hütten aus rotem Lehm, die bis zur Hälfte mit dem Matsch des letzten tropischen Gewitters bespritzt sind und in denen Militärzelte aufgeschlagen sind, wo, obwohl nur für acht Studenten vorgesehen, zwölf Leute schlafen. Und in der Nacht, als der Cousin und ich dort unsere Schlafsäkke ausbreiteten, waren es sogar 14.

Mai 68 – der Cousin spricht davon mit Eloquenz und Nostalgie. So wie ein alter kaiserlicher Haudegen vom Übergang über die Beresina oder ein Soldat von 14/18 von der Schlacht von Chemin des Dames in Nordfrankreich. Wenn das Publikum sich geneigt zeigt, verliert er sich in seinen Erinnerungen und erläutert mit Eifer seine ganze Philosophie.

Beginnt der Cousin an Bord der TRISMUS zu Ehren zufällig getroffener Freunde seinen Vortrag, habe ich genug Zeit, das Deck zu säubern, das Vorliek zu flicken, das langsam ein widerliches Loch bekommt, unsere Behausung auf Vordermann zu bringen und schließlich mit der Honda eine Tour durch die Stadt zu machen. Wenn ich dann zurückkehre, ist der Cousin gerade bei den Grundlagen seiner philosophischen Betrachtungen und im Zuge seiner wunderbar formulierten Sätze, seiner feinsinnigen Exkurse und seltenen Schlußfolgerungen tritt er in den folgenden Stunden direkt in die Mitte des Problems ein. Dann ist der Moment gekommen, Meinungen auszutauschen und ernsthaft mit der Diskussion zu beginnen.

Um der Redebegabung des Cousins widerstehen zu können, muß man schon jemanden wie Jean-Jacques Terrasson haben. Aber hier, in den vollen Stuben dieser Bretterbuden, sagte er nichts. Auch die Studenten von Brasilia hatten ihren Mai 68 erlebt: Aufstand, geschlossene Universität, vertrieben und davongejagt. Die Zurückkommenden fanden sieben Monate später ihr Fachgebiet nahezu ausgestorben vor und fremde Gesichter hinter den Kathedern . . .

Seitdem tut man gut daran, nicht an den Problemen zu rühren. Man lebt zu zwölft in der Stube für acht und spricht über andere Dinge. Und am Abend, im Rauch der miteinander geteilten Zigaretten, während draußen der Regen die Straßen in Schlammfelder verwandelt, singt man miteinander den letzten Hit von Chico Buarque oder Roberto Carlos. Der Assistent vom Physikalischen Labor singt in seinem Stuhl, nach hinten übergeneigt und die Füße auf dem Tisch, zur Gitarre.

In Rio wartet die TRISMUS auf uns, bewacht von der SNORIS, mit ein paar wohlgenährten Entenmuscheln und ein bißchen Vegetation am Kiel. »Nichts zu vermelden«, begrüßt uns Skipper Robert Haymoz, »kommt ihr nachher auf einen Drink an Bord?«

## Weltenbummler ohne Ziel

Ich trinke gern ein Gläschen oder setze mich ganz einfach nur in das Cockpit der SNORIS: Der friedliche Kater schläft in einer Koje, das zarte Lachen von Claire Haymoz und die Ruhe ausstrahlende Kraft ihres Mannes – all das schafft eine Atmosphäre, in der man sich wohl fühlt. Einfach gut, eben wie zu Hause.

Robert und Claire Haymoz gehören zu denjenigen, die einen glauben lassen, daß die Schweiz eine Nation von 25 Millionen Einwohnern ist, von denen mindestens jeder zehnte friedlich auf Entdeckungsfahrt gegangen ist. Denn die Helvetier sind ein Wandervolk. Man trifft sie in der Bucht von Santa Lucia oder Rucksack schleppend in der Hochebene von Peru, als Mitglieder geschlossener Reisegesellschaften die Ruinen von Machu Picchu fotografierend oder mit dem Daumen nach oben am Rand einer großen chilenischen Straße. Und sogar als Uhrmacher in Antofagasta oder São Paulo.

Robert und Claire Haymoz hatten den Anker am Fuße des Zuckerhutes geworfen. Als sie gerade ihre Volljährigkeit erreicht hatten, schifften sie sich auf einer 11-Meter-Ketsch aus Pitch pine ein und ließen die Sache einfach laufen. Das dauert nun schon acht Jahre, und es gibt keinen Grund, daß das eines Tages aufhören sollte, wenn nicht aus Altersschwäche der SNORIS.

Die SNORIS ist ein ehemaliges Lotsenboot aus Bristol. Es hat einen prächtigen Bugspriet von mindestens 2,50 Meter Länge. Natürlich ist das Schiff sehr robust, alle Segel handgenäht, zwei Masten von beruhigender Solidität und im Cockpit genügend Platz, um die Beine bequem auszustrecken. Wenn der Wind einschläft, tritt der lächerlich kleine Motor mit zehn PS in Aktion, groß wie ein Papierkorb.

Außer ein paar charakterbedingten Launen ist seine Spezialität, gerade dann nicht anzuspringen, wenn es notwendig wäre, und das nicht nur einmal. Ein klassischer Fall: Der »Papierkorb« verweigerte jeglichen Dienst genau in dem Moment, als die SNORIS sich anschickte, auf den Galapagos-Inseln eine Zwischenlandung einzulegen. Eine schöne Bescherung: Der Zwischenfall geschah gerade zu einer Zeit, als sich während zehn Tagen kaum ein Lüftchen regte, und die SNORIS driftete zwischen den Inseln Floreana und San Cristobal, James und Isabella. Zehn Tage lang waren sie den Strömungen, die gerade hier sehr heftig und launisch sind, ausgeliefert, und Robert und Claire bekamen eine sehr genaue Vorstellung von den Inseln Pinta und Barrington, Marchena, Tower und Santa Cruz. Die Seehunde hatten schließlich Vertrauen zu ihnen gefaßt.

Dann kam der Augenblick, wo eine plötzliche Strömung (vorausgesetzt, es waren nicht die Seehunde) die SNORIS aufs Meer hinaustrieb: Langsam verschwanden die letzten Umrisse der Galapagos, und Robert und Claire befanden sich wieder mitten auf dem Pazifik. Sie brauchten danach nur 60 Tage, bis sie zu den Marquesas kamen, wobei sie zwei Tage zuvor ihren Lebensmittelvorrat aufgebraucht hatten.

Und was für Robert noch schlimmer war: Es gab nichts mehr zu rauchen. Er opferte schließlich den Kaufvertrag der SNORIS, der aus dem feinsten an Bord befindlichen Papier war, und rollte sich gewissenhaft Zigaretten . . . aus Tee.

Aber um sie aus der Fassung zu bringen, braucht es für die Haymoz noch mehr. Robert ist ein blonder, ruhiger Junge, dessen Akzent die vergangenen acht Jahre, die er durch die Welt gesegelt ist, nichts anhaben konnten. Hört man ihm mit geschlossenen Augen zu, glaubt man sich Tausende von Kilometern von hier in ein Terrassencafé in den Schweizer Bergen versetzt. Verstummt er, und macht man die Augen wieder auf, ist man erstaunt, sich in der Bucht von Guanabara wiederzufinden.

Er ist eigentlich Dekorateur, das Cockpit der SNORIS legt davon Zeugnis ab, aber wegen der finanziellen Lage läßt er sich ab und zu als Zimmermann anheuern. In diesem Handwerk erweist er sich als sehr geschickt, aber er hatte auch Zeit, sich während der acht Jahre an der SNORIS zu üben, die fast ebensoviel Sorge und Pflege verlangt wie der Kater an Bord – was nicht wenig heißen will. Schiff und Katze, das hält einen Mann acht Stunden im Trab und läßt nur wenig Zeit für die anderen Aufgaben, die

allerdings in dem Maße abnehmen, wie Holzschiffe allmählich verschwinden.
Claire greift bei Bedarf nach ihrer Reißfeder und nimmt den Kampf mit ihr auf. Sie ist Zeichnerin, Architektin. Dieses wahnsinnig kleine Bündel Frau, dynamisch wie ein Turbo-Jet und lachlustig wie eine Möwe, ist von unwiderstehlicher und überzeugender Redefähigkeit.
Bis zu dem Tag unserer Bekanntschaft hat noch in keinem Hafen, in dem die SNORIS anlegte, ihr irgendein Architekt widerstehen können. Vielleicht weil eben die Schweizer Präzision einem alle Türen öffnet.
So ziehen die Haymoz mit Fuchsschwanz, Beil, Hobel, Säge und anderen Werkzeugen, bisweilen auch einer Reißfeder, durch die Welt, unterhalten die SNORIS und ernähren den Kater. Sie lieben das Leben.
Ich habe die beiden jetzt vorgestellt, weil sich gerade Gelegenheit dazu bot. Man könnte auch von zehn oder zwanzig anderen erzählen, die man unterwegs rein zufällig trifft. Ich meine nicht diese rotgesichtigen, fetten Besitzer von polierten, riesigen Maschinen von der Größe eines Opernplatzes, mit air condition in den Kabinen, Koch, Whisky-Steward und »schönen« Damen in den Sechzigern, die sich faul in Liegestühlen auf dem Achterdeck räkeln. Und nicht zu vergessen das Telefon mit Direktanschluß zur Wall Street.
Das ist uninteressant für mich. Ich meine die herumziehenden Weltenbummler, die unbekannt, oft verkannt sind und sich darum nicht scheren, die von einem kleinen Hafen aus mit ihrem Schiff ans andere Ende der Welt ziehen und für die die Überfahrt von Porquerolles nach Girolata in Südfrankreich bei plötzlich einsetzendem Mistral schon ein selbstmörderisches Unternehmen ist. Halt – auf Kabellänge entfernt von der SNORIS lag Rusty Webb. Eines Morgens sah man ihn in der Bucht von Guanabara am Fuß des Zuckerhutes vor Anker gehen, wo er tagelang liegenblieb und keinen Fuß an Land setzte. Jeden Morgen öffnet sich langsam das Luk zum Niedergang, und der Besitzer der FLYD taucht auf: Ein hagerer Mann, der, ohne einen Blick auf Bucht, Sonne und Palmen zu werfen, den Union Jack hißt, sich aufs Deck hinkniet und sich in unendliche Abdichtungsarbeiten versenkt. Manchmal angelt er auch. Abends brennt das Licht in seiner Kajüte bis spät in die Nacht.
Ich lernte ihn bei einem sogenannten Höflichkeitsbesuch kennen, der

stets eine bequeme Entschuldigung ist, wenn man die Türen der Einsamkeit gewaltsam öffnen will. Rusty Webb war in Shorts gerade dabei, auf einer geflickten Teerplane zwei Spieren zu kürzen, die offensichtlich zum Ausbaumen des Klüvers benutzt werden sollten.

Er bearbeitete sie mit den langsamen Bewegungen eines Mannes, für den die Zeit für immer ihre Bedeutung verloren hat. Als ich mich vorstellte, war sein Blick weniger erstaunt als geniert. Ich brauchte lange, um ihn, wie soll ich sagen, zu zähmen? Ich finde keinen anderen Ausdruck. Denn zweifellos war dieser vereinsamte Mann weniger wild als verstört, weniger verschlossen als schüchtern und ein Gefangener seiner Ideen und seiner selbst – seit 58 Jahren.

Vor zehn Jahren war er von Falmouth mit einem alten Kutter aufgebrochen, der schon vor einem halben Jahrhundert vom Stapel gelaufen war. Zehn Jahre Ozeane, Einsamkeit und auch Schiffbrüche. Meine Abenteuer mit TRISMUS waren im Vergleich zu ihm nicht mehr als eine Sonntagsspritztour von Hyères nach Port Man an der Côte d'Azur. Über seine könnte man ein zweimal so starkes Buch schreiben wie das, was Sie gerade in den Händen halten.

Warum schrieb er eigentlich kein Buch? Ich stellte ihm diese Frage: »Ich bin nicht Chichester. Ich segele für mich, ich rede nicht darüber.« Worüber hätte er reden wollen? Daß er nicht die Größe noch das Talent von Sir Francis hat und die Abenteuer seiner FLYD lächerlich gegen die der GYPSY MOTH sind? Oder, nach seinem bitteren Ton zu schließen, daß die Literatur nur Eitelkeit ist und er diejenigen verachtet, die sich ihr widmen?

Rusty Webb wollte niemandem etwas sagen. Und trotz allem, was ich Stück für Stück von ihm in Erfahrung brachte, hat Rusty Webb mir selbst überhaupt nichts erzählt. Er sprach nicht mit mir, sondern mit sich selbst und ließ seinen Erinnerungen freien Lauf. Wie ein innerer Monolog. Wußte er überhaupt, daß ich noch da war? Sein Blick drang durch mich hindurch, durch den Rumpf der FLYD und verlor sich in der Guanabara-Bucht, schweifte an irgendeinen Ort. Tausende und aber Tausende von Meilen fort von hier und ohne Zutritt für andere, vielleicht in eine kleine Hütte in Dorset oder Devon, die seit langem einsam und verlassen ist.

Ich schwieg. Ich schaute auf das Heck, das unter der Sonne von Rio wie eine Blume aufblühte, auf das geflickte und mit Polyester-Harz abgedichtete Deck. Dieser Rumpf konnte doch nur aus einem gesunden Selbsterhaltungstrieb oder aus Gewohnheit noch schwimmen. Oder auch die mönchisch-nackte Kajüte, in der die sanitären Anlagen so viel Platz einnehmen, daß die Vermutung nahe liegt, Rusty Webb hatte vielleicht noch andere Probleme zu lösen als die Abdichtung der FLYD.
Während seines gesamten Aufenthalts ging Rusty nur zweimal an Land. Und das nur, um auf der Post nach einem Brief zu fragen, der vielleicht nie ankommen wird. Nach der Rückkehr vom letzten Landgang stellt er mir folgende verblüffende Frage: »Wo ist denn nun die Copacabana, von der so viel geredet wird?« Wie ein Fremder in Paris, der nach drei Wochen Aufenthalt nach dem Eiffelturm fragt . . .
Die Honda stand am Kai, und ich bot mich an, ihn dorthin zu fahren. Er schüttelte den Kopf: »No, thank's. I really don't like city's jungle.«
In seiner Ruhe klang seine Stimme sehr leise und vornehm zugleich. Im Januar 1972 verließ die FLYD Rio. Über Kap Hoorn wollte Rusty Webb mit einem großen Schlag die Osterinsel erreichen. Seit fast drei Jahren habe ich von Ushuaia bis zu den Marquesas, von den Galapagos-Inseln bis Puerto Williams, in Callao, Juan Fernandez, auf der Osterinsel nach einem alten Kutter namens FLYD, Baujahr 1910, gefragt, der unter britischer Flagge von einem alten, einsamen und schweigsamen Mann gesegelt wird. Niemand hat ihn jemals wieder gesehen. Nie mehr.
Die Welle, die einen verschlingt, muß demjenigen eine Erlösung sein, der beim Aufwachen, bei jedem Morgenrot denjenigen trifft, dem er vergebens zu entfliehen sucht: sich selbst.

## Karine und Katia

So, schließen wir die Tür hinter diesen düsteren Gedanken und sprechen wir ein bißchen unter Männern. Wie würden Sie reagieren, wenn Sie ganz nackt gerade in dem Moment rittlings auf die Ankerkette fielen, in dem der Anker ins Wasser platscht? Der Cousin jedenfalls heulte laut auf und fluchte gotterbärmlich. Auf seinen Schreckensschrei folgte das Echo eines Angstschreis.

Als sich der Cousin nun gerade wieder hochrappeln wollte, sprang aus dem Cockpit ein Schatten auf ihn zu, um ein Schadensprotokoll aufzunehmen. Herrliche Haare flatterten um die nackten Schultern, selbst ein oberflächlicher Betrachter wäre von diesem reizenden Wesen betroffen gewesen. Dieser Schatten hatte einfach die schönste Figur der Welt, mit einer Einschränkung: fast so schön wie die der Begleiterin, die an meiner Schulter in ein schallendes Gelächter ausbrach.

Ja, jetzt wissen Sie alles, als Katia aus dem Cockpit auftauchte, kam schließlich die Wahrheit doch noch zum Vorschein. Nun ist auch klar, warum die TRISMUS seit bald vier Monaten im Schatten des Zuckerhutes vor Anker lag, obschon wir schon seit langem den Amazonas hinauffahren wollten. Ja, wir hatten unser Schiff bei schöner Brise immer vor sich hinschmollen lassen und befanden uns jetzt gerade auf dem Weg zum Karneval von Salvador de Bahia. Und all das wegen oder besser dank Didier Poissant.

Am Abend vor dem Ende der Regatta kehrte Didier aus der Stadt zurück. Unser französischer Meister hatte die Augen weit aufgerissen und schien wie auf Kumulus-Wolken zu gehen. Er kam gerade von einem Fremdenverkehrsbüro zurück. »Patrick, mein Gott, ich habe dort ein Mädchen gesehen, ich sage dir, ein Mädchen!«

Eigentlich wollte ich gerade eine Dokumentation über brasilianische Sitten und Gebräuche anlegen: die Grundsteinlegung Brasilias, auf welche Ecke des Umschlags eine Briefmarke für einen Brief nach Brüssel zu kleben ist, wie man auf gut portugiesisch ausdrückt: »Wollen Sie sich die schöne Muschelsammlung, die ich an Bord meiner Yacht habe, ansehen?« Kurz, wesentliche Dinge, die man im Ausland einfach beherrschen muß.

Didier Poissant machte schon immer den Fehler, Windstärken zu unterschätzen, auch diesmal: Im Fremdenverkehrsbüro klopfte mir das Herz bis zum Halse, und von da an war's um mich geschehen. Ich stellte mich Karine vor, sie stellte mich später ihrer Schwester Katia vor, die ich wiederum eiligst dem Cousin vorstellte, und beide stellten uns schließlich der Familie vor, der Familie Chubasco. In unseren Hirnen sprühten nur so die Funken und bewirkten schließlich eine eindrucksvolle Serie Sich-Verliebender.

Eine Woche später hatten wir unseren Platz am Tisch der Chubascos, unsere stets vorbereiteten Zimmer und bedienten uns ausgiebig ihres Wagens für die kleinen Besorgungen in der Stadt. Selbst Teresa, die bereits 25 Jahre als Hausmädchen in der Familie tätig war, entging die Situation nicht: »Die Herren sind da!« verkündete sie, sobald wir eintraten, und ein strahlendes Lächeln erblühte in ihrem Gesicht.
Die Wochen verstrichen, und die Algen am Rumpf der TRISMUS entwickelten sich prächtig. Von Zeit zu Zeit wurde ich nachdenklich, wenn die Tage so vorübereilten und ich die aus dem Kalender gerissenen Blätter betrachtete. Ich legte Karine den Finger auf die Brust: »Hast du mich nicht zufällig von deinen Macumberos verhexen lassen?«
Sie lachte, ohne sich zu verteidigen, und das war wunderbar. Genauso wunderbar, wie bei Büroschluß auf sie zu warten, die Honda zu besteigen und mit Gesang in Richtung Copacabana davonzuflitzen. In solchen Momenten fühlt man sich wie ein König. Sollen doch die Algen am Rumpf der TRISMUS wachsen! Auch Sie sollten einmal in Rio in milden Abendstunden ein Motorrad zwischen den Beinen haben und von zwei frischen Armen umfaßt werden . . .
Das hätte noch lange so weitergehen können, auch ohne Karneval. Ich meine nicht diesen Touristenkarneval in Rio, sondern den von Salvador de Bahia. Er soll außergewöhnlich und sehr »tipico« sein, wie man uns im Fremdenverkehrsbüro sagte, und die Eltern Chubasco bestätigten es uns. Und aus diesem Grunde nahm die TRISMUS eines schönen Tages mit sauberem Rumpf Kurs Nord.
Deshalb fiel auch der Cousin rückwärts auf die rasselnde Ankerkette, während die TRISMUS an jenem Nachmittag bei leichter Brise Richtung Ihla Comprida segelte, und das alles wegen Didier Poissant. Das Leben geht schon wunderbare Wege.
Ich weiß nichts um die Gefühle der Chubasco-Eltern, als plötzlich zwei große, bärtige Männer vom anderen Ende der Welt in ihr Leben einbrachen. Ich habe es nie erfahren, weiß es heute noch nicht und werde es auch nie wissen. Ich weiß nicht, warum Mutter Chubasco uns bis zum Rand mit Essen vollstopfte und Vater Chubasco uns sein Auto überließ, um selbst zu Fuß ins Büro zu gehen. Vielleicht war es dies Gefühl von Abenteuern, von denen der Mensch träumt und das der Cousin und ich in

seiner Fantasie geweckt hatten. Denn plötzlich sprach er unter dem besorgten Blick der Mutter vom »Aussteigen«, vom Verkauf seiner Wohnung an der Copacabana, vom Losziehen in einem zum Wohnwagen umgebauten Lastauto.

Mit uns hatte sich ein Virus bei den Chubascos eingenistet. Wir gingen, bevor er unausrottbar wurde.

800 Seemeilen trennen Salvador von Rio, auf dem Landweg sind es 2000 Kilometer. Über die See ist es zwar schöner, dauert aber auch länger, besonders bei diesem flauen Wind und in den hier herrschenden Strömungen.

Solch einen Stil schätzt die TRISMUS gar nicht. Sie schmollt, schleppt sich mühsam dahin. Nur wenn der Wind erwacht, lebt sie auf, aber es gab keinen Wind, und sie rollte recht beunruhigend in der Dünung. Angesichts dieser hoffnungslosen Lage gingen wir bei der Ihla Comprida vor Anker.

Comprida liegt im Nordosten von Cabo Frio, eine kleine Insel mit einer engen, langen Einfahrt im Süden, die in eine Art Fjord mit klarem, eisigem Wasser mündet. Hier hinein ergießt sich eine Strömung von Kap Hoorn, die in bestimmten Jahren bis an die Küsten Brasiliens seltsame Lebewesen anspült. Watschelnde Silhouetten entsteigen dem Wasser, laufen die Copacabana entlang, bis sie verdutzt vor dem Verkehr stehen: Pinguine.

Diesmal waren keine Pinguine in Comprida. Auf dem Grund gab es allerdings Langusten und herrlich funkelnde Fische. Hätte ich eine Leier zur Hand gehabt und suchte ich nach einem charakterisierenden Begriff für dieses Paradies, würde ich von einem grün eingefaßten Saphir gesungen haben. Das ist zwar nicht eben originell, aber wenn es so ist, muß man es auch so beschreiben.

Obwohl inzwischen wieder Wind aufgekommen war, sind doch noch vier Tage vergangen, bis sich die TRISMUS losreißen konnte. In diesen Tagen habe ich oft daran gedacht, daß diese Insel der schönste Fleck der Welt sein müßte. Aber wahrscheinlich können auch die langweiligsten Straßenkreuzungen in Europa unter einem regnerischen Novemberhimmel wie das Paradies sein, wenn man sie nur mit den Augen des Glücks ansieht.

*Die bis zu 15 Meter langen Saveiros versorgen heute noch die Märkte der Hauptstadt des brasilianischen Bundesstaates Bahia, Salvador de Bahia, mit frischem Gemüse, Obst und Lebensmitteln aller Art. Das große Gaffelsegel dieser buntbemalten Frachtensegler wird an einem unverstagten Mast und ohne Baum gefahren (1).*

*Bis zu 40 Meilen weit wagen sich die »Jangadeiros« mit ihren Segelflößen aufs Meer hinaus und nicht selten müssen sie mehrere Tage auf See bleiben, um mit vollen Fischkörben heimzukommen. Die Jangadas am frühen Morgen durch den Surf zu schieben und das Landen am späten Nachmittag, wenn sie auf einer Welle bis hoch an den Strand reiten, sind wohl die gefährlichsten Momente in der harten Tagesarbeit der Jangadeiros (2, 3).*

3

Auf der Insel Comprida ist mir auf einmal auch klargeworden, mit welchem Liebestrank Circe Odysseus auf ihrer Insel festgehalten hat. Er ist köstlich und leidvoll zugleich. Sicherlich würden wir immer noch davon kosten, wenn uns nicht der Karneval von Salvador de Bahia erwartete. Also Anker auf, hinein in See und Wind!

Das Meer war in den folgenden Tagen sehr rauh, und ich machte wiederholt die zweite Nachtwache. In diesen Stunden vor dem Morgengrauen, unten schlief alles, in dieser Ruhe, wo die Wellen vor dem Bug und der Wind in den Segeln die einzigen Geräusche machen, setzten sich in mir bestimmte Gedanken fest.

Die TRISMUS war nun in ihrem Element, sie glitt nur so dahin und lief prächtig ihre Meilen herunter. Mit stärker gerefften Segeln hätte sie sicherlich noch etwas zulegen können. Und wie sieht die See jenseits der Fünfziger aus? War die Jahreszeit nicht schon zu weit fortgeschritten? Überlegungen, Rechnungen: Karneval, zurück nach Rio, die TRISMUS klarmachen, Vorräte auffüllen, ablegen, eine letzte Zwischenlandung in Montevideo oder Buenos Aires, dann der große Sprung nach unten, bis man die Südspitze erreicht. Das braucht alles ungefähr zwei Monate, wir wären Ende April am Hoorn, also dicht am Ziel, wenn auf der südlichen Halbkugel der Winter beginnt.

Von Ost nach West mag das ja noch gehen. Oder ist es Wahnsinn? Rusty Webb und seine alte FLYD ... Ich sehe noch seinen verwunderten Blick, als er zu uns an Bord kam und sich Schotten, die Plexiglaskuppel und die Ruderanlage im Innern ansah; die TRISMUS war eingeschlossen wie ein Ei mit all ihrem lächerlichen Komfort von Stereo, weichen Matratzen und albernen Kissen – wie ein Boudoir. Also Patrick – für meine Freunde übrigens »Zyklon« –, was Webb und seine FLYD schaffen, versuchst du's oder nicht? Wirst du diesen Spitznamen, der ebenso lächerlich wie deine Kissen ist, nun unter Beweis stellen oder nicht?

Wohl nicht. Wenn alles recht abgewogen ist, nimmt der Zyklon schnell ab. Aber es ist vielleicht nicht ein richtiges Abflauen, schließlich stand der Amazonas auf dem Programm.

Ich erwähnte bereits, daß das Wetter rauh war, und Karine und Katia kamen nur noch wegen ihres Brechreizes nach oben. Langsam und unmerklich entwickelte es sich während dieser Tage ...

Soll ich überhaupt darüber sprechen? Wahrscheinlich müßte man eines schönen Tages auf irgendeiner Seite doch darauf zurückkommen. Warum verschweigen, daß diese reizenden Mädchen, gleichviel welcher Herkunft sie sind, von ihrem Auserwählten erwarten, daß er der Schönste, Größte, Stärkste und Geistvollste ist. So ist man es sich selbst schuldig, ihren Ansprüchen und Wünschen zu genügen, wenn sie sich das schönste Kleid, das niedlichste kleine Auto oder verlockenden Schmuck wünschen.

Ach, wir Kasper und Hampelmänner, die wir bei enger werdenden Beziehungen davonsegeln, aber die Wirkung unserer Muskeln genießen und gern unseren Geist hervorkehren! Gebrauchen wir Idioten doch endlich wieder den Geist, diese heikle Waffe, die immer beißender wird, um sich schließlich ganz in Ironie zu verwandeln, zunächst aber noch ganz unbemerkt Schrammen verursacht, die langsam zu unerträglichen Wunden werden – wie es Monate später bei mir und dem Cousin der Fall war. Und das ist der erste Riß einer Freundschaft, die natürlich weiterbesteht, aber nie mehr wie vorher sein wird. Schweinerei!

Früher oder später, auf Rechnung, cash oder in Raten, muß man eben doch sein Paradies bezahlen: Comprida liegt nun hinter uns und dem Kielwasser der TRISMUS weit zurück.

# UND DANN KAM DIE SEE

Die Abrolhos-Inseln liegen genau zwischen Rio und Salvador. Diese Inselgruppe ist ein Korallengebilde, dessen Ausläufer man nur vom Bug des Schiffes aus entdecken kann. Deshalb freut man sich auch, wenn es mittags zur exakt geschätzten Stunde auftaucht. Und wenn einem das fünf- oder sechsmal hintereinander passiert, glaubt man, daß man navigieren kann, und das könnte einem zu Kopfe steigen. Aber wir wollen nicht spitzfindig werden: Sie lagen genau achteraus voraus, das war eben einfach richtig.

Andere mit weniger Glück haben sich ohne Überlegung nachts auf die Lauer gelegt und mit Blick nach Steuerbord Ausschau gehalten. Was blieb ihnen als Andenken – Möwen, die das Schiff umkreisen. Schon in Rio hatten wir darüber gesprochen. Auch davon, daß es hier Muränen und andere riesige Fische geben soll, die man nur zu zweit und mit Hilfe eines Flaschenzuges an Bord bekommt. Alles nur Legende. Ich habe keine einzige gesehen. Nicht einmal den Schatten einer Muräne konnte ich entdecken.

Vielleicht habe ich auch nicht lange genug gesucht, denn sie sitzen tief in diesen schwarzen Löchern, halten sich in den Höhlen von Schiffwracks versteckt. Ich zögerte, ob ich ihnen dorthin folgen sollte und machte einige sachte Schläge mit den Schwimmflossen, während Luftblasen hellperlend an die Oberfläche stiegen. Inzwischen hatten sich einige neugierige Barrakudas genähert, aber sie kamen nie von vorn, immer von hinten, dort, wo die Sauerstoffflaschen und die Waden sind. Eine beunruhigende Sache. Und wenn ich jetzt auch in das Dunkel dieses Wracks hinabtauchte und dann nicht mehr herausfände? Und wenn ich

dann drinnen einer steinalten Muräne gegenüberstünde und mich andererseits am Ausgang eine Meute von Barrakudas erwartete? Und wenn . . ., und wenn . . .
Man fängt in solchen Situationen ganz enorm zu zittern an und stellt fest, daß einem die eigene Haut viel wert ist, und dann gibt's nur eine Lösung – aufsteigen. Man darf doch schon mal eine Heidenangst bekommen, oder?
Falls sich jemand für die Jagd auf Muränen interessiert, teile ich gern mit, daß sich der Rumpf des Frachters drei Meilen außerhalb des Korallenriffs befindet. Bei Ebbe kann man es mühelos ausmachen, es liegt dann nur 1,50 Meter unter der Wasseroberfläche, und mit dem Lister auf 600 Touren kommt man gut bis auf Höhe des Ladebaums voran. Obwohl es kaum Muränen gibt, habe ich mir diese kostenlose Mutprobe geleistet, weil sie die Stimmung und das Selbstvertrauen hebt.
Wir näherten uns Salvador. La Bahia de Todos os Santos ist herrlich, und hier erwartete uns der Karneval. Die Gewässer sind sehr seicht, und es herrscht vorwiegend ein Süd-Ost-Passat. Große Barken mit Gaffeltakelage, Fischerkähne mit großen geflickten Planen als Segel, und vor allem »jangadas« durchpflügten die See. Jangadas sind erstaunliche Gebilde aus fünf leicht zusammengefügten Baumstümpfen mit magerer Takelage, die aber mit einer unglaublichen Geschwindigkeit dahingleiten und für mehrere Tage zum Fischfang ausziehen.
Die Aufbauten bestehen allein aus einem Holzgestell, an dem die Fischer ihre Angelleinen und Netze aufhängen, ansonsten hatten sie ein wenig Maniok und ein bis zwei Pfund »feijâo« dabei, eine schwarze Bohnensorte, die das Grundnahrungsmittel der Brasilianer ist. Mit dieser Ausstattung wagen sich die Jangadas bis zu 100 Meilen auf die See hinaus.
Wer die Jangadas noch nicht kennt, bricht in Panik aus. Die TRISMUS wich vom Kurs ab, und eine wilde Fantasie brach sich Bahn: Man glaubt nämlich, Schiffbrüchige vor sich zu haben, zu Tode verhungerte Überlebende oder gar das Floß der Medusa. Wie in einem Abenteuerroman, wo auf der letzten Seite man selbst als unverhoffter Retter aus der Katastrophe erscheint . . . Und dann erkennt man schließlich drei friedliche, fast im Wasser hockende Fischer, die einem freundlich lächelnd zuwinken.
Jetzt könnte ich natürlich vom Karneval erzählen. Man errichtet hier

nicht wie in Rio Tribünen für den Festumzug, von denen aus – importiert aus Stockholm, Minneapolis oder von der Via Veneto in Rom – ruhelose Neugierige das Amüsement des Volkes betrachten. In Salvador gibt es keine Zuschauer, denn jeder hängt mit drin. Und ohne daß man überhaupt weiß, wie einem geschieht, tanzt man mit nacktem Oberkörper Samba, bis einen die Beine im Stich lassen. Über den Karneval in Salvador de Bahia erzähle ich besser doch nichts, es kurbelt nur den Tourismus an; vielleicht erfahren Sie ja eines Tages über einen Faltprospekt mehr – mit bunten Bildern, und besser als ich es könnte. Dann allerdings wird es auch Tribünen geben ...

Salvador – so liebe ich Brasilien, nicht Rio oder São Paulo, nicht die großen Städte im Süden mit ihren Wolkenkratzern, nicht die unmenschliche, prachtvolle und eisige Stadt Brasilia. Hier ist noch nicht der wirkliche Nordosten mit seiner Dürre und seinem chronischen Elend in Städten wie Recife, wo stolze aber resignierte Siedler an den Straßenekken betteln, wenn der heiße Wind von Afrika ihr Land versengt hat.

Salvador verkörpert Gelassenheit, die Frauen sitzen auf kleinen Hockern im Schatten großer Mauern, breiten um sich ihre weiten Röcke mit bunten Spitzen, wetteifern miteinander um Korpulenz und braten in riesigen Pfannen eine Art Krapfen, die mit einer Soße gewürzt sind, daß es einem die Kehle verbrennt.

Salvador ist wie ein Lächeln. Hier gibt es auch einen freundlichen Yacht-Club, dessen Mitglieder den Kopf schüttelten, als wir sie über unser Projekt, den Amazonas hochzugehen, befragten, und die uns auch viel Fragen stellten: Wieviel PS hat der Motor? – Zwanzig? – Sechs Knoten im Höchstfall? – Wirklich, das wird nichts! Der Fluß hat's in sich. – Später vielleicht oder auch früher, aber jetzt nicht. – Im Höchstfall schaffen Sie zwei Meilen pro Stunde. Und das nicht einmal regelmäßig.

Also geben wir das Amazonas-Projekt auf. Ich habe dem Cousin heimlich etwas zugeraunt, er runzelt die Brauen: »Was? Im Ernst?«

»Ja. Glaubst du, es geht nicht?« »Nein, aber das behagt mir nicht.« »Wieso denn?« »Weil es da ziemlich kalt sein wird, und es war auch ziemlich blöd von mir, daß ich auf dein Anraten hin mein Ziegenfell in Gosport gelassen habe.«

Der Cousin hat eben immer Angst, daß ihm ein Kleidungsstück fehlt. Aber vielleicht könnte sein Tropenhelm das fehlende Ziegenfell ersetzen? Ich hatte vergessen zu erzählen, daß der Cousin heimlich einen Tropenhelm in seine Koje eingeschmuggelt hatte. Dort lag er neben seinem Jagdhorn herum und half ihm schließlich, sich zu einer Entscheidung durchzuringen: »Na gut, und wann?«

Auf diese Weise haben wir also beschlossen, das Hoorn während des Winters und aus entgegengesetzter Richtung zu umsegeln. Ich schätze eine solche Vorbereitung für eine längere Tour über alles. Später in Rio trafen wir die letzten Vorkehrungen. Oscar Mattoso Maia, Hauptmann der Marineakademie, war von unerschöpflicher Liebenswürdigkeit und gab uns Seekarten, ließ einen Sextanten im Marinearsenal justieren, dessen Spiegel er zuvor austauschen ließ, weil er beschädigt war.

Es gab einen großen Bahnhof: Mario Besse, die Haymoz von der SNORIS, Jacques de Smedt, der uns bei der Ankunft so gut verstanden hatte, und die Eltern Chubasco. Ganz hinten am Kai weinten zwei Mädchen, als wir das Großsegel setzten. Auch uns war der Hals wie zugeschnürt, als die Küste im Dunst versank.

Und dann kam die See.

## TRISMUS geht zu Boden

Der Cousin kochte Kakao, und ich las Vito Dumas. Die ersten Stunden und Tage war das Segeln trostlos. Kein Wind – also motoren. Die See war spiegelglatt und nur eine leichte Dünung zu spüren. Da beugt sich der Cousin zum ersten Mal über die Reling, weniger wegen der See, eher weil er krank vor Heimweh und Kummer ist: Katia. Es gibt dafür einen brasilianischen Ausdruck, den man nicht übersetzen kann und der unseren Seelenzustand genau trifft: »saudade.« Es ist nicht einfach Heimweh, nicht Schwermut, es ist Sehnsucht, Leere im Herzen. TRISMUS, der Cousin und ich waren saudade.

Einige Tümmler waren zu sehen, dann tauchte ein Wal auf, spie eine Fontäne aus, tauchte und kam ganz dicht beim Boot wieder zum Vorschein, bis er dann endgültig in der Tiefe verschwand und dabei konzentrische Kreise hinter sich ließ, die größer und größer wurden.

125 Meilen in zwei Tagen – nur, wie stark waren doch diese unsichtbaren Taue, die die TRISMUS an Rio festketteten.
Endlich, endlich werden diese Taue von der Suestada gekappt. Eine zunächst zögernde, unruhige Suestada, die sich auf der Kompaßrose ihr Ziel sucht, sich im Nordosten verbirgt, langsam nach Westen, Südwesten, Süden dreht, zögert, ihren Atem anhält, wie ein Meutehund die Spur wittert und plötzlich bei 135° niederstürzt und anhaltend zu heulen beginnt.
Der Cousin machte weiter seinen Kakao, und ich verschlang ein weiteres Kapitel von Dumas.
Die Suestada hatte ohne abzuflauen nach Osten gedreht, machte dafür einem Nord-Ost Platz, der mit Stärke 8 pfiff. Die Richtung wechselte jedoch weiter unablässig während der nächsten 24 Stunden. Mal kam der Wind aus Norden, lief einmal um die ganze Kompaßrose, bevor er sich endgültig auf Nord-Ost einstellte und dort seine volle Stärke erreichte.
Seit 24 Stunden fuhr die TRISMUS ziellos hin und her, das Großsegel war lange geborgen, nur mit Besan, Besanstagsegel und der ausgebaumten Fock glitt sie über das Wasser. Während des letzten Viertels dieser Stunden mußten wir auch noch den Besan bergen, erst dann kehrte wieder Ruhe und Unbekümmertheit ein. Soll sich doch draußen das Windbrett um den Rest kümmern, dazu ist es ja da!
Der Duft des Kakaos durchzog nun die Kajüte, und ich las weiter Dumas. Ich muß aber hinzufügen, daß ich schon seit einer Weile drei-, vier- oder auch fünfmal die gleiche Seite zu lesen begann. Bevor ich aber beim zweiten Absatz war, hatte ich alles wieder vergessen und fing von vorn an. Die Augen lasen, ohne daß ich etwas aufnahm. Irgend etwas klappte nicht.
Das plötzliche Bocken und Stöhnen der TRISMUS war völlig ungewohnt. Sie litt. Ich sah auf das Barometer: 770. Seit heute morgen war es um acht Millimeter gefallen. Das ist durchaus nicht beunruhigend.
Den Kakaogenuß aufschieben, Ölzeug anziehen, die mollige Kajüte verlassen und draußen nach dem Rechten schauen? Das muß doch wohl nun nicht sein . . .
Ich zog dennoch das Ölzeug an – draußen nahm mir der Wind den Atem. Der Sturm wütete so sehr, daß er meine Ohren abzureißen und zugleich

meinen Kopf mit einem wahnsinnigen Surren zu sprengen schien. Da war er nun also, der Sturm. Die See kam von hinten auf, der Wind riß Krater aus den Wogen.
»Marco, schnell, die Fock runter!« Schade um den Kakao, aber aufgeschoben ist nicht aufgehoben. Blitzschnell schaltete ich die automatische Selbststeuerung ab, nahm die Pinne in die Hand, während sich Marco mit der Fock abquälte, bis er sie schließlich gebändigt hatte und in den Sack stopfen konnte.
Alles ging so schnell wie in einem Traum oder besser gesagt, einem Alptraum: ein dumpfes Grollen von Steuerbord, und kaum drehe ich den Kopf zur Seite, ist die Riesenwelle auch schon da. TRISMUS legt sich ganz über, die Gischt verschlingt und erstickt mich. Wie durch ein Wunder kann ich mich irgendwo festklammern, vielleicht an einem Beschlag am Baum, dann richtet sich das Schiff unvermittelt wieder auf.
Das dauerte nicht mehr als fünf Sekunden, keine Zeit, Angst zu bekommen. Die kommt erst, als ich mit noch wasserverschleiertem Blick auf Vorschiff schaue. Marco? Wo ist der Cousin? Er war noch da und starrte auf das überspülte Heck, wo ich gerade wieder aus der Gischt auftauchte.
All das geschah am Montag, dem 27. März 1972 um 17.30 Uhr, als der Cousin seinen Kakao servieren wollte und wir uns schätzungsweise auf 33° 20′ Süd und 47° 40′ West befanden, also in nicht sehr hohen Breitengraden, weit vor Rio de la Plata und noch weit von den berüchtigten brüllenden Vierzigern, wo, wenn man den Berichten derjenigen glauben darf, die sie passierten, man sich ernsthaft um die See kümmern muß.
Kap Hoorn, noch 1500 Meilen entfernt, schickte uns seine erste Botschaft. Im Logbuch hielt ich fest: Das ist doch wohl noch ein bißchen früh!
Recht früh und nicht gerade ermutigend für die Zukunft. Die TRISMUS sah nach diesem Schlag nicht besonders glänzend aus: Wie ein Boxer in den Seilen, wie einer, der sich schwankend von der Matte erhebt, nachdem er niedergegangen ist.
Bestandsaufnahme: drei total verbogene Relingstützen, die vorn über die Luke gespannte Persenning zerfetzt, das Windbrett der Selbststeueranla-

ge und die Vorstagsegel hinüber, die Reste schlugen wie wild im Wind. Rings herum das wahnsinnige Meer, auf das aus einem zerrissenen Himmel ein paar Sonnenstrahlen schienen, und Wellen, die sich auf 250 Meter brachen und deren Kämme dann dem Brodeln eines smaragdgrünen Wassers Platz machten.

Unten herrschte ein heilloses Durcheinander von umgeworfenen Töpfen, zerschlagenen Gläsern, die Petroleumlampe in Scherben, 100 durcheinandergeratene Bücher vermischt mit Konservendosen und dort der kaputte Wecker, den Guy und Viviane Cappeliez heil von einer dreijährigen Weltreise mitgebracht und mir geschenkt hatten.

Nach dem letzten Schlag ging es an die Arbeit: aufräumen, sortieren, den vom Kakao des Cousin durchtränkten Dumas abwischen, das Wasser ausschöpfen, die Bodenbretter abwischen – und Stein für Stein errichtet man dabei eine Mauer zwischen sich selbst und den Gedanken, die einen belauern.

Wenn man seinen Geist zur Ausführung simpler Handgriffe, lächerlicher Haushaltsarbeiten anstrengt – dann, um die Stunde aufzuschieben, in der sich die Angst einschleicht.

Diese Stunde kam, als TRISMUS beigedreht lag und vor sich herstampfte und ich mich fix und fertig in meiner Koje ausgestreckt hatte und auf Schlaf hoffte. Ich fühlte, wie die Angst langsam in mir hochkroch, mein Herz immer schneller schlug, bis es schließlich wild hämmerte.

Hat sie sich dann ganz des Körpers bemächtigt, durchfährt einen ein unkontrollierbares Zittern. Eine harte, ernste Stunde: Man steht sich selbst von Angesicht zu Angesicht gegenüber.

## Dummheiten des Skippers

Irrtümer, Dummheiten, Unvorsichtigkeiten, Fehler, also alles, was das Wort Blödsinn beinhaltet, habe ich mir in meinem Leben vereinzelt geleistet. Ich hoffe sogar, daß mir das später möglichst lange noch passiert, denn sie sind eben der Tribut von Jugend und Unbekümmertheit. Die große Erfahrung habe ich einfach noch nicht. Das ist der Vorzug – aber ein magerer –, den das Alter und die Jahre bringen. Diese Erfahrungen fehlen mir, aber das wird sich schnell ändern.

Ich habe also riesige Dummheiten bereits hinter mir, derer ich mich nicht rühme, die ich nur feststelle: In weniger als 50 Stunden hätte mir jede einzelne der beiden Lektionen das Leben kosten können. Ein guter Durchschnitt!

Zunächst die erste. Das war in dem Augenblick, wo der aus Nord-West kommende Wind sich seinen Weg suchte, an uns seine Kräfte maß und eine empfindliche Stelle für seine Stöße suchte. Das Wetter war gut. Die Spur der TRISMUS, die ihre Starre abgelegt hatte, wurde immer breiter. Der Cousin stand seiner Gewohnheit treu am Herd, und ich badete.

Seit der Überfahrt nach Rio hatten wir uns folgendes angewöhnt: Man taucht unter dem Bug weg, macht ein paar kräftige Stöße, und während das Boot wie im Flug über einen hinweggleitet, greift man nach dem Auftauchen schnell zu einer der hinteren Relingstützen, und mit einem ordentlichen Beinschlag ist man wieder in der Plicht. Zehn Mal gemacht. Beim elften Mal glitscht die Hand über das abgerundete Metall, eine Bö schiebt das Schiff schneller – man kann nur noch schreien: »Cousin!«

Wenn er nichts gehört hätte? Wenn wir nicht die Angel gehabt hätten, die seit zwei Tagen im Wasser hing und vergeblich auf eine mögliche Makrele wartete? Aber sie war da, ich konnte mich an ihr festhalten und schrie noch einmal: »Cousin!«

Der Nylonfaden schnitt mir in die linke Hand und drückte die Nerven des kleinen Fingers ab. Aber ohne ihn wäre ich schon mindestens 100 Meter zurück, bevor der Cousin angesprungen kam und mir wieder ins Boot half. Er war ganz bleich und stotterte: »Wo sind sie? Wo sind sie?« »Wer? Was?« »Na, die Haie. Du hast doch die Haie verscheuchen wollen?«

Cousin, Hai – er hatte mich wahrscheinlich falsch verstanden. Später sagte er mir, daß meine Stimme ganz dramatisch geklungen habe. Ein Schrei, der von ganz tief unten, wie aus den Eingeweiden kommt.

Diese Tauch- und Bademanöver mitten im Ozean, während die TRISMUS ihre fünf Knoten macht und der andere in der Kajüte ist, waren vollkommener Schwachsinn.

Aber da war noch die andere, ganz frische Unsinnstat, die viel ernster und unverzeihlicher war und deren Bilder in allen Einzelheiten wieder in mir lebendig werden und mir deutlich meine Fehler vor Augen halten.

Bilder, die ich gar nicht gesehen habe, die aber die Sinne festhalten und die jetzt in meiner feuchten Koje mit großer, anklagender Genauigkeit vor mir stehen.
Das völlig unter den Wassermassen begrabene Heck, 30 Kilo durcheinandergeworfene, zerschlagene und verdorbene Vorräte. Dies zeigt meine unverzeihliche Dummheit, die Sachen nicht richtig verstaut zu haben. Und das Wunder, daß ich einen Beschlag zu fassen bekam, als ich fast aus dem Cockpit gespült wurde. Ohne das . . .
Deswegen habe ich später noch in der Koje geschwitzt. Es war die Angst, die erst danach kommt, und sie ist besonders schrecklich, weil sie sich meiner bemächtigte, als schon alles vorüber war und man Zeit zum Nachdenken hat. Ein unerträglicher Zustand, dem man nicht entkommen kann und der einen packt, wenn man allein und in Sicherheit ist. Das Herz schlägt panisch wie in einen Schraubstock eingespannt, wie bei einem Tier in der Falle. Heute, zwei Jahre danach, hat sich das gelegt, ist aber dennoch gegenwärtig, liegt auf der Lauer. Bisweilen ergreift mich diese Angst völlig ungeahnt, besonders nachts, wenn ich Wache habe, die See rauh und die Küste nah ist. Ich glaube nicht, daß ich diese Angst jemals ganz los werde. Außerdem finde ich es auch ganz gut, daß sie ab und zu da ist, denn sie hat mich vor anderen Fehlern bewahrt, die später noch fataler hätten sein können, als wir ans Hoorn kamen.
Ich habe meine Fehler eingestanden. Zwischen »Überraschung« und »Fehler« habe ich mich für das letztere entschieden. Fehler, gezögert zu haben, das Zeug nicht richtig verstaut zu haben, das Schiff wie bei einer Regatta geführt zu haben und das bei Windgeschwindigkeiten von über 50 Knoten!
All das – die Zwischenfälle, die Schäden, meine Angst – habe ich dem Logbuch anvertraut und schreibe es heute nur wortwörtlich ab. Nur das Wesentliche vergaß ich auf diesen Massen von Blättern zu notieren: Der Cousin machte gerade den Kakao, und ich las Vito Dumas. Aber das merkte ich erst 18 Tage später.
Wenn man bei der Umrundung von Kap Hoorn in die Knie geht, dann ist das normal, fast banal. Und ruhmreich, wenn man dann ohne Fehler, nur mit Materialschäden davonkommt. Überhaupt ist solch ein Ereignis dann ein ordentliches Gesprächsthema für Winterabende bei Freunden. Aber

in den Dreißigern umzukippen ist schon lächerlich, weil ein solcher Zwischenfall allerhand in Frage stellt – das Vertrauen zum Boot und zu sich selbst. Besonders das Vertrauen, das der Cousin in mich gesetzt und jetzt sicherlich verloren hat. Noch in den nächsten zwei Tagen segelte die TRISMUS unter kleinsten Segeln Richtung Rio de la Plata. Beharrlich tauchte immer wieder dieselbe Frage auf: Soll man nach dieser Einleitung noch im Winter und in umgekehrter Richtung das Hoorn versuchen? Hieß das nicht schlicht, das Unmögliche wagen?

Ich war nahe daran, die Flinte ins Korn zu werfen. Was mich wohl zurückgehalten hat, war der Gedanke an ein Aufgeben – ein Canossa-Gang. Wir kühnen Segler hätten ganz schön blamiert ausgesehen, wenn wir wieder am Zuckerhut vor Anker gegangen wären. Lieber nicht daran denken! Aber auch der Gedanke an Karine, Katia, Rusty Webb und die FLYD haben die TRISMUS weiter über die Fünfziger getrieben.

Die Eigenliebe ist eben doch stärker als der Verstand. Also doch das Hoorn. Aber die Entscheidung fiel ohne Lied auf den Lippen und ohne Blumen am Mast.

Versetzen Sie sich mal in unsere Lage . . .

## Im Land der Matebäume

Nachts in Montevideo anzukommen ist schon ein ziemliches Unternehmen, das die Nerven aufs äußerste anspannt, denn man sucht vergebens nach Leuchttürmen, die nicht da sind, wo sie sein sollten, sondern ganz woanders stehen, erloschen oder ganz und gar nicht vorhanden sind. Also die Segel runter und vorsichtig ranpirschen.

Dann stellt man fest, daß die Einfahrt von Buceo nur durch ein einziges rotes Leuchtfeuer gekennzeichnet ist. Die Lektüre von Vito Dumas, die ich endlich beendet hatte, beruhigt einen auch nicht gerade: Obgleich auch die LEGH II an der Stelle gebeutelt wurde wie die TRISMUS (was zu wissen für die Stimmung gut ist), habe ich aber auch lesen müssen, daß sie bisweilen in den Gewässern Probleme hatte, in denen wir uns gerade wie Blinde mit dem Krückstock vorwärtstasteten. Das ist weniger beruhigend. Die Augen fallen einem fast aus dem Kopf und müßten eigentlich schon wie bei den Langusten am Ende von Antennen sitzen.

Dennoch – mit Hilfe eines nahezu vollen Mondes haben wir endlich den Yacht-Club von Uruguay entdeckt. Wir hatten nur zwei Meter unter dem Kiel und hofften mit 15 Meter Ankerkette auf dem schlammigen Hafengrund hinzukommen, der seit der letzten Sonnenfinsternis nicht mehr ausgebaggert worden war. Wir riefen laut in die Dunkelheit hinein, doch auch auf das fragende Tönen des Jagdhorns tat sich nichts, absolut nichts – nur Nacht und Ruhe. Aber es ist ja auch nicht üblich, sich durch ein Jagdhorn herbeirufen zu lassen. Wahrscheinlich können nur die Posaunen des letzten Gerichts aus dieser Einsamkeit Wesen herbeizaubern.

Der Kai lag total verlassen. Dumpf hallten unsere Schritte durch die Nacht, es war übrigens direkt vor Ostern. Also was denn nun, hat hier inzwischen eine Revolution stattgefunden? Der Cousin pumpte die Lungen voll, ich stopfte mir die Ohren zu: »Ola! Hay alguien? Ist jemand da?«

Ich glaube, ich habe es schon gesagt, daß der Cousin einen ganz hübschen Bariton hatte. Selbst wenn er nicht voll zulegt, kann er schon mit seinem Jagdhorn konkurrieren. Eine erschreckte Katze stürzte mit gesträubtem Fell davon.

Schleppende Schritte, ein Wächter taucht auf aus dem Dunkel – »Momento! momento!« –, hört sich unsere Fragen an, versteht uns kaum, verscheucht mit der Hand eine überhaupt nicht vorhandene Fliege und fällt wieder in seinen Schlaf: »mañana . . .«

Kein spanisches mañana mit all seiner Zeit und Ruhe, das Freude am Leben ausdrückt und ernste Dinge hinten anstellt. Das uruguayische mañana werden wir noch gründlich kennenlernen mit seinem »Wozu denn?« In diesem gleichgültigen, schlafenden Wachmann hat es sich zum ersten Mal gezeigt.

Montevideo ist eine Stadt mit schmutzigen Straßen und aufgerissenen Bürgersteigen, wo geduldige Schlangen auf einen unzuverlässigen und überfüllten Bus warten. Auf den Straßen schaukeln Autos durch Schlaglöcher, es sind teilweise Modelle aus der Vorzeit der Technikgeschichte: Sogar einige Ford »Modell T« mit fast senkrecht gestelltem Lenkrad waren zu sehen, dazu andere, völlig undefinierbare Gebilde auf Speichenrädern mit außenliegender Handbremse. Das alles fährt so, daß zu befürchten steht, es bricht an der nächsten Kreuzung zusammen; ein permanentes und immer wieder neues Wunder seit 50 Jahren, das das technische Geschick der Uruguayaner unter Beweis stellt. Der Verkehr rollt an verfallenen Häusern mit verwaschenen Reklameschildern vorüber. Vielleicht findet man den Glanz des einst beneideten Landes, auch die »Schweiz« Südamerikas genannt, in Punta del Este wieder. Aber auch das Deauville von Uruguay ist verkommen: Riesige, leerstehende Wohnhäuser, Swimming-pools mit trübem Wasser, in dem die ersten abgefallenen Blätter modern; der Strand ist auch kaum besser, hier liegt nur verfaulendes Strandgut herum.

Selbst der berühmte Country Club, in dem mit unechtem, mattem Prunk das Ende der Saison gefeiert wurde, war nur noch ein von Moos zersetzter Tennisplatz mit einem riesigen verunkrauteten Garten, wo Leute herumirrten, die man nur als Gespenster bezeichnen konnte. Alles macht den Eindruck von Verlassenheit, Gleichgültigkeit und Resignation.

Vor einigen Jahren gab es hier noch Tupamaros, jene Robin Hoods des Widerstands, die wegen ihrer gut lancierten Coups und treffenden Anklagen große Sympathie fanden. Heute haben die vertriebenen Rebellen blutige Rache geschworen. Aber es ist klar, daß sich in Uruguay niemand zwischen ihnen und der der Korruption beschuldigten Regierung entscheiden kann.

Es ist schmerzhaft zu sehen, wie in diesem Land jegliche Hoffnung aufgegeben wurde. Trotz allem ist es aber auch ein sehr verführerisches Land, das einen fesselt, von dem man sich loßreißen muß und nach dem man Heimweh bekommt.

Die TRISMUS hatte im Hafen von Buceo einen recht seltsamen Nachbarn: ein veraltetes Fischerboot. In weiser Voraussicht wartet es alle Suestadas und Pamperos aus Rio de la Platas unruhigem Himmel ab und verläßt den Hafen nur an schönen Tagen. Zweimal pro Woche fährt es hinaus und kehrt jedesmal bis an den Rand mit Fisch gefüllt zurück. Doch noch mehr als diese regelmäßig guten Fänge, die unseren Nordseefischern sicherlich gefallen würden, machte mich eine bestimmte morgendliche Übung aufmerksam: Jeden Morgen, zwei Stunden lang, verabreichte der Kapitän zwei Männern seiner Mannschaft ein mysteriöses Getränk. Das war mein erster Kontakt mit diesem typischen südamerikanischen Gebräu, dem Mate. Er ist auch in Südbrasilien, Paraguay und Argentinien verbreitet, aber nirgendwo anders als in Uruguay kennt man ein derartiges Zeremoniell.

Das Mate-Pulver, hergestellt aus angerösteten Blättern der Stechpalme, wird in einen kleinen Behälter gegossen, oft auch in den ausgehöhlten Kern einer tropischen Frucht, den man concha nennt. Bevor der Behälter zu zwei Dritteln mit Mate gefüllt ist, steckt man die Bombilla hinein, eine Art Pfeife, meist aus ziseliertem Silber. Nun muß nur noch kochendes Wasser aufgefüllt und die heiße und bittere Flüssigkeit eingesogen werden. »La bombilla« geht von Mund zu Mund, und bei jeder Runde wird etwas Wasser hinzugegossen, deshalb trug auch der Kapitän des Fischerkahns, Pedro, die Thermosflasche unter dem Arm.

Wenn die Flüssigkeit weniger bitter wird, besteht die Kunst darin, mit der Bombilla eine kleine Ecke zu suchen, wo der Mate noch frisch ist. Das Ganze dauert ungefähr eine Stunde, während der man friedlich diskutiert und dem Kommen und Gehen im Hafen zuschaut. Damit keine Zweifel aufkommen – so etwas können nur Südamerikaner erfinden.

Eine Woche später lichteten wir Anker. Fred Obenhoff, der Geschäftsführer eines Yachtausrüsters, hatte uns für vier Dollar den Klüver repariert und für elf Dollar eine neue Persenning verschafft.

Wir brachen noch vor Sonnenaufgang auf. Am Abend, sobald die Sonne untergegangen ist, bricht eine unglaubliche Dunkelheit herein und kündigt den im Süden anfangenden Winter an.

Bei Vollmond zogen wir an Montevideo und seinem verlassen daliegenden Hafen vorüber. Ein herrlich runder Mond brachte den Rio de la Plata zum Funkeln. Das am Tage braune und schlammige Wasser glänzte jetzt wie Metall, wie flüssiges Silber. Deshalb war es sicherlich auch nachts und bei Mondschein, als die spanischen Conquistadoren den Rio de la Plata erreichten und ihm seinen Namen gaben.

Weit vor uns sahen wir am Himmel den rötlichen Schein von Buenos Aires, das Flackern all seiner Lichter. Dort war eine andere Welt. Im Hafenbecken des Yacht-Club Argentino lag wohlvertäut die TRISMUS, und schon am nächsten Tag lernte ich an der Bar Jorge kennen. Er besaß eine Soling. Am selben Nachmittag sollte eine Regatta starten, deshalb

nahm er mich mit an Bord, drückte mir die Pinne in die Hand, der Startschuß fiel, und in der folgenden Stunde brachte ich seine Soling, ohne unbescheiden sein zu wollen, unter den ersten Zehn ins Ziel.
Entgegen jeder Erwartung war Jorge begeistert, klopfte mir auf die Schulter und meinte, daß es das nächste Mal bestimmt noch besser klappen würde. Argentinier sind die Höflichkeit selbst... Er war es auch, der uns einredete: »Bleibt nicht hier, geht lieber im Tiger-Delta vor Anker. Dort ist es ruhiger und viel schöner. Laßt mich mal an die Pinne, ich kenne den Weg gut. Wer sich hier nicht auskennt, läuft schon eher zweimal als einmal auf.«
Warum gleich zweimal, wenn einmal auch reicht, vor allem, wenn man gut zielt. Und Jorge zielte hervorragend. Kaum hatte er die Ecke vom Club Nautico in San Isidro umrundet und mit der Hand auf den Yacht-Club und den für uns ausgesuchten Platz gewiesen, als – rumms – die TRISMUS auflief. Eine klassische Sache!

## Wie Alice im Wunderland

Das Tiger-Delta ist nur ein winzig kleiner Teil jenes großen Gebiets, wo der Parana und der Uruguay mit einer großen Anzahl hier wie ein Spinnennetz zusammenkommender Flüsse münden. In einer Unmenge von Verästelungen, Kanälen und Windungen verliert es sich in einem Waldgebiet von Weiden, Pappeln, Rotbuchen, Eichen, Eukalyptusbäumen, aber auch tropischen Gewächsen wie Palmen und Mangroven. An allen Verästelungen liegen Wohnsiedlungen, deren Anlieger die Autos in Motorboote umgetauscht haben und per Fahrrad den Weg zum Nachbarn zurücklegen. Zudem verkehren Busse, oder man ruft sich ein Taxi mit Schiffsschraube, das einen auf dem Wasserweg befördert.
Wegen ständig wechselnder Sandbänke kann man im Tiger-Delta mühelos auflaufen. So eine Sache kann einfach Pech, lächerlich, ohne Folgen, aber auch unheimlich sein. Es kann auch so sein, daß eine gute Fee mit ihrem Zauberstab einen Schicksalswink gibt und den Zwischenfall zu einem Glücksfall macht. Da fühlt man sich dann wie Alice im Wunderland.
Sollten Sie zufällig auf Ihrem großen Törn einmal nach Buenos Aires

kommen, laufen Sie unbedingt ins Tiger-Delta ein. Ich empfehle Ihnen die kleine Schwelle genau vor dem Club Nautico von San Isidro. Sie liegt genau hinter der schönen Trauerweide, deren herabfallende Zweige über den Wasserlauf streifen. Wenn Sie sich nach Steuerbord halten, können Sie es gar nicht verfehlen. Es tut auch nicht weh – alles Schlamm.

Schon in der folgenden Minute geschieht das Wunder – ein Motorboot des Clubs holt einen heraus, und das mit einer aus langer Erfahrung erwachsenen Meisterschaft: Es vergeht kaum eine Viertelstunde, und man macht am Ponton des Nautico fest, wo sich ein hagerer, hochaufgeschossener Mann, dessen weiße Haare viel Vornehmheit verraten, höflich vorstellt – Señor Francisco Szuhi.

Ich mochte ihn einfach sehr gern. Er ist ein Club-Verwalter, der sich nicht daran stößt, wenn die Schlafanzughose mal keine Bügelfalte hat. So wie der Club Nautico von San Isidro wünschte ich mir alle Yacht-Clubs dieser Welt.

Señor Francisco Szuhi war etwas traurig überrascht, als er erfuhr, daß wir zunächst keineswegs die Absicht hatten, ihn zu stören, sondern die TRISMUS etwas entfernt im Yacht-Club Argentino festmachen wollten. Was, der Yacht-Club? Das stand natürlich gar nicht mehr zur Debatte. Morgen, vielleicht, mañana.

Aber heute konnte er seine Gäste, die ihm der Zufall geschickt hatte, nicht schon wieder gehen lassen, bevor er sie nicht einmal gebührend empfangen hatte. Im Club gab es gerade ein freies Zimmer, das er uns zuwies. Ganz einfach, es war schon alles vorbereitet. Señor Francisco Szuhi wäre wirklich zu enttäuscht gewesen. Und das wollten wir ihm nicht antun.

Während dieser viel zu kurzen Wochen haben wir nie jemanden enttäuscht: Es fanden sich immer Club-Mitglieder – was wir lange nicht verstanden –, die uns, welch ein Glücksfall, zum Essen einluden. Ein seltsamer Zufall, genauso verblüffend wie die traumhaften Steaks, die so dick wie eine Hand hoch waren und unter denen man erst nach harter Arbeit den Teller entdeckte. So hatte ich das Leben gern. Als Student fand ich immer, daß das Lied der »Chevaliers de la table ronde« eine schöne Hymne war, deren Philosophie genau zu mir paßte.

Deshalb habe ich auch in vier Wochen sieben Kilo zugenommen – ein

schöner Durchschnitt. Davon verschwand aber wenigstens die Hälfte als Angstschweiß zwischen den Vierzigern und Kap Hoorn. Ja, und apropos Kap Hoorn?
Moment, alles hat seine Zeit. Ernste Dinge vor allem. Denn schließlich mußte die TRISMUS ordentlich hergerichtet werden. Señor Szuhi hatte sie zum Slip gebracht, um den Kiel reinigen zu lassen, Unterlagen waren zusammenzustellen, Meinungen, Hinweise, unverzichtbare Ratschläge einzuholen. Kap Hoorn läßt sich doch nicht improvisieren, zum Teufel!
Und vier Wochen waren nicht zuviel, um genau herauszufinden, auf was man sich einließ. Der Cousin und ich fanden das sogar ein bißchen knapp und übereilt. Man kann nicht genug Vorsichtsmaßnahmen treffen.
Unsere Stimmung war auf dem Höhepunkt, und verglichen mit den vergangenen Wochen, hatte sie jetzt fast 1050 Millibar erreicht. Wir sprachen mit Leuten, die was von der Sache verstehen und wußten, was Hochseesegeln heißt. Seeleute vor allem, nicht »Yacht«-Leute. Das merkte man an Kleinigkeiten, an der Art und Weise, wie sie um die TRISMUS herumgingen, stehendes und laufendes Gut kritisch begutachteten. An Aufmerksamkeiten und Freundlichkeiten: Karabinerhaken, Schäkel, nützlicher Kleinkram, selbst ein Eimer, der noch fehlte, wurde uns gebracht.
»Der ist von meinem alten Schiff, und ich brauche ihn nicht mehr. Da habe ich gedacht ...« Lügner! Liebenswerte, diskrete Lügner. Das Stück war nagelneu, direkt vom Schiffsausrüster. Man wagte nichts mehr zu sagen oder zu fragen: Am nächsten Morgen war garantiert ein sachkundiger Mechaniker da und brachte die automatische Selbststeuerung in Ordnung. Die TRISMUS im Schlaraffenland ...

## Der böse Blick

Eine Sache allerdings oder besser gesagt ihr Fehlen erstaunte uns seit unserer Ankunft und seitdem wir von Yacht-Club zu Yacht-Club zogen: Nirgendwo ein Buch, ein Schiffsmodell, eine Erinnerung oder auch nur ein Photo von Vito Dumas und seiner LEGH II. Nichts von diesem Mann, diesem wahren Seemann und seinen legendären Fahrten. Selbst nicht im

»Argentino«, der doch immerhin sein Club war und für den er in aller Welt den Wimpel gesetzt hatte. Ein Mysterium.
Scheibchenweise zunächst und eines Tages dann erfuhr ich schließlich alles – die Gründe für das Schweigen und das Vergessen. Ich hörte von der immer mit Vito Dumas verbundenen Legende, seiner »mala suerte«, dem bösen Blick, der ihn zum Stranden und Kentern brachte, zerbrochene Masten bei Regatten, Unfälle, unvorhergesehene Schäden, die an Segelschiffen auftraten, wo immer er sich einschiffte. All dies häufte sich Jahr für Jahr und zog um ihn einen immer enger werdenden Kreis von Unheil, Schicksalsschlägen und schließlich Einsamkeit.
»Sehen Sie, genau hier in diesem Becken hat er getaucht.« »Na und? Ich habe auch getaucht. Alle tauchen hier.« »Ja, aber nie, wenn kein Wasser drin ist.« All das erklärt, daß noch heute kein argentinischer Segler ein Buch von Dumas an Bord hat und daß man selten oder nie von ihm spricht. Wenn auch nicht die Erinnerung derjenigen erloschen ist, die ihn kennengelernt haben, so wird doch nur mit größter Zurückhaltung über ihn geredet: »Sie haben es doch selbst erfahren.« »Wir? Warum?« »Sagten Sie nicht, daß Ihr Cousin gerade Kakao vorbereitete, als Ihr Schiff fast kenterte?« »Sicher, aber wo ist der Zusammenhang?« »Folgendes: Als Vito in den gleichen Gewässern wie Sie kenterte, machte er sich auch gerade einen Kakao. Er liebte Kakao. Und Sie haben gerade sein Buch gelesen. Verstehen Sie jetzt?«
Ich verstand. Ich bin nicht abergläubisch. Oder sagen wir ehrlicherweise, ich bin es gerade so viel, um nicht das Unheil anzuziehen. Und ich lege Wert auf die Feststellung, daß das kleine Amulett, das ich seit Buenos Aires um meinen Hals trage, einzig aus dekorativen Gründen da ist und keinerlei Fetisch für mich darstellt. Und als bei mir die Panik ausbrach und ich glaubte, es verloren zu haben und deshalb die TRISMUS auf den Kopf stellte, bis ich es endlich erleichtert wiederfand, dann war das nur, weil ich aus sentimentalen Gründen dran hänge. Kurz, ich bin das, was man einen Freidenker nennt, und ich bin stolz darauf.
Trotzdem gibt es Dinge, die einen nachdenklich machen. Seitdem war der Kakao von der TRISMUS verbannt und Vito Dumas ganz hinten in der Bordbibliothek eingeordnet. Weit weg von Blicken, Versuchungen, vom bösen Blick. Ich frage mich, ob ich nicht eines Tages, wenn die See sehr

rauh ist und ich mir keinen Rat mehr wüßte, ihn einfach über Bord hängen ließ, um die Wellen zu beruhigen.
Wie gesagt, ich bin ein rationaler Mensch!

TRISMUS verläßt das Paradies

»Tonterias! Tonterias!« Tonterias – Unfug. Der kleine, ruhige Mann hat sich im Cockpit der TRISMUS niedergelassen und zuckt die Schultern. Tonterias. Von allen segelnden Argentiniern, die ich kennengelernt habe, war Manuel Campos der einzige, der die Legenden um Vito Dumas für Tonterias hielt. Wir sprechen ruhig und ausführlich darüber. Manuel Campos ist mager wie eine Grille, trägt einen schwarzen Hut, schwarze Krawatte, schwarzen Anzug und unterm Arm stets eine kleine Plastikaktentasche, natürlich auch schwarz.
Genauso wie der stellvertretende Bürovorsteher einer Anwaltskanzlei, der bei Büroschluß seine Ärmelschoner ablegt! Er paßte so wenig an Bord der TRISMUS wie ein anglikanischer Pastor in eine Surprise-Party von Hippies.
Er ist dennoch einer der bekanntesten Schiffsbauer hier unten, unter seiner Hand entstand die berühmte EL GAUCHO und LEGH II von Dumas. Aus seiner kleinen Plastiktasche zieht er immer Pläne heraus, die einen Anhänger Colin Archers begeistern würden. »Tonterias!« In solchen Augenblicken verliert der sonst ruhige und ausgeglichene Mann langsam die Fassung. Alles Quatsch, was man erzählt hat und immer wieder erzählen wird. Für Manuel Campos bleibt Vito der Größte. Noch heute, im Alter von über 65 Jahren, vervollkommnet er die Pläne seiner über alles geliebten norwegischen Konstruktionen. Während seiner Zeit an Bord hat er mir einiges davon beigebracht, vor allem, daß es ein Holz gibt, das gegen Würmer resistent ist und nicht einmal gestrichen werden muß. Weiter weiß ich, daß Manuel Campos jetzt im April 1972 einen zehn Meter langen Norweger in Bau geben kann und ihn mit kompletter Innenausstattung, Masten und Takelage für 7500 Dollar liefert. Sollte mich eines Tages ein Unglück von der TRISMUS trennen, so würde ich Manuel Campos aufsuchen.
Tage und Wochen verstrichen. Unter meinem besorgten Blick kam die

Nadel der Personenwaage beharrlich den magischen 80 Kilo näher. Wie hätte man auch den Einladungen der Familie Beau de Loménie widerstehen können, an deren Tisch vor uns schon Gérard Janichon und Jérôme Poncet aßen? Die beiden Franzosen umsegelten mit ihrer Yacht DAMIEN als erste die Antarktis. Sie haben auch mit dem gleichen Respekt von demselben Ober die gleichen Gerichte serviert bekommen und sicherlich genau wie wir die zutraulichen Damhirsche aus dem Park gestreichelt.
Dort auf der Veranda während des Apéritifs wirkte der Cousin nahezu erhaben: In seinem bestickten Kittel ukrainischer, indischer oder kirgisischer Machart, seinen Gürtel mit den Patronentaschen lässig umgelegt, verlor er sich in einem feierlichen Taumel von Handküssen, deren Meisterschaft mich nahezu zum Tölpel machte.
Aufbrechen? Ja, aber übermorgen. Denn gerade wollte ein Mitglied des Club Nautico mit uns in die Pampa fahren und uns seine Hacienda zeigen. Muß es mich, einen Zahnarzt, interessieren, daß, weiter im Westen, wo das Gras so rauh wie Sandpapier ist und die Zähne der Wiederkäuer zerstört, man denen eines Tages Zahnprothesen einzusetzen gedenkt? Irgendso ein Gerüst? Man sagte es mir zu wiederholten Malen. Stimmte das oder nicht? Aber es war wohl wahr. Ein glücklicher Argentinier jedoch ist nie ganz ernst. Quien sabe? Ich sollte es vielleicht eines Tages nachprüfen.
Auf den Haciendas in der argentinischen Pampa wäre sicherlich Karriere zu machen. Es geht einem schließlich nicht schlecht, wenn man schon einmal einem NATO-General solch ein »Gerät« eingebaut hat und danach auch einem Ochsen ein Kaugerät verpassen kann. Aber mit dem Abdruck wird's etwas schwieriger sein. Ich sollte mir das eines Tages etwas genauer ansehen. Aber später, mañana.
Am nächsten Sonntag findet erst mal die Hochzeit statt, zu der wir eingeladen sind, und wo man keinesfalls wegbleiben kann. Der Cousin hat dann wieder seinen betörenden Auftritt mit dem Urgroßvatergehrock. Außerdem dürfen wir auch das Wochenende auf dem Land nicht verpassen, auf das der Gastgeber bestimmt zu sprechen kommt. Es ist der, der mit durchgedrücktem Gashebel direkt auf die Autoschlange zurast, die aus entgegengesetzter Richtung auf ihn zukommt, sich durchschlängelt, ausweicht, mal rechts, mal links überholt, ohne zu zögern

über die Böschung fährt und quer durch die Prärie mit einem wilden Hupkonzert seinen Weg fortsetzt. Der Cousin und ich warten währenddessen, festgeklammert an den Armlehnen, mit starrem Blick und gesträubten Nackenhaaren auf die unvermeidliche Karambolage, die sich nie ereignen wird.

Wer spricht eigentlich noch von Kap Hoorn? Dort hatte schon die Schlechtwetterperiode begonnen, und von nun an war es egal, ob wir eine Woche früher oder später da waren.

Einmal aber mußte der Tag kommen, an dem wir die Anker lichteten. Es war der Tag des Talismans, der Champagnerflasche für das Hoorn, der 20-Kilo-Reisvorräte, der Weinflaschen und diversen Päckchen, eines riesigen Haufens Geschenke, unter dem eine Kiste mit Nestlé-Produkten von beträchtlichem Ausmaß war.

Jo und Marthe Kozlick, amerikanische Krokodilfänger, die ein Jahr zuvor in Ushuaia in der DAMIEN eine Heizung installierten, winkten uns von Bord ihres langsam zur Silhouette werdenden Schiffes nach: »Good luck!«

Schluß – vorbei. Die TRISMUS verließ das Paradies, und wir verstauten die Geschenke. Selbst das einfachste rührte uns, wenn's auch noch so bescheiden war wie sein Spender oder ebenso kostbar wie die Freundschaft von Daniel Dupin: ein Schamottstein. Die TRISMUS hatte keine Heizung an Bord.

Am Ausgang des Deltas Tonne 19. Unter dem Druck des Pamperos und mit Backstagsbrise segelt die TRISMUS über den schlammigen Grund des Rio de la Plata. Buenos Aires verschwimmt am Horizont, verschwindet ganz.

Später, weiter draußen auf See, riesige Wolken von Silbermöwen mit ihrem heiseren Schrei, dann die ersten Albatrosse, deren beeindruckende Flügelschläge den Himmel in Unruhe versetzen wie Hände oder Taschentücher, die zum Abschied winken.

# KAP HOORN VORAUS!

Segeln ist zweifellos das anachronistischste und langsamste Fortbewegungsmittel überhaupt. Auf einem grenzenlos scheinenden Ozean hängt das Schiff einzig und allein von Wind und Wellen ab. Damit habe ich mich abgefunden. Sobald ich einen Hafen verlasse, verschwinden wie durch ein Wunder auch die kleinsten Sorgen und Ärgernisse, und die Zeit, die einen an Land regiert, existiert nicht mehr. Dann kommt die Zeit des Träumens, vorüberziehender Stunden mit baumelnden Beinen auf dem Vorschiff. Die Wellen sind wie Flammen stets in Bewegung, und ebenso kann man ihre Launen stundenlang beobachten, sich von allem lösen und – in einem fast schon hypnotischen Zustand – den Gedanken freien Lauf lassen.

Jedesmal, wenn ich mich in dieser Lage befinde, fühle ich mich bereichert und verstehe Dinge, die mir am Tag vorher noch gar nicht bewußt waren. Ich kann nicht sagen, welche eigentlich, aber es ist so. Besonders an Tagen mit viel Ruhe, wenn sich auch der Körper entspannen kann. Nichts ist an Bord zu tun: TRISMUS liegt mit schlaffen Segeln auf der spiegelglatten See, und ich verbringe Stunden damit, die langgekräuselten Wellen anzuschauen, die mich an das tiefe Einatmen irgendeines Riesen erinnern.

Noch vor Mar del Plata war der Pampero, der uns aus Rio de la Plata herausgebracht hatte, langsam abgeflaut und überließ uns riesigen Vogelschwärmen. Albatrosse, Sturmvögel, Kormorane und Möwen – alle waren da und saßen um uns herum auf dem Wasser, um mit der TRISMUS auf den Wind zu warten.

In dieser Zeit lernten wir den Reisebegleiter unserer winterlichen Fahrt

kennen: den Albatros. Er hat einen kräftigen, zumeist weißen Körper mit dichtem, weichem Flaum, einen hochmütigen Kopf und einen langen, gelben Hakenschnabel, riesige Flügel, deren Spannweite bis zu vier Meter erreichen kann. Sein Flug ist genauso faszinierend wie die Bewegung des Meeres. Er ist ein Einzelgänger und folgt stunden- oder tagelang einem Schiff ohne einen einzigen Flügelschlag. Majestätisch gleitet er dicht über dem Wasser und folgt Kämmen und Wellentälern. Ich habe ihn nie etwas fressen sehen. Für Kekse oder leckere Essensreste, die wir ihm zuwarfen, hat er sich nicht interessiert. Er gleitet dahin – hochmütig. Wie ein Fabelwesen scheint er sich vom Wind zu ernähren.
Die wenigen Male, die wir ihn auf der See schwimmend überraschten, nutzte er zum Flug: Er entfaltet in aller Ruhe seine riesigen Segelflächen gegen den Wind, zieht nacheinander die Füße ein und wird im selben Moment gegen den Himmel gezogen. Fast ein Wunder.
Wenn ein Windhauch über die TRISMUS streicht, wird der Albatros vor dem sich nähernden Bug unruhig, er breitet die Flügel weit aus und wartet in der toten Luft auf eine Bö, die nicht kommt. Dann faßt er plötzlich einen Entschluß, nimmt wie ein überladener Bomber Anlauf und startet mit kräftigen Schlägen seiner Schwimmfüße. 50, 100 Meter weit bewegt er seine weiten Schwingen und wackelt dabei immer stärker mit dem Hinterteil, bis er schließlich abhebt und im Gleitflug eine Runde dreht, sich 500 Meter weiter wieder aufs Wasser setzt und auf uns wartet, um sein Manöver erneut zu beginnen.
Dieser Albatros hat uns ein, zwei oder auch mehrere Tage lang begleitet. Ich weiß gar nicht, ob er sich so gern in der Nähe von Segelschiffen aufhält oder in uns nur mal eine Ablenkung sieht. Ich stelle mir vor, daß sie uns als schwerfällige, linkische und weniger begabte Begleiter sehen, die gleichfalls auf den Wind angewiesen sind. Doch der Seemann hat noch einen anderen, zwar weniger treuen, doch viel lustigeren Kompagnon, den Delphin. Man sieht sie schon von weitem in fröhlicher, aus dem Wasser springender Gruppe an die TRISMUS heranschwimmen. Vor dem Bug geben sie eine meisterhafte Ballettvorstellung, die eine Viertelstunde, höchstens aber eine halbe Stunde dauert. Dann langweilt sie dieses Spiel und unsere Passivität, und sie schwimmen mit ein paar Luftsprüngen wieder davon.

Delphine machen für sich selbst und für den Zuschauer Spaß. Sie sind eben Komödianten wie alle Künstler und zeigen gern, was sie für Zirkusnummern können, die sie uns einmal sehr ausgiebig vorstellten, bevor wir die Kanarischen Inseln erreichten. Der Passat blies damals recht anständig, und Wasser schlug an Deck. Sie tauchten zu dritt auf. Nach einigen Übungssprüngen machten sie plötzlich alle zugleich einen Salto und ritten dann übermütig auf den Wellen. Es war genauso, als hätte ihnen ihr Anführer zugerufen: »Achtung, Jungs, jetzt wollen wir denen mal etwas vormachen. Ich zähle bis drei und dann alle die Pirouette gleichzeitig!« Sie streckten die Nasen in die Luft und schienen bis zu den Ohren zu grinsen und auf unseren Applaus zu warten.

Es stimmt wirklich, daß Delphine miteinander reden. In ruhigen Nächten hört man noch in der Kajüte ihr schrilles und zugleich gedämpftes Gezwitscher, das auf dem ruhigen Wasser sehr weit hallt. Auch wenn man noch so müde ist, geht man ins Cockpit, um sich an ihren phosphorisierenden Körpern zu erfreuen.

Darüber wird es völlig belanglos, daß am Mittwoch, dem 10. Mai, um 11 Uhr der Wind auf Stärke 2 abflaute, das Barometer auf 772 mm stand und der Motor erst wieder um 19.40 Uhr abgestellt werden konnte. Uninteressant, daß der Wind mit Stärke 3 auf Osten drehte und in den folgenden Tagen ein Reff eingebunden werden mußte, das wir drei Tage später wieder ausschüttelten, um danach erneut zu reffen, und daß wir den 40. Breitengrad höchst bürgerlich mit dem Lister auf 1200 Touren überquerten. Belanglos, daß vor dem Bug die ersten Pinguine auftauchten und wir nach zehn Tagen Fahrt von Rio de la Plata erst 960 Meilen geschafft hatten – ein Durchschnitt von vier Knoten, banal.

Es ist dagegen viel erhebender, den Besitzer der TRISMUS im Topp hängen zu sehen und mit dem unten im Cockpit sitzenden Cousin sprechen zu hören, der den Blick starr auf den Kompaß geheftet hat. »Jetzt wieviel?« »...zig.« »Wieviel?« »235!«

Also besteht eindeutig eine Ablenkung gegenüber dem Handkompaß. Hat zwar nicht viel zu bedeuten, nur knapp 40° im Nord-West-Sektor. Eigentlich nicht so schlimm und korrigierbar, wenn diese Ablenkung nicht im südlichen Quadranten auf 20° absinken würde. Da soll sich nun einer auskennen!

76°
74°
72°
52°
54°
Puerto Natales
Magellan-Straße
Kap Tomar
Punta Arenas
Kap Froward
PAZIFISCHER
OZEAN
Kockburn-Kanal
Stewart-Insel
Ankerplätze
Route der Trismus
76° westl. Länge v. Greenw.
74°
72°

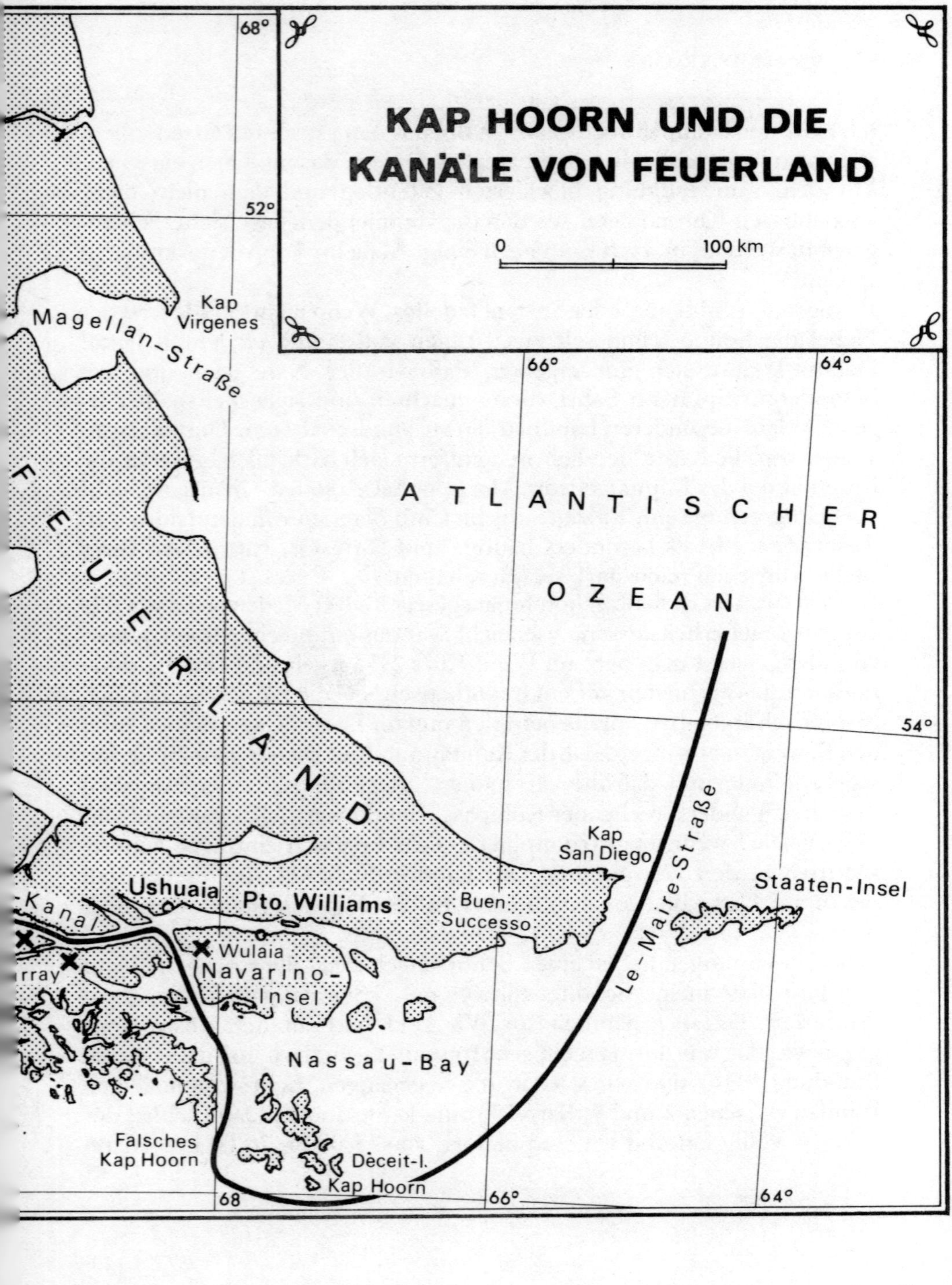
KAP HOORN UND DIE
KANÄLE VON FEUERLAND
0
100 km
68°
52°
66°
64°
54°
68
66°
64°
Kap
Virgenes
Magellan-Straße
FEUERLAND
ATLANTISCHER
OZEAN
Kap
San Diego
Le-Maire-Straße
Staaten-Insel
Ushuaia
Pto. Williams
Buen
Successo
-Kanal
Wulaia
Navarino-
Insel
Nassau-Bay
Falsches
Kap Hoorn
Deceit-I.
Kap Hoorn

Ich hätte den Kompaß doch besser in Buenos Aires justieren lassen sollen, aber man kann schließlich nicht an alles denken, das muß man einsehen. Mit dem nun endgültig blockierten Patentlog und dem nicht mehr aufziehbaren Chronometer werden die kommenden Tage sicherlich angenehm werden, und ich kann noch einige Male im Topp den Akrobaten spielen!
Wenigstens funktioniert der Sextant tadellos. Wenn nicht gerade jetzt der Nebel die Sonne schon seit zwei Tagen vollständig eingehüllt hätte! Daraus konnte sich nur ergeben, daß wir der Nase nach und mit besonderem Spürsinn Fahrt voraus machten und sicherheitshalber irgend welche besonderen Landmarken auskundschafteten. Dummerweise aber war die Küste ziemlich weit entfernt. Ich hätte mich besser an die Empfehlung des Kapitäns Pedro Margalot halten sollen – man kann nicht vorsichtig genug sein. Er sagte uns im Club Nautico von San Isidro: »In dieser Zeit gibt es besonders häufige und harte Oststürme. An Ihrer Stelle würde ich mich stark seewärts halten!«
Die TRISMUS ist deshalb schön hinausgesegelt. 100 Meilen schienen mir ein gutes Sicherheitskissen. Vielleicht war das ein bißchen übertrieben, vor allem, wenn man hart am Wind Kurs 215° segelt und eine Leitlinie finden soll. Wir hielten auf ein hypothetisches Capo Blanco zu, das sich theoretisch irgendwo voraus befinden mußte. Dieses Capo Blanco hatte den Beweis zu erbringen, daß der Kapitän auch gut nach seinem Spürsinn segeln konnte und daß die extrapolierte Rechnung aus den Angaben zweier sich widersprechender Kompasse richtig war. Alles ganz einfach, kinderleicht, wenn man triumphierend ins Logbuch eintragen konnte: »Mittwoch, den 17., um 9.00 Uhr Land in Sicht. 11.30 Uhr Landfall genau auf Capo Blanco, das in einer halben Meile Abstand umrundet wird.«
»Die Unschuldigen haben einen Schutzengel«, sagt der Cousin halblaut und liest über meine Schulter hinweg mit. »Sei mal ganz ruhig, mein Wertester! Das lief nämlich so: Wir sind hart an der Küste längs gegangen, das war dort ja nicht sehr freundlich, zu flach und dabei starke Brandung. Also sind wir wieder in See gegangen, bei unregelmäßigen Winden zwischen 2 und 4, Baro 780 mm, keine Sonne. Dann schlief der Wind ja völlig ein und wir sind motort, von 15.00 bis 20.00 Uhr, dann

von 22.00 bis 23.30 Uhr und noch mal von 01.00 bis 07.00 Uhr...«
Kommen wir also nach den murmelnden Vierzigern in die schnarchenden Fünfziger? Denn bei 48° 47′5″ Süd und 65° 5′ West entsprechen drei Beaufort nicht gerade den hier sonst herrschenden Verhältnissen. Langsam verstehe ich immer besser, warum Kapitän Pedro Margalot überhaupt nicht erstaunt war, als ich ihm im Club Nautico von unserem Vorhaben erzählte: »Das Hoorn von Ost nach West? Warum nicht? Dafür ist jetzt die beste Zeit.« Das sagte er ohne jeglichen Spott, ganz ruhig, als wäre es total selbstverständlich.
Ein grauer Mittvierziger von einer Statur, daß er eine Genua von 100 Quadratmetern mit links einholen könnte. Er gilt berechtigterweise als einer der größten Seefahrtsspezialisten in jenen Breiten. Bevor er die Leitung des argentinischen Seefahrtsamtes übernahm, war er Kommandant des Schoners EL AUSTRAL und kreuzte über die Jahre hin zwischen den Falklands und Feuerland. Zu diesen Referenzen kommt noch das zeitweilige Kommando der EL GAUCHO während der härtesten Etappen ihrer Weltumsegelung und der Sieg als Skipper in der Buenos Aires – Rio-Regatta.
Hätte er zu meinem Plan die Schultern gezuckt und »absolut verrückt« gesagt, wäre ich nicht besonders erstaunt gewesen, aber er sagte, daß es durchaus realisierbar sei, nicht leicht, aber machbar. Das Hoorn von Ost nach West – daraus macht man immer eine Mordssache, aber wenn man sich die Sache schließlich vorgenommen hat, ist es im Winter am günstigsten, weil es dann viel weniger Weststürme gibt als im Sommer. »Natürlich ist es kalt. Haben Sie eigentlich eine Heizung an Bord?« Ich erzählte ihm von dem Schamottstein. Er schien leicht erstaunt. Für einen Südamerikaner kann er gut seine Empfindungen verbergen. »Naja, mit einem Schamottstein... Die Kälte ist nicht so schrecklich, wie man allgemein sagt. Minus 18° C im Extremfall, aber meist um die minus 5 bis minus 10° C. Die Kürze der Tage und das Fehlen der Sonne wird Sie eher stören. Wenn sie sich überhaupt zeigt, wird sie nicht über eine Höhe von 10 Grad hinauskommen. Wenn Sie Erfolg haben, wäre die TRISMUS die erste Yacht, die es im Winter von Ost nach West geschafft hat.«
Ich vergaß sein einschränkendes »wenn«. Ohne zu übertreiben, sind die Erfolgsaussichten recht optimistisch zu beurteilen. Zumindest ermuti-

gender als Francis Chichester in einem seiner Bücher, das sich schon von selbst an einer der so oft gelesenen Stellen öffnet, die ich inzwischen auswendig kenne: »In den Gewässern vor Kap Hoorn haben sich schon mehr Dramen ereignet als auf allen Ozeanen der Welt ...« Das wissen wir nun, klappen das Buch also lieber wieder zu. Wozu sich den Kopf zerbrechen. Unnütz auch, diese Lektüre dem Cousin vorzulegen, er ist in die Abenteuer von Asterix vertieft. Die Nächte sind lang und still. Die Sonne beschreibt einen täglich kleiner werdenden Kreis am Horizont.
Die Kälte umschließt die TRISMUS jeden Tag mehr, und die ersten Schneeflocken haben sich zum Flug der Albatrosse gesellt. Unwillkürlich schaue ich aufs Thermometer: Um 06.00 Uhr 7° C. Vielleicht noch ein bißchen Wärme vom Schamottstein vor dem Essen?
Draußen ist alles ruhig, zu ruhig. In weniger als 24 Stunden werden wir die Le Maire-Straße erreichen. Seit zwei Tagen, in denen ich immer nervöser geworden bin, habe ich einen Tick: Spätestens alle zehn Minuten befrage ich das Barometer: 771, 771, 769, 768. Wieder 769. Es sinkt ganz langsam und scheint sich an den Millimetern festzuklammern.
»Na, Cousin, wie sieht's aus mit einer Hummersuppe nach Art des Hauses?« Halt – jetzt ist es auf 767 gefallen ...

## In der Le Maire-Straße

Ganz langsam ging es los. Ein Nordost von Stärke 2, der langsam zulegte, auf 4 sprang, die 6 überschritt und bei schön rauher See gut 7 erreichte. Letzte Nacht hatte ich zwei Mondhöhen geschossen, nach denen wir etwa 100 Meilen von der Le Maire-Straße entfernt waren. Darauf folgte ein kurzer, sonnenloser Tag, bevor uns die Dunkelheit wieder einschloß. Um so besser, denn in der zunehmend schwärzer werdenden Nacht läßt sich der Leuchtturm von Cap San Diego besser ausmachen. Er muß bald an Steuerbord auftauchen.
Niemals zuvor habe ich soviel geraucht wie in der Nacht vom 21. Mai: Kaum habe ich eine Zigarette weggeworfen, zünde ich eine neue an, vergesse sie, bis sie mir die Lippen verbrennt. Die Nerven! Ich lasse den Horizont nicht mehr aus den Augen, das Barometer sinkt beständig und steht jetzt auf 763. Plötzlich ein Prankenhieb – der erste fahle Brecher

schlägt aufs Deck, die TRISMUS wird von einem Nordost mit Stärke 8 vorwärtsgetrieben. Um Mitternacht sind es bereits 9, während wir uns der Le Maire-Straße nähern. Ich bin ehrlich gesagt nicht in der Lage, die Stärke des Windes genau einzuschätzen, denn über 35 Knoten wird es schwierig, genau zu sein. Andere Einflüsse wie der Seegang oder der eigene Gemütszustand verfälschen die Berechnung, und einen Windmesser hat die TRISMUS nicht. Legen wir uns also auf Windstärke 8 fest. Das ist gut für die Stimmung und beruhigt. Ich ließe mich auch auf Stärke 7 herunterhandeln, aber solch ein Gefeilsche würde ich mir selbst nicht abkaufen.

Ich erinnere mich an die Ratschläge von Kapitän Margalot: »Das Kentern der Tide abwarten, bevor man in die Enge einfährt!« Wir warten also. Der Wind baut gegen die aus der Le Maire-Straße kommende Strömung ungeheure, chaotische Seen auf, deren Brecher sich überschneiden, zusammenprallen und zu Gischttürmen aufsteigen, die sogleich wieder weggefegt werden.

Wenn die TRISMUS sich auf einem Wellenberg befindet, sehe ich manchmal das Feuer von Cap San Diego, das den Eingang in die Le Maire-Straße markiert. Es ist kalt. Das Warten wird hart. Doch die alten Erfahrungen sind jetzt sehr wertvoll, weil ich weiß, daß die TRISMUS erneut querschlagen würde, wenn wir jetzt mit aller Macht den Durchbruch ertrotzten. Der Cousin schläft, ich beneide ihn.

Um 3.00 Uhr morgens wagen wir es, die See ist zwar noch sehr rauh, doch hatte sie sich durch das Kentern des Stromes ein wenig beruhigt. Der unverändert starke, in den Wanten winselnde Nord-Ost-Wind schiebt uns in drei Stunden durch die Enge. Um 6.45 Uhr dringt kurz das kaum erkennbare und sogleich wieder erlöschende Blinken des Feuers durch die Nacht, es ist der Leuchtturm von Buen Successo – Viel Erfolg! Ein Zuruf an die Seeleute, die bereits sichere Gewässer vor Feuerland erreicht haben. Nach Buen Successo und seinem letzten Lichtschein hüllt uns absolute Dunkelheit ein. Kap Hoorn liegt voraus.

Fahl dämmert der Morgen des 22. Mai. Es schneit, manchmal treibt ein Windstoß die Flocken nur so vor sich her. Es ist kalt. Nachdem es sich einige Zeit auf 757 eingependelt hatte, fällt das Barometer jetzt weiter, 752, dann 750 mm.

*Kein Wölkchen am strahlend blauen Himmel – die Rundung von Kap Hoorn im südlichen Winter empfand Patrick van God beinahe als Sonntagsspazierfahrt (4, 6).*
*Landgang in Ushuaia, dem argentinischen Hafen auf Feuerland. Der Cousin im Sonntagsstaat mit den verdächtigen Patronentaschen (5). Hier treffen die Weltenbummler Martin, genannt Shelley, der sie mit dem gastfreundlichen Gefängnis bekannt macht.*
*Zwei der letzten vom Stamm der Alakalufs: Juan Wellington und Napoleon Eden. Wie herumstreunendes Lumpenproletariat, in zerfetzten Pullis und geflickten Hosen, tauchten sie eines Morgens auf. Als Patrick ihre blutunterlaufenen Augen und den gierigen Blick sah, mit dem sie nach der Schnapsflasche schielten, wußte er, daß dieses Volk bereits am Aussterben war (7).*
*Die* TRISMUS *vor Anker in einem Kanal Feuerlands, wo sich kilometerweit dicht bewachsene und schneebedeckte Felshänge zu immer neuen Fjorden öffnen (8).*
*Der Cousin und sein legendäres Jagdhorn in den Kanälen Patagoniens. Im Hintergrund die Hafeneinfahrt von Puerto Eden mit dem gespenstigen Wrack des gestrandeten Frachters* ARABELLA, *aus dessen Kombüse sich die Crew der* TRISMUS *mit einigen guten Flaschen versorgen läßt (9).*

Unvorstellbar, wie sich das Meer weiter aufgebaut hat, trotz des trügerischen Schutzes von Feuerland, das von Norden ein wenig abschirmen sollte. Die aus Südsüdwest anrollende Dünung baut steile, fast senkrechte Seen auf. Manchmal öffnet sich vor dem Bug ein richtiger Abgrund, dessen blasses, mit Schaumstreifen marmoriertes Tal fünf Meter tiefer liegt. Aber wie kann man eigentlich die Tiefe richtig einschätzen?
Es gibt auch keine Albatrosse mehr. In den südlichen Breiten ist der Albatros für den Seefahrer ein wertvoller Maßstab, genauso wie für den Tischler der Zollstock: Der Albatros hat ungefähr drei bis vier Meter Flügel-Spannweite, und wenn er dicht über der See gleitet, kann man im Vergleich dazu ungefähr die Höhe abschätzen. Doch schon weit vor der Le Maire-Straße hatten uns die Albatrosse verlassen, wir konnten keinen dieser freundlichen Weggenossen mehr entdecken. Sie sind hier unten der Ersatz für die lachenden Delphine der Tropen – sie fehlen uns.
Das Barometer ist weiter gefallen auf 746, 744, die Kälte ist beißend. In der Kajüte ist es dennoch angenehm, fast warm mit 7–9° C, die noch auf 13° C ansteigen, wenn wir den Schamottstein mit dem Kocher aufheizen. Wie im Brutofen! Doch im Moment kann ich das Cockpit nicht verlassen, weil mich ein Sonnenaufgang fasziniert, der die Sonne in einem Krater aus Wolken zeigt und deren Rand wie mit dem Skalpell abgeschnitten zu sein scheint. Sein über dem Wasser schimmerndes Licht malt die verschneiten Gipfel von Feuerland rosa an, zaubert eisige Farben auf die See, wo jede Welle hinter sich einen wie grüne Jade glänzenden Fleck auf dem dunklen, mit Gischt vermengten Wasser hinterläßt.
Schwarz-weiß gefleckte Sturmvögel fliegen um unser Schiff und tauchen hin und wieder nach unsichtbarer Beute. Das Barometer steht auf 743. Weniger als 100 Meilen voraus liegt das Hoorn, der Wind wird sicher in gleicher Stärke auf West drehen, das ist ja vielversprechend . . .
Barometer 740. Es fällt unerschütterlich. Nun wird mir klar, daß es sich hier um ein echtes Tief handelt. Und unter diesen Voraussetzungen Kap Hoorn voraus?
Leicht schleicht sich in solchen Augenblicken die Versuchung ein, die TRISMUS im Beagle-Kanal beizulegen. Ein paar Stunden weiter und wir wären im Hafen von Ushuaia, wo wir ordentlich essen und schlafen könnten. Endlich wieder festen Boden unter den Füßen, Ruhe und

Wärme. Eine heiße Dusche, die man sich genüßlich mit geschlossenen Augen stundenlang auf die Schultern rieseln läßt. Nur von einer kleinen Bewegung mit der Pinne hängen all diese kleinen Genüsse ab. Wir haben aber widerstanden, denn auf Tausende von Meilen vom Club Nautico San Isidro entfernt, wo sich Kapitän Margalot jetzt aufhält, fühle ich noch seinen ausgestreckten Arm auf meiner Schulter: »Ihr werdet als erste mit einer Yacht im Winter von Ost nach West das Hoorn runden, vorausgesetzt, daß ihr nicht vorher irgendwo anlauft und auf besseres Wetter wartet. Das zählt dann nicht, weil es zu einfach ist.«

Das Barometer ist inzwischen auf 739 gefallen. Wo wird es 100 Meilen weiter stehen? Wir müssen durchkommen, das Hoorn umrunden, nach Murray hochziehen, um dann doch Ushuaia anzulaufen. Wie lange könnte das dauern? Drei oder gar sechs Tage? Vielleicht doch die Flucht ergreifen und in einem Hafen Schutz suchen?

Frieren, vom Salz brennende Augen haben, die Müdigkeit in allen Gliedern spüren, sich mit killenden Segeln herumschlagen, die man nur mit Hilfe des Knies in den Segelsack bekommt, gegen die Müdigkeit ankämpfen – alles das ist noch gar nichts gegen die notwendige Willensstärke, nicht das Ruder herumzureißen.

»Und was meinst du, Cousin?« »Wir sind so nahe dran, das wäre doch verrückt, oder?« Gut, dann weiter gen Kap Hoorn. TRISMUS wird versuchen, es in einem Anlauf zu nehmen. Kurs Kap Hoorn und die Zähne zusammen!

Es kam noch schlimmer. Ab 16.30 Uhr wurde es schwarze Nacht, es schneite ein wenig. Um 18.15 Uhr stand das Barometer auf 738. Wenn das so weiter geht, hat es bald hinten um die Skala herum eine volle Runde gedreht.

Als wenn wir nicht schon genug Sorgen hätten, mußte nun noch ein neues Problem auftauchen – uns trennten nur noch 35 Meilen vom Hoorn, und bei diesem Tempo würden wir es mitten in der Nacht passieren. Das wäre ja zu dumm! Wir sehen es dann ja nicht einmal. Ungefähr so, als wenn jemand in Rom die Sixtinische Kapelle sehen will, nachts ankommt, den Vatikan besichtigt und dann im Morgengrauen wieder zurückfliegt! Unmöglich! Um so mehr, weil der Cousin bereits eine Serie von Kameras aufgebaut, Objektive, Farbfilme (rot macht's besonders dramatisch), Tele- und Weitwinkelobjektive bereitgelegt hat und bei einer nächtlichen Umrundung all das nicht zum Einsatz käme. Und die Nachwelt? Nein – es muß bei Tage sein! Und zwar so dicht wie möglich und zum Greifen nahe.

Wir halten in der Kajüte Kriegsrat unter Aladins verrückter Lampe, die mit einem Bindfaden festgezurrt ist, während die Seen an den Rumpf hämmern. Das Thermometer steht auf 10° C – eine Sauna, wenn man von draußen kommt.

»Mir wär's am angenehmsten, wenn wir gegen 10.30 Uhr rumgingen, dann ist das Licht am günstigsten«, sagt der Cousin. Die Künstler und ihre Ansprüche! Für sie muß man das Hoorn nach Fahrplan umrunden, als säßen wir im Europa-Express! Der Form halber schlage ich 11.00 Uhr vor. Der Cousin geht aus Freundschaft darauf ein, doch es fällt ihm offensichtlich schwer.

Dann haben wir die TRISMUS beigelegt. Erst jetzt wurden wir uns der wahren Windstärke bewußt. Die brüllenden Fünfziger sind keine Legende – der Wind heulte in den Wanten, daß wir kaum noch unser eigenes Wort verstehen konnten. Bevor ich den Niedergang dichtmachte, habe ich noch die Höhe der Wellen abgeschätzt – es waren bestimmt zehn Meter, mit oder ohne Albatros, und wir hatten bestimmt 12 Beaufort.

Zwei Wochen später verglichen wir in Puerto Williams unsere Bordbucheintragungen mit einem Meteorologen der chilenischen Station. Er pfiff durch die Zähne: »Na, in der Nacht haben Sie sich ja sicherlich blendend amüsiert. Ich habe 70 Knoten gemessen, dann sind in Ihrer Gegend die Seen etwa 15 Meter hoch gewesen.«

»Tja ...« – wir taten so, als seien wir vom Genfer See noch etwas ganz anderes gewöhnt. 70 Knoten kann man schlicht als Orkan übersetzen. Aber Meteorologen darf man nicht immer glauben, selbst denen auf militärischen Basen nicht. Sie sind wie Jollensegler nach der Regatta: Sie tragen gern ein bißchen auf. Außerdem schmeichelt es einem auch.

Wir waren also auch sehr geschmeichelt, zugleich jedoch auch ein bißchen skeptisch. Orkan hin, Orkan her – die TRISMUS hat sich in dieser Nacht des 22. Mai gut gehalten. Es war Vollmond. Er zeigte sich jedoch nur kurz zwischen den Wolkenfetzen, aber das reichte mir, im Schutz der Plexiglaskuppel die Insel Envout in Luv auszumachen.

Das Barometer stand bei 738 und hatte sich seit drei Stunden nicht mehr gerührt – das Tief war wohl stationär geworden.

Betrogen, aber zufrieden

Man sollte den Meteorologen also nicht immer glauben. Man darf nicht die Technik, Instrumente und Elektronik, die allwissenden Computer, die katastrophenvoraussagenden Barometer zum Evangelium machen. Kurz, man soll den Ansichten, Ratschlägen und Urteilen all dieser technischen Dinge, denen man Entscheidungskraft zuspricht, keinen blinden Glauben schenken. Man akzeptiert ihre Warnungen und Urteile eben nur mit dem gleichen Respekt wie die alten Griechen das Orakel von Delphi.

Das Barometer war eigenartig trügerisch, als es uns das Sturmtief, besser gesagt den Orkan anzeigte. Denn jetzt lag das Hoorn ruhig unter einem gemütlichen Südwest, Stärke 3, vor uns; selbst das wie frisch gebügelt daliegende Meer hätte nicht glatter sein können

Seit dem frühen Morgen, es war gegen 4.00 Uhr, hatte es schlagartig abgeflaut. Plötzlich herrschte fast völlige Stille – sie hatte uns panikartig auffahren lassen. Was war passiert? Nichts, außer der Tatsache, daß die Ohren nur mit Mühe eine jungfräuliche Brise von höchstens einem Beaufort ausmachen konnten. Ein Zephyr, wie man ihn manchmal von Regatten in San Remo kennt, wenn man, ins Cockpit geduckt, den Hauch einer sterbenden Brise zu erspüren sucht.

Damit ist der sorgsam ausgearbeitete Photographierplan total in Frage gestellt. Aufregung machte sich breit, und die TRISMUS schleppte sich schlafwandlerisch dahin. Mit dieser Geschwindigkeit kann das Schiff niemals in diesem wunderbaren Licht das Hoorn erreichen, das den Cousin in Photographierfieber versetzt hatte. Also den Lister anwerfen, um den Zeitplan einzuhalten und das günstigste Licht zu erwischen. Diese historischen Photos müssen ja gemacht werden.

Um 11.30 Uhr nähern wir uns schließlich mit einer Stunde Verspätung dem heißersehnten Ziel – das Hoorn zeichnet sich langsam zwischen den Südspitzen der Deceit-Insel ab. Seine Ostseite ist bewaldet und macht einen einladenden Eindruck. Doch am Fuß des Felsens zeugt die Ruine

des Leuchtturms, ihre auseinandergerissenen Steinquader und ein riesiger Betonklotz von einem Weststurm, der das Gebäude vor kaum einem Monat weggefegt hatte.
Das Wetter war einfach wunderbar, so wie man es sich in St. Tropez an einem Ferientag vorstellt. Kein Wölkchen am Himmel, außer einigen Kumulus im Osten. Um die TRISMUS fliegen ordentlich aufgereiht einige »pato lilet« oder Magellan-Kormorane, eine Art großer, schwarzer Entenvögel mit weißem Kopf. Sie kommen voller Neugier angeflogen, um zuzusehen, wie wir auf Deck all unser Material und die Kleidung zum Trocknen auslegen.
Große Hausfrauenbeflaggung! Kaum zu glauben – wir haben im Cockpit sogar einen Eimer, wo die Flasche fürs Hoorn, das Geschenk der Familie Beau de Loménie, seit einer Stunde gekühlt wird. Der Korken wird fliegen und der Champagner fließen!
Ist denn das das berüchtigte Hoorn, dieser friedliche Felsen, den eine Frühlingsbrise umweht? Segler haben es oft den Himalaya des Segelns genannt. Heute ist es nur eine Kuppe aus dem Elsaß, der man sich wie einem schlafenden Tier nähern kann, das man streicheln möchte. Warum soll ich verschweigen, daß sich neben meine Freude, zu der auch der Champagner beigetragen hat, doch ein leichtes Gefühl der Enttäuschung gesellt, oder nennen wir es besser eine Art Desillusion.
Es ist vielleicht so, wenn eine reizende Dame im Chanel-Kostüm mit Schuhen von Albanese, Krokotasche und seidenem Kopftuch von Hermès einem schon beim ersten Kompliment in ihrer Rochas-Wolke in die Arme fällt. Und weiter: Ich hätte vom Hoorn gern ein furchterregendes Bild gemalt, so wie die Holländer im 18. Jahrhundert, ganz in tragischen Schatten mit kirchturmhohen Wellen und heulenden Winden, daß einem die Haare zu Berge stehen. Eben eine wilde Erzählung in allen Farben, damit der Leser seine warmen Pantoffeln um so mehr schätzt. Aber das Thema ist weg. Meine künstlerische Ambition ist verschwunden – Pech.
Wenn Sie diese Zeilen lesen, werde ich bereits mit dem Bau meiner neuen 11-Meter-Yacht in Sandwichbauweise beschäftigt sein. Es soll ja etwas Ordentliches werden – eine Yacht, mit der ich weite Fahrten bis ins Eis der Antarktis machen kann. Der Rumpf soll ein Querschlagen und Überrollen gut vertragen können und sich auch nach einem dreifachen

Salto nicht angeschlagen unter dem Applaus der Menge wieder aufrichten. Aber langsam glaube ich, daß ich mit meinem Pech genau in diesem Jahr mit Spinnaker in Terre Adélie eintreffe, wo die Papageien wie Zugvögel auf den Dächern nisten. Ich rechne schon heute damit.

Die Westflanke des Hoorn, die wir gegen Abend runden, zeigt endlich, was es in seinen besten Tagen zu bieten hat: Ein nackter, zerrissener Fels, an dem sich eine hohe, von Westen heranrollende Dünung in einem Schleier von zerstäubender Gischt bricht. Das entspricht wenigstens der Legende. Aber die Nacht hüllt es ein . . .

Bei Vollmond segelt die TRISMUS in die Bucht von Nassau, deren Gletscher vor dem Bug im Mondschein glänzen. Seit drei Tagen habe ich wieder Spüldienst und empfinde eine übergroße Freude bei dieser Hausarbeit. Der Cousin schreibt das allerdings dem Champagnergenuß zu. Kann schon sein. Aber der Rausch kann auch andere Ursachen haben, etwa die Schönheit der Natur, die Robben, die sich jetzt fröhlich in unserem Kielwasser tummeln. Oder auch das tief unten in der Brust verborgene Gefühl, einen alten Wunsch, einen Traum verwirklicht zu haben.

Alles scheint mir ziemlich unwirklich, und ich verlangsame meine Bewegungen in dem Bewußtsein, unwiederbringliche Augenblicke zu erleben, die leider viel zu schnell vergehen.

So, jetzt ist es vorbei. Von diesem 23. Mai bleiben nur Erinnerungen, Fotos, Dias einer azurblauen Reise, ein Logbuch, dessen Feuchtigkeit schon die mit einem Filzschreiber gemachten Eintragungen zu verwischen beginnt.

Es bleibt die Frage, die wir uns bereits vorher und auch danach gestellt haben und die immer wiederkehren wird: Warum das Hoorn? Warum von Ost nach West? Warum gerade im Winter? Fragen, hinter denen sich unausgesprochen eine ganz andere verbirgt: Wozu das Ganze überhaupt?

Ich würde auf solche Fragen gerne etwas Überzeugendes, Endgültiges und Entscheidendes antworten, mit unbestreitbaren und unwiderlegbaren Argumenten unterstützen. Aber ich finde nichts. Ich kann nur die Gegenfrage stellen: Warum trainiert man vier Jahre lang täglich fünf Stunden für olympisches Freistil-Schwimmen? Warum Hillary und der

Himalaya? Wozu werden Briefmarken, Schmetterlinge oder Bierdeckel gesammelt? Wozu ist das gut? Die Antwort wissen nur die Sammler selbst, sie kann niemals rational sein.

Die Helden sind müde

Immer konnte es mit den Mahlzeiten in der Sonne ja nicht weitergehen, und die Einfahrt in die Nassau-Bucht Richtung Ushuaia wurde nicht gerade zum Vormittagsspaziergang. Kaum waren wir in der Einfahrt richtig drin, als eine Windbö das Schiff kräftig durchschüttelte. Im Murray-Kanal wehte dann eine steife Brise, die den trügerischen Schutz der Inseln nach und nach zunichte machte und einen plötzlich völlig entfesselt von Luv packte, wo man es gar nicht erwartet hatte.
Wissen Sie, wie das ist, wenn man endgültig die Nase voll hat? So ging es uns jetzt. Wir sehnten uns nach einer Dusche, einem bullernden Feuer und fast tropischen Temperaturen von wenigstens 15° C. Wir wollten endlich Ruhe haben. Die Helden waren müde. Doch halt – erst einmal ein ordentlicher Stoß ins Jagdhorn! Was flackert dort für ein Licht, ganz hinten in der Bucht von Wulaia, wo wir vor Anker gegangen waren?
Sie mußten uns schon seit der Abenddämmerung ausgemacht haben, diese beiden Männer, die sich mit ihren Sturmlaternen voran der TRISMUS mit vorsichtigen Ruderschlägen näherten. Dicht vor uns hielten sie, hin- und hergerissen zwischen Neugierde und Beunruhigung. Zunächst faßte sich der Alte ein Herz und stieg schließlich an Bord, setzte sich in die Kajüte und streichelte beim Reden immer über den ihm unbekannten Velourstoff meiner Koje. Dann rief er den Jüngeren: »Komm!« Aber der war mißtrauisch und weigerte sich, das Cockpit zu verlassen. Sein Blick war starr auf das kupferne Jagdhorn gerichtet.
Was mochte das für eine Waffe sein mit dieser seltsam runden Form? Vielleicht eine Flinte, die um die Ecke schießt? Dieses dunkel tönende Gerät, das einem bestimmt plötzlich eine ordentliche Ladung mitten ins Gesicht schleudern kann?
Wie gejagt sprang der Jüngere wieder in sein Boot, als wir uns entschlossen, mit an Land zu gehen. Welche Erleichterung für ihn! Sie bewohnten ganz allein ein Zimmer eines riesigen Gebäudes, das früher eine chileni-

sche Rundfunkstation beherbergte. Der Cousin und ich gingen mit dem taumelnden Schritt der Pinguine an Land. Ein komisches Gefühl, nach so vielen Tagen auf See wieder festen Boden unter den Füßen zu haben. Wie wunderbar kann ein Zimmer aus unverputzten Steinwänden sein. Drähte waren von einer Wand zur anderen gespannt, auf denen jetzt unsere Hemden hingen, und das Feuer bullerte. Unsere angeschlagenen Teller waren mit »estonfada« gefüllt . . . welch ein Wohlgenuß!

Wir haben über ganz einfache Sachen gesprochen, über das Wetter, ihr Leben als Hirten, über die 2000 Schafe, die sie hüteten. Nur ab und zu gelang uns ein Einwurf, denn nichts macht so geschwätzig wie Einsamkeit. Und mir war schon lange klar, daß wir unbedingt eine Frage vermeiden mußten, die einst in Santa Lucia Senhor Cruz völlig zum Verstummen gebracht hatte, die Frage nämlich, ob sie hier glücklich seien.

Eine total dämliche Frage, eine Touristenfrage. Das Glück ist eine zu subjektive Sache. Für die beiden Hirten bedeutet Glück, den ganzen Tag ihr Transistorradio angeschaltet zu haben und die Batterien wechseln zu können, wenn der schwächer werdende Ton sie ihrer Ablenkung zu berauben droht; eine Batterie kostet soviel wie 1500 Gramm Wolle, und die 2000 Schafe versprechen diesbezüglich ein Leben voll bescheidenen Glücks.

Der letzte Tag im Beagle-Kanal bei bewegtem Wolkenhimmel, durch dessen zerrissene und durchlöcherte Decke nur flüchtig die Sonne schien. Das Segeln war nicht mehr mühsam oder beunruhigend, erforderte aber Aufmerksamkeit und Umsicht. Zwei Flaggen, die argentinische und die chilenische, waren zum sofortigen Hissen bereitgelegt. Hier darf man sich nicht irren und einen diplomatischen Zwischenfall provozieren, weil man damit riskierte, daß die TRISMUS zur Überprüfung in den Hafen geschleppt und an die Kette gelegt werden würde. Fragen Sie mal die DAMIEN oder lesen Sie besser gleich bei Janichon nach. Er wird es Ihnen erklären.

Seit Jahrhunderten haben Chilenen und Argentinier sich über die Hoheitsfragen in diesen Gewässern und die Rechte auf den Inseln, wo ja doch nur Seevögel und Seehunde leben, nicht einigen können. Ein Ende in diesem Streit ist noch nicht abzusehen, wovon man sich anhand der

Karten leicht überzeugen kann. Von beiden Seiten schreien sie über die Grenzen: »Das gehört mir!« – »Nein, das gehört mir!« Wie Kinderstreitereien über einen Sack Murmeln, alberne Diskussionen um einen Felsen, ein paar Wellen. Aber dort, wo sich selbst Geschichtswissenschaftler und Kartographen nicht einigen können, soll sich nun ein unschuldiger Segler zurechtfinden!

Und wenn man, um seinen guten Willen zu beweisen, einem chilenischen Torpedobootskommandanten dann eine Karte des argentinischen Wetterdienstes vorlegt, nachdem er das eigene Schiff auf den Haken genommen hat, ist das die größte Beleidigung überhaupt. Sie dürfen eben nicht widersprechen. Glücklicherweise läßt sich kein Kriegsschiff sehen.

»Also los, Cousin, jetzt die argentinische. Aber paß auf, vertu' dich nicht!« Dort hinten in der Bucht tauchte Ushuaia auf. Die untergehende Sonne hüllt die Berggipfel in ein zartes Rosa, niedrige Häuser mit verwaschenen Fassaden säumen die verschneiten Straßen. Vor 100 Jahren hat San Francisco nach der Eroberung des Westens ungefähr genauso ausgesehen.

Die Konturen der sich auf der Lagune tummelnden Schlittschuhläufer werden immer deutlicher. An den Felsen hängen bunte Fahnen, und das Kriegsschiff im Hafen hat eine riesige Flagge gesetzt. Während sich die TRISMUS langsam der Küste nähert, trägt eine starke Bö Fanfarenstöße zu uns herüber, auf die der Cousin mit dem Jagdhorn antwortet.

Wieso wissen die denn schon, daß wir das Hoorn umrundet haben? Wirklich, ein sehr freundlicher Empfang. Wir waren sehr verwirrt und müßten eigentlich vor der sich am Kai drängenden Menge erröten, wenn die TRISMUS Anker wirft. »Herzlich willkommen! Sie kommen hier gerade zum Nationalfeiertag an ...«

Der kleine Mann in seiner beigen Hose ist ziemlich direkt und verliert auch keinen Zentimeter von seiner Größe, der er mit Absätzen aus der Zeit von Ludwig XV. ein wenig nachzuhelfen scheint.

»Außerdem kommen Sie gerade im rechten Moment«, fügt er hinzu und weist auf ein Torpedoboot, das vor der Küste aufkreuzte. Es schlich dahin wie ein enttäuschter Dackel, der soeben ein Kaninchen erblickt hat, das sich in panikartiger Geschwindigkeit ins Erdreich eingräbt. Die chilenische Flagge flattert am Heck.

In diesem Moment konnte ich mich angesichts der chilenischen Marine einer geistreichen Bemerkung nicht enthalten, die die argentinischen Marineoffiziere mit schallendem Gelächter quittiert hätten; aber es war auch ein Geistesblitz, der einem noch zwei Jahrhunderte später die Lachmuskeln hätte gefrieren lassen: »Gestatten Sie, daß ich mich vorstelle«, sagte der kleine Mann unvermittelt, »ich bin der Konsul von Chile.«
Au weh! Marcello Padilla Minvielle. Zwei Jahre lang habe ich diesen Namen in Brüssel, Paris, hier unten, überall, in Botschaften, Gesandtschaften und Konsulaten gesucht; habe ihn notiert, schließlich verlegt und verloren. Nachdem ich aber das Diplomatische Handbuch konsultiert hatte, war ich wieder auf den Namen Marcello Padilla Minvielle gestoßen. In meiner Erinnerung ist er gar nicht mehr der kleine, direkte Mann in seinem tadellosen Jackett, der beigen Gabardinehose und der Fellmütze, sondern ein äußerst zuvorkommender, höflicher Mann mit einem feinen, humorvollen Lächeln, der sich zwar Konsul von Chile nannte, uns aber am 26. Mai 1972 in Ushuaia zu sich einlud.
Hingegen sind mir sein Fondue bourguignonne und seine Bibliothek bestens in Erinnerung geblieben. Dort standen Werke wie die »Menschliche Komödie«, die »Karthause von Parma«, eine Centenarausgabe von Baudelaire und vieles andere mehr, was ich – zu meiner Schande sei es gesagt – nie gelesen habe. Und dann noch jene äußerste Kostbarkeit, die die wahre Kultur des Besitzers deutlich macht, ein Sammelband von Asterix und Tintin! Diesen seltenen Schatz bestaunte der Cousin mit glänzenden Augen, die ihn als literarischen Feinschmecker auswiesen.
Die letzte Asterix-Ausgabe hat der Cousin dann geschenkt bekommen. Für uns beide, die TRISMUS und mich, suchte der Konsul eine chilenische Flagge, eine ganz neue. Das Gegenstück ließ er am chilenischen Nationalfeiertag vor dem Hauptfenster des Konsulats aufziehen: Ungefähr zwei mal drei Meter groß. Ein Bettlaken für die Hochzeitsnacht.
»Sie wird Ihnen nützlich sein, wenn Sie sich auf der Station von Puerto Williams vorstellen«, sagte uns der Mann, der nicht Señor Marcello Padilla Minvielle war.
Erst 1974 habe ich nach weiteren Nachforschungen in Papeete in Erfahrung bringen können, daß unser Gastgeber Señor German Meza hieß. Ihm sei an dieser Stelle nochmals gedankt.

## Shelley bringt uns ins Gefängnis

Mit einem in weiter Ferne schweifenden Blick, völlig zerstreut, kam Shelley die San Martin-Straße herunter, bis zu den Knien im Schnee. Ushuaia besteht im wesentlichen aus der Straße San Martin, die direkt am Meer entlangführt. Im rechten Winkel dazu führen einige Sträßchen und Gassen direkt ins Land, und nicht eine einzige ist jemals zu Ende gebaut worden. Schon seit Jahrhunderten haben Generationen längs der Straßen ihre Häuser gebaut und sie je nach Bedarf im 20. Jahrhundert um ein Stück verlängert, wodurch die Stadt heute stark an San Francisco erinnert.

Die argentinische Regierung hat hier einiges vor. Ushuaia ist Freihafen, und seine Bewohner entgehen Steuerexzessen. Sie wirkt wie eine Stadt der Pioniere, Immigranten, zukünftiger Siedler Feuerlands. Einige bleiben, kaufen sich 100 Schafe, woraus dann 1000 werden. Eines Tages sind sie seßhaft geworden, gründen Familien. Andere ziehen weiter . . .

Shelley kam also, bis zu den Knien im Schnee. Ich habe Ihnen bereits einige Leute vorgestellt, den blonden Saaf, den schwedischen Taucher der CARINA, die Haymoz, er Tischler, sie Architektin, und die SNORIS mit der Schweizer Flagge; Jo und Marthe Kozlick, die Amerikaner, die in der Tiger-Bucht Krokodile jagten – sie alle sind herumziehende Globetrotter, die eines gemeinsam haben, sie gehören zur Familie der Segler und Amphibien.

Shelley aus Ushuaia jedoch gehört zur Familie der Tippelbrüder, Untergruppe Autotramper. Warum ich ihn Shelley nenne? Weil, abgesehen von seiner starken Nase, die Gesichtszüge, die langen Haare, der träumerische Blick, sein leicht romantisches Gebaren, sogar die Stimme an den Dichter Shelley erinnern.

Natürlich hieß er nicht Shelley, sondern Martin. Später wird er in den Annalen der TRISMUS einen wichtigen Platz einnehmen. Man ahnte schon, daß Martin Engländer war. Nichts konnte das verheimlichen, man brauchte ihn nur von weitem die Straße herunterkommen zu sehen. Sein langer Mantel war natürlich altmodisch, verriet aber noch den Städter und fegte über den Schnee wie die Schleppe der drei Könige aus dem Morgenland.

Er wirkte ein bißchen anachronistisch in diesen südlichen Breiten und verriet seine britische Staatsangehörigkeit – natürlich ohne es zu ahnen – so überdeutlich, als hätte er, die Melone in der einen, den zusammengerollten Regenschirm in der anderen Hand, »God save the Queen« angestimmt. Unbestreitbar war er auch Poet, denn man muß schon Poet sein und die Abenteurer-Seele eines Byron haben, wenn man als Sohn einer wohlhabenden Familie seinem Industriellen-Vater Lebewohl sagt und mit seiner Volljährigkeit auszieht, um die Welt zu entdecken. In der Tasche nur das Ingenieurdiplom und eine Mundharmonika als Wegzehrung. Shelley, ich meine Martin, gehört zu jener Sorte von Söhnen, die das indische Kolonialreich schuf.

Vor zwei Jahren kam er in Rio an. Mal reparierte er hier einen Traktor, mal verlegte er dort ein Stromkabel, setzte ein kaputtes Radio wieder in Gang, schweißte, flickte, machte mit seinen geschickten Händen aus alt neu, zog von Dorf zu Dorf, von Tankstellen zu Landwirtschaftsbetrieben und erreichte so schließlich Feuerland. Er war seit drei Monaten hier und beschäftigte sich mit kaputten Melkmaschinen und unrentablen Windmotoren. Der Chevrolet des Besitzers der Estancia machte ihm gleichfalls Arbeit.

Martin kam an Bord und erzählte uns alles in einem Ton, in dem auch Shelley seine Geschichte vorgetragen hätte, warf einen verstohlenen Blick auf das »Heizungssystem«, auf die langsam von der Decke tropfenden Stalaktiten und brachte schließlich hervor, daß es an Bord der TRISMUS vielleicht ein bißchen kalt zu dieser Jahreszeit sei. »Schlafen Sie hier?« »Na, wo sonst?« »I don't know . . . in jail perhaps?« »Im Gefängnis?« entsetzte ich mich. »Sorry, ich wollte sagen bei den Pacos . . .« »Was? Auf der Polizeiwache?« – der Cousin rang nach Luft.

»Wissen Sie, das ist gar nicht so schlecht auf der Wache. Wenn ich in eine Stadt komme und nicht weiß, wovon ich ein lausiges Hotel bezahlen soll, dann gehe ich auf die Polizeiwache. Dort wird man in der Regel freundlich aufgenommen. Kennen Sie die von Ushu? Von der San Martin-Straße die zweite links.« So kam es, daß Shelley uns auf der Wache vorstellte. Der Polizist war begeistert. Seit Martin ihn vor drei Monaten um Gastfreundschaft gebeten hatte, war niemand mehr bei ihm gewesen. Sie waren, wenn nicht Freunde, wie kann man mit einem

Polizisten Freundschaft schließen! – so doch gute Bekannte. Unser uniformierter Gastgeber ging voran. Die Zellen waren schon recht spartanisch, und die Strohmatten ein bißchen dünn. Aber sie waren schön warm und trocken, man kann schon sagen wohnlich. Schade war natürlich, daß man keinen Ausblick aufs Meer hatte. Die Zellen von Ushu liegen unter der Erde, deshalb keine Fenster. Aber es gab weder Blutspuren noch Rachezeichnungen an den Wänden. Also, auf in die Zelle.

Für den Cousin war der Aufenthalt in der Polizeistation von Ushuaia wunderschön, denn er hatte während der Mai-Revolte '68 auf dem Boulevard Saint-Michel unfreiwillig mit dem Knüppel der Sicherheitspolizei Bekanntschaft gemacht, was beinahe einen diplomatischen Zwischenfall zwischen der Schweiz und General de Gaulle ausgelöst hätte.

Es ist schon ein unbeschreibliches Gefühl, wenn der Polizist wie ein Butler höflich an die Zellentür klopft und formvollendet mitteilt: »Meine Herren, Ihre Freunde sind da. Sie warten oben auf Sie.« Denn auch als Gäste der Polizei durften wir komischerweise unseren Besuch nicht in den von der Polizei zur Verfügung gestellten Zimmern empfangen. Eine besondere Feinheit der Verwaltung – eben nicht zu verstehen.

Außer Martin kannten wir hier Lennox und Fred, Cowboys. Jedenfalls hielten wir sie dafür, als sie knatternd und auf dem Schnee hin- und herrutschend mit ihren 125-ccm-Maschinen die Straßen von Ushuaia herunterkamen. Sie trugen riesige lederne Rucksäcke, es fehlten nur noch die Sporen an den Absätzen ihrer halbledernen, pelzbesetzten Stiefel. Sie kamen vom anderen Ende der Welt, genauer gesagt aus Kalifornien, USA.

Lennox war ein blonder amerikanischer Riese mit amerikanischem Gang und einem derart lauten Lachen, daß er damit Lawinen in den Bergen auslösen könnte, ein Hüne von Mann, von jener Art, die für die Ewigkeit geschaffen zu sein scheint und sich doch vorzeitig mit 86 Jahren das Genick bricht, weil er einen Doppelsalto ausprobiert hat.

Der andere, Fred, war ein Deutscher, eine ruhige, lächelnde Philosophennatur, und mit seiner Sloop über den Pazifik gekommen. Er war in San Diego vor Anker gegangen, bummelte über den Kai und traf dort Lennox. Sie sprachen von ihren Reisen, lachten, klopften sich auf die

Schultern und kamen so mit ihrer Honda mitten im Winter über die Anden nach Ushu. Die Frau von Fred blieb an Bord, irgend jemand mußte ja aufs Schiff aufpassen. Fred hoffte, beide bei seiner Rückkehr in San Diego wiederzufinden. Das Leben mit einem Segler und Philosophen muß ja voller Überraschungen sein.

So entstand in Ushu vorübergehend eine Freundesgruppe aus einem Schweizer, einem Deutschen, einem Amerikaner, einem Engländer und einem Belgier. Zufällige Bekannte für zwei Wochen, heute noch zusammen, morgen durchstreifen sie bereits die Öde Feuerlands, trinken abends kräftig einen und trennen sich morgen wieder – adios companeros!

Man verabredete sich auf dem Schiff, im Hilton, im Clubhaus. Hilton, das war die Polizeiwache mit Portier und Empfangschef in Uniform und die Bar »Ideal« unser Clubhaus. Diese Kneipe hatte eine niedrige Decke, naive Bilder waren an die Wand geheftet, die Tische aus rohem Holz, und der riesige, stets dampfende Ofen verbreitete den Geruch nasser Wolle und den Schweiß der am Tisch sitzenden Fischer. Die Scheiben waren bemalt mit der unvermeidlichen, aufdringlichen Coca-Cola-Reklame. Doch weg mit der Cola! Für uns den guten Roten zu 10 Cents der Liter und ex!

Stunden vergingen, und die Flaschen kreisten. Adieu, ihr Freunde von Ushu! Vaya con dios. Eines Morgens im Schnee am Kai haben wir Abschied genommen.

Warum muß man bloß immer auseinandergehen?

## Wir spielen Komödie

»Am 25. Mai um 14.00 Uhr hat uns der Hafen von Murray Ihre Durchfahrt in chilenischen Gewässern gemeldet. Stimmt das?« »Stimmt.« Der »Hafen« von Murray! Eine einsame Baracke auf verlassenem Gelände, ein Fahnenmast mit chilenischer Flagge in einem unglücksvollen Himmel. Durch unser Fernglas sahen wir zwei Soldaten im Parka, woraufhin wir sofort die chilenische Flagge hißten. Alles verschwand sogleich hinter einer riesigen Schneebö.

»Woher kommen Sie?« »Von Ushuaia.« »Nein, bevor Sie in Ushuaia waren.« »Aus Buenos Aires.« »Über Kap Hoorn?« »Über Kap Hoorn.« »Hatten Sie einen chilenischen Lotsen an Bord?« »Nein, wir waren allein.« »Besitzen Sie eine Segelerlaubnis für Chile?« »Äh, das heißt ...« Nun war es soweit, das Abenteuer der DAMIEN schien sich zu wiederholen. Also hat die Fahne des Konsuls, dieses riesige Bettlaken, nichts genutzt. Und um einen uninformierten Beobachter gleich in Kenntnis zu setzen: Das Gespräch hatte einen negativen Anfang genommen und entwickelte sich zu einem richtigen Verhör.

Alles schien unser schuldhaftes Vergehen zu untermauern. Die an der Wand angebrachten Vorschriften, das Photo des streng dreinblickenden Präsidenten Allende, die drohenden Dienstanweisungen mit ihren Stempeln, selbst das Mobiliar dieser Militärbaracke schufen jenes bestimmte Klima warmer Vertrautheit, das auf allen Polizeidienststellen und Zollbüros dieser Welt gleich ist. Ganz zu schweigen von unserem Fragesteller in seiner Kommandantenuniform der Station von Puerto Williams.

Aber mir ist schon klar, wie sich der Knoten dieses Theaterstücks lösen wird. Und ich weiß, daß er weiß, daß ich weiß, daß es ein Happy-End geben wird, wenn der letzte Satz des letzten Aktes ausgesprochen ist und die Schauspieler Hand in Hand vor den Vorhang treten, um sich zu verbeugen. Man muß das Spiel eben mitspielen, guten Willen zeigen und sich sehr beunruhigt geben.

»Also, wir haben den Segelerlaubnisschein vor unserer Abfahrt in Brüssel bei der chilenischen Botschaft beantragt, aber ...« »Sie haben ihn also nicht?« »Nein.« »Wissen Sie, daß das 1200 Dollar Strafe kostet?« »Zwölfhundert Dollar? US-Dollar?« »US-Dollar.« Jetzt waren wir auf dem Höhepunkt unseres Schauspiels angekommen. Jetzt mußte die Spannung wieder nachlassen, aber nicht zu schnell, denn das verdirbt den Spaß. Deshalb verachten ja auch die Händler in Istanbul einen Käufer, der voreilig vom Handeln abläßt, und ich lege Wert auf die Achtung seitens des Stationskommandanten.

Noch ist es zu früh für das Geständnis, daß alle Wertgegenstände der TRISMUS im günstigsten Fall 22 Dollar zusammenbringen. Ich spreche in genauer Kenntnis der Dinge, denn gerade an diesem Morgen hatte ich Inventur gemacht.

Also mußte er abgelenkt werden. Ich hatte in meiner Hosentasche den magischen Talisman, ein wundersames Sesam-öffne-dich, das uns seit der Ankunft in Südamerika bei allen Kontakten mit den örtlichen Behörden wertvolle Dienste geleistet hat. Gedankenverloren hole ich die Wunderwaffe hervor, rolle den Tabak, stecke das Papier in den von der Gebrauchsanweisung vorgesehenen Schlitz, befeuchte es sorgfältig und schließe den Deckel. Eine Zigarette springt am anderen Ende heraus. Ein Wunder!

»Was haben Sie denn da?« Selbst die Wache sah ohne den Kopf zu bewegen mit fasziniertem Blick zu.

In Südamerika, jedenfalls dort, wo wir unsere Fahrt unterbrachen, haben die Steuerbehörden den Verkauf und Gebrauch ähnlicher Maschinen verboten, weil sie um ihr Monopol fürchteten und ihre Einkünfte darunter litten. Ein Zigarettendreher, wie man ihn in Europa kennt, ist hier so unbekannt wie eine elektronische Rechenanlage, vergleichbar mit einem Büstenhalter für Eingeborene in Zentral Neu-Guinea. Hätte ich durch Hexerei eine Kokospalme im Schnee der Insel Navarino erscheinen lassen, wäre mein Erfolg nicht größer gewesen.

Jetzt sind wir an der Wende unseres Theaterstücks. Der Text unserer Komödie ist erschöpft, und das Gespräch wird von den verwaltungstechnischen Höhenflügen auf rein technische Fragen zurückgeführt. Das Eis, das sich unten im Hafen langsam um die TRISMUS bildet, ist hier bei uns zumindest geschmolzen.

»Erlauben Sie?« Wir erlauben. Ein seltener Genuß, jemandem etwas zu erlauben, der noch vor einem Augenblick 1200 Dollar von einem haben wollte. In solchen Situationen kann man die Freuden des Lebens so richtig genießen. Der Rest ist banal, wegen meines Experiments sogar unvermeidlich. Der Stationskommandant hat die Ellenbogen auf den Tisch gestemmt und erkundigt sich nach unseren Plänen.

»Und wo wollen Sie jetzt hin?« »Valparaiso.« »Außen herum?« »Nein, durch die Kanäle von Patagonien.« »Haben Sie Karten?« »Ja, das heißt . . ., nein, wir haben keine Karten.« »Keine Karten!« Der Kommandant schüttelt den Kopf. Keine Karten. Unglaublich. Diese Ausländer sind wirklich ahnungslos.

»Und Ihre Vorräte? Reichen sie? Und Fleisch? Haben Sie Fleisch?« »Es wird reichen, obwohl das Fleisch, wissen Sie, ein bißchen knapp gewor-

den ist. Um ehrlich zu sein, wir haben kein Fleisch ...« »Aha!«
Er nahm einen Zettel, schrieb ein paar Worte darauf und reichte ihn uns. »Gehen Sie damit zum Wirtschaftsgebäude. Aber gehen Sie vorher ins Krankenrevier und lassen Sie den Finger Ihres Freundes versorgen. Böse Wunde. Könnte sich entzünden.«
Mit verbundenem Finger, die Hände voller Karten, mit fünf Kilo Fleisch, zwei Kilo Trockenmilch und anderen Kleinigkeiten kamen der Cousin und ich wieder zur TRISMUS.
»Ja, und die 1200 Dollar?« »Welche Dollar? Wer hat denn jemals von Dollar geredet?«
So sind eben die Chilenen ...

## In unerforschten Gebieten

Acht Stunden lang Williwaws, vom Wind gewirbelte Schneeflocken, acht Stunden Windstille mit zwischenzeitlichen Böen, eine zerfetzte Wolkendecke, durch die eine sehr niedrige Sonne scheint, das Wasser wie Blei oder geschmolzenes Metall. Das heißt, acht Stunden lang im Beagle-Kanal Segel setzen, einholen, reffen, auswechseln und dabei dauernd den Kurs wechseln – mehr als bei der gesamten Atlantiküberquerung nötig gewesen ist.
Immer noch Schnee und Kälte. Schon vor Mittag denkt man daran, daß man den ausgesuchten Ankerplatz niemals erreichen wird und findet sich damit ab, daß es schon irgendwo ein nettes Plätzchen geben wird. Aber dann sieht man auch diese Hoffnung schwinden, weil man schon wieder einen anderen Kurs anlegen muß.
Als dann endlich die Nacht ihre ersten Schatten ausschickt, finden wir eine Bucht, machen alles klar, hören noch das Rauschen der Ankerkette – und dann breitet sich eine fast unwirkliche Ruhe aus. Diese totale Stille wird nur durch das Tauchen einiger Enten, das schwache Säuseln einer fast unmerklichen Brise in den Pinien der nahen Uferböschung und das entfernte Bellen eines Seehundes gestört. So endete unser erster Tag in feuerländischen Gewässern. Hinter uns schimmerte aus Osten dicht über den Wellen ein ovales Licht, das wie die Morgendämmerung aussah, aber es war der Widerschein der Lichter aus Ushuaia, der in den Wolken

schimmerte. Am Morgen hatten wir Ushu verlassen, aber wir waren kaum 20 Meilen weitergekommen – 20 Meilen in acht Stunden.
Der Seehund bellte noch einmal, dann wieder Stille. Durch den halboffenen Niedergang dringt das vertraute Blubbern des angezündeten Primuskochers, dann ein munteres Pfeifen, womit der Cousin stets seine Küchenarbeit einleitet, und dann, welch himmlische Musik, hört man den Speck in der Pfanne brutzeln. Ein unwiderstehlicher Duft!
Unter Deck ist es gemütlich, das heißt 10° C. Wenn wir nach dem Essen und Abwaschen dann eine der Karten vom Stationskommandanten aus Puerto Williams auf unserem Tisch ausbreiten, werden es bestimmt 12° C. Stirn gegen Stirn hängen wir über dieser faszinierenden Karte, und unsere Finger zeigen immer wieder auf diesen einen unglaublichen Punkt: Seno Garibaldi.
Die Linie ist hier unterbrochen, nur vage punktiert. Darüber ist ein weißer Fleck, nur mit einem »inexplorado« gekennzeichnet. Unerforschtes Gebiet also! Ein verblüffendes Wort auf einer neuen Karte, die andererseits 100 Meilen davon entfernt Ushuaia und seine Feuer genau zeigt.
Heute, wo zwei Männer auf dem Mond mit einem Jeep durch das »Meer der Ruhe« fahren, hält man dieses Wort bei den Kartographen für ausgestorben. Dennoch steht es da, schwarz auf weiß: Unerforscht. »Nicht mehr lange«, verkündet der Cousin, in dem der Entdeckerwille eines Amundsen erwacht ist, nicht mehr lange also, zum Teufel! Der Augenblick ist günstig. Es ist die Stunde zum Träumen und Pläneschmieden – mit Kissen im Rücken, dem auf dem Primuskocher aufgeheizten Schamottstein, einer Kassette von Elton John im Stereo-Recorder und einem völlig entspannten Körper. Durch die Bullaugen sieht man im Schein der Petroleumlampe den eisig glänzenden Schnee. Er fällt langsam in dicken Flocken.
Wenn wir morgen aufwachen, hat er die TRISMUS völlig eingehüllt, und wir versinken bis zu den Knöcheln, um den Anker zu lichten. Aber das wird erst morgen sein. Für heute löschen wir das Licht und stellen den Primuskocher ab. Die Kälte macht sich sofort wieder breit. Im Vorschiff knackt etwas. Ein Seehund bellt jetzt von nahem, ein anderer antwortet ihm, dann werden es immer mehr. Während einer langen Minute hallt

ein unglaublicher Lärm durch die Nacht. Mit einem Schlag ist alles wieder still.
Dieser Kanal hier ähnelt hundert anderen, die wir bisher kennengelernt haben und weiteren hundert, die bei unserer langsamen Fahrt durch Feuerland und Patagonien noch folgten, bis sich das Meer wieder im Golf von Peñas vor uns öffnen wird.
Kein Wind, kein Lufthauch, der Lister arbeitet mit 1000 Touren. Es galt, besonders aufmerksam zu sein. Der Cousin hing ganz vorn am Bugspriet und lotete mit einem Bleilot, während ich darauf gefaßt war, die Pinne beim geringsten Anzeichen eines Unterwasserfelsens herumzureißen. Aber nichts, außer dem glatten, unbeweglichen Wasser. Das Licht zaubert bisweilen Trugbilder, Ufer- und Gebirgsvorsprünge spiegeln sich und erreichen irreale Dimensionen.
Auf diese Weise haben wir zwei Meilen, dann noch zwei weitere zurückgelegt. Schon seit einiger Zeit hatte die TRISMUS die gepunktete Linie der Karte überschritten und war weit in das unerforschte Gebiet eingedrungen. Nach jeder Meile, hinter jeder Biegung öffnete und erweiterte sich der Fjord erneut.
Er war bestimmt nicht anders als alle anderen: Von dichtbewachsenen Felshängen eingesäumt, stürzten sich zahllose Wasserfälle von seinen Hängen in die See. Dennoch machte das auf uns einen unvergleichlichen Eindruck, weil er die Aura des Unerforschten besaß; dann tauchten auch die ersten kleinen, blendend weißen Eisberge auf, deren schwimmende Massen einen Gletscher oder noch unsichtbares Packeis ankündigten.
Wir haben sie zunächst mißtrauisch umfahren oder uns ängstlich zwischen ihnen durchgeschlängelt, um den Schiffsrumpf zu schonen, bis der Cousin dann einen mit einer Stange anstieß und wir ihre Zerbrechlichkeit entdeckten.
Das war das Signal für unsere Corrida! Ohne alle Vorsichtsmaßnahmen drangen wir in die Eisberge ein, zersägten sie mit dem Bug, machten sie zu Eisstaub. Eine herrliche Übung – das befreit so richtig. Wo ist der Größte? Dort liegt ein Block von mindestens sechs Meter Breite und zwei Meter Höhe – mein bester Stoß. Mit einem Schlag hatte ich ihn, und der Cousin verschwand auf dem Vorschiff in einer Wolke von pulverisiertem Eis und sah hinterher wie der Weihnachtsmann aus dem Tannenwald

aus. Wir schrien vor Begeisterung. Her mit den Eisbergen – wie die Mickey Mouse, die die Katze einlädt.
Das Treibeis von Patagonien kann man nicht mit dem der Antarktis vergleichen. Das Wasser friert nur an besonders geschützten Stellen wie in kleinen Buchten und engen, unbefahrenen Kanälen. Letztendlich ist das Eis hier »Abfallprodukt« der umliegenden Gletscher und wird durch den Salzgehalt der Fjorde sofort brüchig.
»Aber wenn nun doch ein ›echter‹ drunter ist?« Der Cousin hatte als erster daran gedacht. Er ist doch vernünftiger, als man so vom ersten Eindruck her glauben möchte. Schließlich habe ich auf seinen Einwurf hin das Rodeo unterbrochen, denn hätten wir die TRISMUS auch nur auf einen kleinen »echten« Eisberg gesetzt, wäre das hier in dieser unerforschten Gegend möglicherweise ungemütlich geworden. Schluß mit der Corrida, leider. Noch zwei Meilen. Vor dem Bug fliegen zuweilen ganze Scharen von Enten auf.
Unser Näherkommen stürzt sie offenbar in Panikzustände. Sie flüchten mit aller Kraft, indem sie rasend schnell über die Eisbahn des Gletschers watscheln, dabei aber nicht abheben und sich mit kreisenden Flügelbewegungen fortbewegen. Diese Enten sind unglaublich durchtrainiert. Bei vier Knoten bleiben wir gleich auf, bei fünf Knoten müssen sie einen Gang zulegen, und bei sechs Knoten wird es langsam spannend, denn nun bewegen sie bestimmt 6000 Mal pro Minute Flügel und Füße und behalten stets die gleiche Richtung bei. Dieses ungleiche Duell hätte sicherlich mit einem Massenkollaps meiner atemlos gewordenen Enten geendet, wenn nicht eine von ihnen, die entweder mit höherem Intelligenzquotienten ausgerüstet war oder nur einer Eingebung folgte, plötzlich nach rechts abgebogen wäre – der Rest der Schar folgte ihr auf dem Fuß.
An Backbord, höchstens zehn Meter entfernt, tauchten von Zeit zu Zeit ein paar Bärte, leuchtende Nasenlöcher und ein weicher, runder Kopf auf, in dem zwei große Augen lustig blinzelten – ein »Lobo«, ein Seehund. Er machte sich im Wasser lang, als würde er sich auf Zehenspitzen stellen, um diese seltsamen Besucher in ihrem faszinierenden gelb-orangefarbenen Boot zu besehen.
Dann warf er uns einen freundschaftlichen Blick zu, verschwand schnaubend und überließ seinen Platz dem nächsten.

Nach dem Logbuch haben wir jetzt zehn Meilen in dem unerforschten Gebiet zurückgelegt. Und plötzlich, nach der letzten Biegung, erwartet uns Überraschendes: Da waren sie also – die Gletscher, für die die kleinen Eisberge nur Vorposten waren. Ein Berg schließt den Kanal völlig ab; wie Schneelawinen stürzen sich die Gletscher herunter, und das Spiel von Licht und Schatten in den Gletscherspalten läßt alles blau und rosa funkeln wie einen Diamanten. Wie eine Lanze durchbohrt das Licht den Kanal und die TRISMUS strahlt golden auf dem Wasser.
Stellen meine Hände oder Laserstrahlen den Lister aus? Wahrscheinlich war es ein Reflex, ausgelöst durch die weite, farblose und gleichmäßige Fläche, die uns den Weg versperrte. Packeis! Mit einem Schlag war es still. Das letzte Wassergekräusel am Bug der TRISMUS, die noch weitergleitet, dann ein Knirschen, Knacken und Schluß – die TRISMUS hat sich wie ein Keil ins Eis gebohrt. Vorsichtig und aufmerksam dem Knacken des Eises unter unseren Schritten lauschend, sind wir dann ausgestiegen. Schon lag der Gletscher im Schatten, und der Lichtzauber von eben wurde immer schwächer und war im Nu vorbei. Die Farben changierten zu Malve und Violett bis Schwarz, und als die TRISMUS im Schatten des Berges lag, war mit einem Mal die Kälte da.
Ein ordentlicher Nachtfrost und morgen früh ist die TRISMUS möglicherweise für längere Zeit im Eis eingschlossen! Die Nacht lagen wir also vor Anker in der Nähe eines murmelnden Wasserfalls. Die Lobos bellten. Nicht ein Windhauch war zu spüren. Am nächsten Morgen sind wir aufgebrochen.

## Tümmler als Lotsen

Um uns herum herrscht absolute Einsamkeit. Tag für Tag, mit jedem neuen Kurs ist die TRISMUS weiter in die Kanäle Feuerlands eingedrungen. Wind, Natur, Kälte – alles ist hier noch ein bißchen wilder. Vor allem die Kälte: seit Jahren, so sagte man uns in Ushu, hatte man keine derart beißende Kälte mehr gemessen.
Für 90 Minuten Wache gilt es, das Schiff sicher durch die Engen an den Klippen längs zu führen. 90 flüchtige Minuten für den, der unten ist, aber ohne Ende für denjenigen an der Pinne, der mit ständigem Blick auf die

Uhr nur auf den Augenblick wartet, das Ölzeug und den Sweater ausziehen zu können, um endlich vor seinem Gläschen Aguardiente einen Tee zu trinken und eine Zigarette zu rauchen. Irgendwie liefert man sich an Bord dem Suff aus.

Bei unserem Aufbruch von Beaulieu River im Solent haben wir eine Whiskyflasche geöffnet und zwei Monate später in Rio den letzten Tropfen getrunken. Aber hier ist eine Flasche Aguardiente, ein typischer südamerikanischer Schnaps, in einer Woche fast leer. Wenn das so weitergeht, wird man häufig an Nachschub denken müssen.

Sollte ich mir noch vor der Wache eine Zigarette gönnen? »Los, Patrick, du bist dran!« Draußen lauert wieder die Kälte. Von den Knöcheln bis zu den Fingerspitzen hat sich der Körper noch nicht an sie gewöhnt, die Gliedmaßen bleiben empfindlich. Der Cousin hat Schwierigkeiten mit den Händen, in grünlicher Verfärbung zieht er sie aus den Motorradhandschuhen, die ihm Lennox in Ushu geschenkt hatte. Ich selbst habe mir ein Paar Stiefel Größe 46 zugelegt, in die ich nur mit drei Paar Socken und einer Schaffellsohle steige. Zu zweit machen wir oben Wache, zu der wir uns eine Plastikkapuze über den Kopf gezogen haben, die bis dicht vor den Mund reicht und in der man bei diesen peitschenden Hagelstürmen die Augen aufhalten kann.

Die Kälte in der Kajüte ist kaum angenehmer, nur anders, weniger beißend, dafür aber kriechender, feuchter. Auf hoher See haben wir nie eine Bordheizung vermißt, aber hier in den Kanälen fehlt sie doch grausam. Wir hätten sicher diesen Segelabschnitt mehr genossen, wenn wir einen Ofen zum Wärmen und Trocknen der Kleidungsstücke gehabt hätten. Nachts sind wir vor Kälte aufgewacht, Pudelmütze und Sweater sind nur wenig wirksame Notbehelfe.

Hätten wir unseren Schamottstein nicht, den uns Dupin in Buenos Aires geschenkt hat, ich bezweifle, daß wir es bis zum Ende in den Kanälen von Patagonien ausgehalten hätten. Draußen ist keine Atempause möglich. Dauernd muß man vor sich und hinter sich blicken und die Stöße der Williwaws abpassen, die von überall und nirgendwo kommen, glücklicherweise aber bereits von weitem durch die Verfärbung des Wassers und die feine Gischt dicht über den Wellen auszumachen sind. Die Wellen übrigens erreichen kaum 30 Zentimeter Höhe.

Das Segeln hier unten ist ganz schön verrückt: Mit gerefftem Besansegel und zwei kleinen Focks jagt die TRISMUS dahin, das dauert eine halbe Stunde oder nur fünf Minuten lang und kündigt sich mit starkem Pfeifen in der Takelage an. Ebenso plötzlich wird alles ruhig – vorübergehende Windstille. Das heißt in diesen Breiten so kleine 5–6 Beaufort, wo wir dann das Großsegel setzen, das vor Ablauf einer Stunde natürlich wieder eingeholt wird.

Trotz allem, der Kälte und der ermüdenden Manöver, ertappe ich mich manchmal dabei, wie ich im Cockpit vor mich hinpfeife, während ich noch kurz vorher die Zähne zusammenbeißen mußte. Einfach nur, weil ein Sonnenstrahl einen verschneiten Felsen angestrahlt hat, weil ein Seehund vor dem Bug auftauchte oder weil die TRISMUS endlich einen Punkt erreicht hat, für den sie sich zwei Stunden lang abkämpfte.

Es ist eine wunderbare, fesselnde Gegend, und ich weiß nicht, warum einige Autoren hier von Monotonie sprechen. Diese Lichtspiele in einem stets bewegten Himmel können nicht eintönig sein, ebensowenig wie die zerklüfteten Küsten, der Schwung der Pinien, die von den Westwinden gebeugt sind. Eine Vegetation, die ums Überleben kämpft, die Schutz in den kleinsten Bodenwellen sucht, um Wurzeln zu schlagen, bevor die Winde sie vernichtet. Bisweilen sind die Hänge eines Berges völlig verschieden: der Nordhang mit bläulichen Gletschern bis hinab in die Kanäle und riesigen, mit Erde bedeckten Granitblöcken, während auf dem Südhang ein undurchdringlicher Wald, Gestrüpp und umgefallene Bäume zu sehen sind.

Wenn wir vor Anker gingen, haben wir anschließend die fremde Küste erkundet und waren jedesmal von der Großartigkeit der uns umgebenden Natur beeindruckt. Die Wälder Patagoniens haben kaum hohen Bewuchs, nur dichtes Gestrüpp, Farne, Lianen, Heidekraut und Moos, die die Bäume umwickeln wie ein undurchdringliches Netz.

Umgestürzte tote Stämme faulen zu gallertartigem Magma, das manchmal mehrere Meter dick ist. Solche Hindernisse machen den Wald fast undurchdringlich. Wir haben uns deshalb damit abgefunden, an den Uferfelsen große Muscheln – Cholgas – zu sammeln.

Vor uns liegt die TRISMUS wie ein ungewohnter gelber Fleck in der Landschaft und zieht unruhig an der Ankerkette. Dann wird das Wasser wieder spiegelglatt, und hinter uns entfernt sich das Grummeln der Bö. Zugang zum Landesinnern kann man nur bekommen, wenn man dem Lauf eines Baches folgt und mit einer Machete die Lianen abschlägt, die sich über dem Flüßchen winden. Nach ein paar hundert Metern wird die Vegetation spärlicher und hört bei etwa 600 Metern Höhe, dort wo der ewige Schnee beginnt, völlig auf.

Was uns sehr erstaunt, seit wir die Ufer verlassen haben, ist das fast absolute Fehlen jeglicher Lebewesen. Um uns herum kein Laut, kein Aufflattern eines erschreckten Vogels. Die Ruhe bringt ein bißchen bedrückende Spannung in diese fesselnde Landschaft. Ganz oben findet man grandiose Gegenden, riesige, vom Wind angegriffene Granitblöcke, blaue Farbflecke von den bis zum Wasser führenden Gletschern, der von Windböen gebeugte, zitternde Wald. In solch einer Umgebung fühlt man sich ganz unbedeutend . . .

Ufer, immer wieder Ufer. Am Ende eines Tages haben wir 20–25 Meilen zurückgelegt, abends sind wir immer vor Anker gegangen, denn in diesen engen Kanälen ist gar nicht daran zu denken, auch nachts zu segeln; es gibt weder Tonnen noch Feuer, und das Navigieren ist schon am Tag schwierig genug.

Tagsüber fährt man auf Sicht in dem gleißenden Licht, das die schneebedeckten Berge widerspiegeln, worauf übergangslos Nebelschwaden, Schneetreiben und Hagel die Sicht nehmen. Mit steifen Gliedern hält man sich immer weit genug von der Küste ab und schaut gleichzeitig nach den Tümmlern.

Ich will an dieser Stelle meinen Bericht unterbrechen und zunächst einmal erklären, daß ich nicht an Götter glaube, die die Gestalt böser oder beschützender Tiere annehmen, und ich habe nur immer gesagt, daß Zeus sich ganz schön anstrengen mußte, als er sich Mal um Mal in einen Schwan oder Stier verwandelte, um seine Liebesabenteuer zum Erfolg zu bringen. Aber diese Sagen haben mich in früher Jugend sehr begeistert, und mit der gleichen Faszination habe ich in dem Buch »Kap Horn, der logische Weg« das von Bernard Moitessier erzählte Märchen gelesen.

Soll ich noch mal daran erinnern? Die Herde Delphine wurde, je mehr er sich Neuseeland näherte, immer unruhiger, schwamm um die Joshua herum, schwamm an Backbord bis zum Bug vor und kehrte abrupt im rechten Winkel nach Süden um. Dieses Spiel wiederholte sich unermüdlich, bis der Einhandsegler auch langsam unruhig wurde, den Standort ermittelte und auf die Karte übertrug – acht Meilen voraus wäre die Joshua direkt auf einen Felsen aufgelaufen und hätte sich ein Loch in den Bauch gerissen. Nachdem er den Kurs geändert hatte, so schreibt Moitessier, verließen ihn die Delphine augenblicklich, ein »Wachposten« jedoch blieb am Schiff zurück, der erst verschwand, nachdem er aus der gefährlichen Zone herausgekommen war und nicht ohne mit zwei perfekten Salto mortale gegrüßt zu haben: »Alles in Ordnung, du kannst weitersegeln!«

Fast zu schön, um wahr zu sein. Ich bin kein Skeptiker, hege aber doch so meine Zweifel. Dennoch, eines Tages im O'Brien-Kanal . . . Draußen war alles verhangen, wir segelten nahezu blind bis zu dem Moment, wo das Grau des Wassers mit dem grauen Himmel eine trübe Suppe bildete, in der plötzlich ein unbestimmbarer Schatten die Küste ankündigte. Ich habe den Tümmlern zunächst keine Beachtung geschenkt. Erst nach und nach bemerkte ich ihr Theater, das mich dann beunruhigte. Lange bevor die Felsen am Ufer schemenhaft auftauchten und ich die Pinne herumwarf, haben die Tümmler selbst den Kurs geändert. Seitdem stellt sich die Frage: Warum haben sie sich im Zick-Zack-Kurs vor uns herbewegt? Warum sprangen sie aus dem Wasser, als sie die Richtung änderten? Nur, um meine Aufmerksamkeit zu erregen?

Ich habe es erst gar nicht zu verstehen versucht. Ich weiß nur, daß ich ihnen in der Bucht gefolgt bin, bis die Nacht sich niedersenkte. Ich weiß, daß sie mich bis zu diesem ruhigen Ankerplatz geführt haben und danach verschwunden sind. Ich weiß, daß ich auf der Karte der chilenischen Marine diese Bucht gesucht, aber nicht gefunden habe.

Denken Sie darüber, wie Sie wollen – Ihre Meinung ist eh unwichtig. Seit der Zeit suche ich im Wasser immer nach einem stromlinienförmigen Schatten, einem glänzenden schwarzen Rücken, einem spitzbübischen Auge und offenem Maul, das einem Lächeln so ähnlich sieht. Und so, wie sich die Eingeweidebeschauer über das Gedärm eines geopferten Hahnes beugen, prüfe ich das Verhalten der Tümmler, um eventuell daraus etwas zu erfahren. Ich sagte bereits – halten Sie davon, was Sie wollen.

Aber dann kam endlich die Stunde, wo der Schamottstein auf dem

Primuskocher liegt und eine Cassette im Recorder spielt. Die Müdigkeit überfällt einen mit einem Schlag. Es schneit wieder, aber man denkt noch nicht ans Aufstehen, an den Moment, wo man sich aus den Federn schält, das feuchte Ölzeug anzieht, in die Stiefel steigt und in einer beispiellos schwarzen Nacht mit der Machete den Seetang entfernt, weil er die Ankerkette völlig überwuchert hat.

Wenn wir dann gleich eingeschlafen sind, wird sich die Kondensation unseres Atems auf Wände und Decke legen und langsam zu Kristallen erstarren, bis am nächsten Morgen unsere Bullaugen absolut undurchsichtig sind. Morgen . . ., morgen ist ein neuer Tag.

## In den Kanälen von Patagonien

Wem sollte man mehr vertrauen: einem Seehund oder dem Befehlshaber eines Marinestützpunktes? Die Frage ist gar nicht so dumm, wie es zunächst scheint, sondern sollte ernsthaft erörtert werden. Der Cousin und ich jedenfalls diskutieren ganz am Ende der Desolation-Bucht ausgiebig darüber. Ich setze auf den Seehund, der Cousin auf Seefahrtsautoritäten, und die TRISMUS wartete. Sollten wir Cockburn anlegen oder den sich links öffnenden Kanal nehmen, um zur Magellan-Straße zu kommen?

Der Kommandant von Puerto Williams hatte damals den Finger auf die Stelle der Karte gelegt, wo wir uns gegenwärtig befanden, und gewarnt: »Hier passen Sie gut auf. Gehen Sie lieber über Cockburn, der Barbara-Kanal ist sehr gefährlich, weil er voller kleiner Inseln ist, und Windstärken zwischen 8 und 10 sind völlig normal.« »Wieviel?« »8 bis 10.«

Na schön, zehn Beaufort, zum Teufel auch! Doch die mit dem Bauch in der Luft schlafwandelnden Seehunde am Eingang des Barbara-Kanals machten mir nicht den Eindruck, als wollten sie die TRISMUS ins Verderben schicken. Sie zogen mit lustigen Sprüngen voran. Es ist mir peinlich für den Kommandanten von Puerto Williams und sehr angenehm für die TRISMUS, aber die Seehunde hatten recht. Das Wasser war vollkommen ruhig, ohne jegliche Strömung; eine leichte Dünung trug uns voran, und die helle Sonne erinnerte uns bereits an den Frühling. Die Gletscher waren schon weit weg und glitzerten in der Ferne.

Wir kamen jetzt in ein Labyrinth von kleinen bewaldeten Inseln, engen Klippen, verführerischen Ankerplätzen, ein Paradies für Sturmvögel, Albatrosse und herumspringende Seehunde. Alles um uns herum ist gänzlich anders als in der letzten Woche auf Feuerland. Der Cousin und ich sitzen häufig gemeinsam im Cockpit und betrachten die vorüberziehende Landschaft. Je mehr wir uns der Magellan-Straße nähern, desto enger und höher wird der Barbara-Kanal.

Riesige Granitbrocken, die durch die ewige Bewegung der Gletscher ausgewaschen sind, überragen uns. Die Meeresenge liegt zwischen unvermittelt sich emporhebenden Mauern ganz am hinteren Ende. Eine Enttäuschung! Sie ist nämlich so breit, daß man von einem Ufer das andere kaum erkennen kann. Die Felswand ist derart hoch, daß man um den Wind fürchten muß, wenn man sich ihr zu sehr nähert – eine Williwaw schlägt das Boot dann sofort um. Doch eine schöne Brise führt uns das erste und letzte Mal während dieser Reise wie im Flug direkt nach Playa Perda.

Diese Bucht von Playa Perda ist ein historischer Ort. Hier gingen nacheinander Slocum, Bardiaux und Bernicot vor Anker. Ich sage es gleich hier, daß die Vorgängerinnen der TRISMUS eben einen sehr guten Geschmack hatten: Bei solch einem Wetter, wie wir es hatten, ist nichts schöner und animierender als diese Art Piratenhöhle. Eine kleine Insel verbirgt den Zugang, hinter der sich eine kleine Hafeneinfahrt befindet, deren Biegungen direkt zu einer riesigen Bucht führen, die ringsherum von schwarzen Felsen eingeschlossen ist.

An der Uferböschung, wo wir unser Beiboot festmachten, entdeckten wir in greifbarer Nähe ein schier unerschöpfliches Cholgas-Feld, jene riesigen und saftigen Muscheln, die unser Alltagsmahl aufbessern sollten. Hier in Playa Perda gelingt es uns erstmals, die Pflanzenbarriere zu überwinden, die uns auf Feuerland stets den Zugang ins Landesinnere verwehrt hatte. Hier ist der Bewuchs weniger dicht, und der Schnee fast vollständig verschwunden. Mit ein paar Schlägen der Machete bahnen wir uns einen Pfad ins Ufergestrüpp, schlängeln uns an der Böschung entlang und kriechen schließlich auf allen Vieren einen Wasserfall hoch zum Gipfel der Playa. Von hier aus sieht man den westlichen Ausgang der Magellan-Straße, deren Wasser wie auslaufendes Zinn glitzert. Ganz

deutlich liegt in weiter Ferne das Cap Tamar, hinter dem sich über 300 Meilen die Kanäle Patagoniens erstrecken.
Die Kanäle von Patagonien... Ein Wachtposten in der Gestalt des Feuers Fairway steht direkt am Eingang und wurde mit ein paar kräftigen Stößen ins Jagdhorn begrüßt, verschwand jedoch sofort in einem Hagelschauer. Schon vorbei – und hier wollte der Cousin von der Besatzung des Leuchtturms ein paar Kilo Zucker für seine Crêpes caramel organisieren. Warum nicht gleich noch ein After Shave?
Der immer enger werdende Smyth-Kanal machte nach und nach einen ziemlich trostlosen Eindruck. Trostlos deshalb, weil gleich zu Anfang an Steuerbord zwei verrostete und zerborstene Schiffsrümpfe auftauchten, erste Vorboten einer langen Reihe von Schiffen, die an den unsichtbaren, unter Wasser liegenden Klippen zerschellten. Beunruhigende, friedhofartige Markierungen, denen die TRISMUS beinahe auch noch ihren Rumpf zur Verfügung gestellt hätte.
Es war Nacht. 20 Meilen noch vom Smyth- zum Sarmiento-Kanal. Die plötzlich einsetzende Dunkelheit überraschte uns, doch das war nicht wichtig, weil es in diesen Gewässern genügend sichere Ankerplätze gibt. Ich wählte eine Stelle aus, die mir außergewöhnlich günstig schien: Eine von kleinen Inseln übersäte Bucht, auf denen kleine buschige Pinien wuchsen. Eigentlich hätte ich den Inselchen gleich mißtrauen sollen – zu klein, zu zahlreich und zu dicht standen sie beieinander. Doch ich hatte nur die drei Wasserfälle im Kopf, weil diese in Patagonien im allgemeinen die Garantie für gutes Ankern sind. Die Geröllmassen, die sie vom Berg ins Wasser getragen haben, sind ein guter Widerstand für den Anker und sichern einem eine gute Nacht. Mit 25 Meter Ankerkette auf drei Meter Wassertiefe geht das immer gut.
Mit der Nacht kam der Regen. Wenn es in Patagonien regnet, dann regnet es auch richtig. Auf dieser Seite des Globus, wo die Fachleute ohne mit der Wimper zu zucken einen jährlichen Niederschlag von vier Metern messen, und dann verkünden, daß das Jahr besonders trocken war, verdient der Sturzbach dieser Nacht dennoch besondere Erwähnung. Als hätte man senkrecht über uns ganze Schleusentore geöffnet und die TRISMUS hallte wider wie ein balinesischer Gong.
Von Zeit zu Zeit spürten wir den Schlag einer Williwaw; der Regen

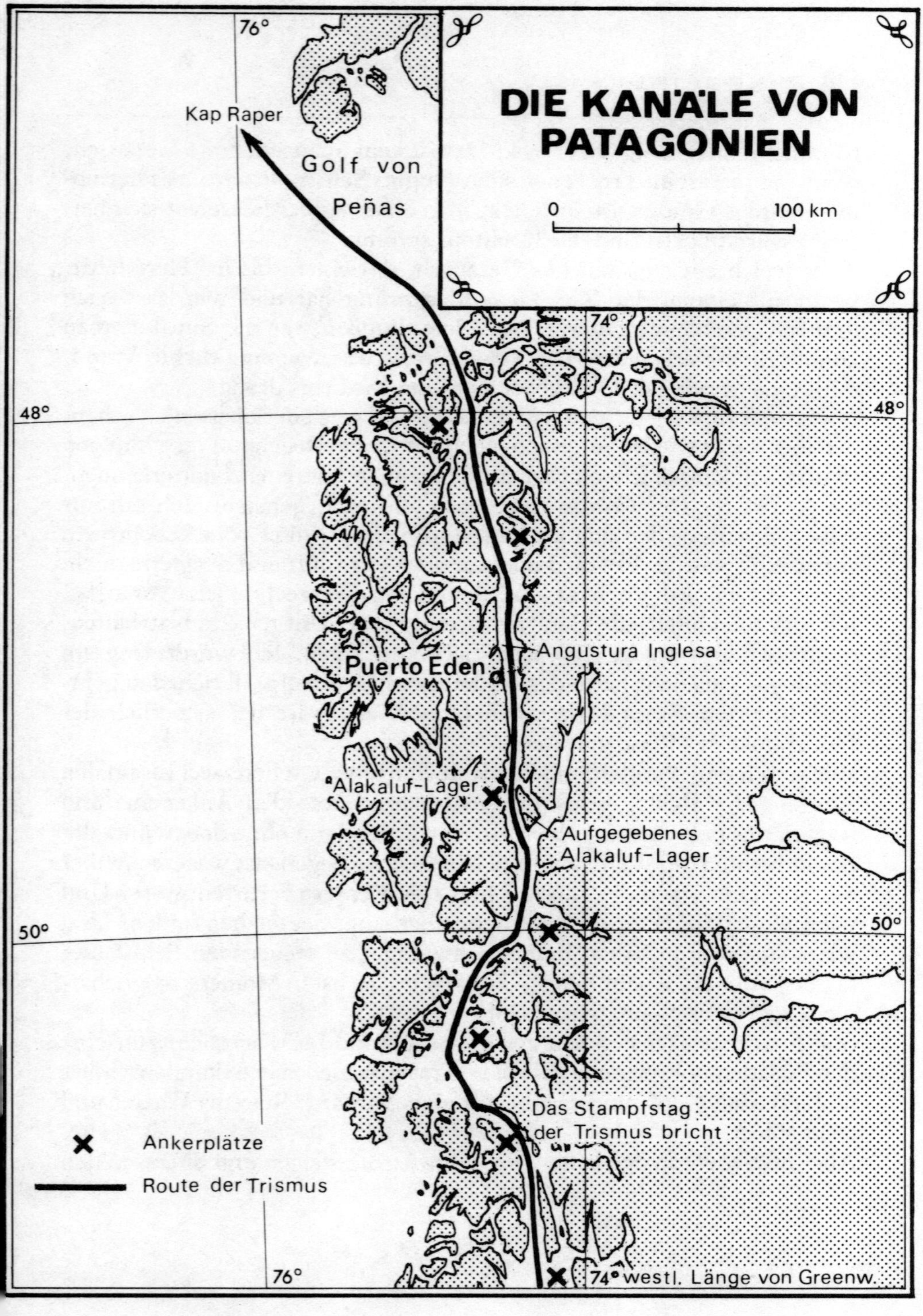
DIE KANÄLE VON PATAGONIEN
0
100 km
76°
74°
48°
50°
Kap Raper
Golf von
Peñas
Angustura Inglesa
Puerto Eden
Alakaluf-Lager
Aufgegebenes
Alakaluf-Lager
Das Stampfstag
der Trismus bricht
Ankerplätze
Route der Trismus
74° westl. Länge von Greenw.

trommelte unablässig aufs Deck. Das ist kein unangenehmes Geräusch, wenn man selbst im Trockenen sitzt, Dupins Schamottstein das Thermometer einige Grade ansteigen läßt, man einen Aguardiente vor sich hat, eine Zigarette pafft und der Kochtopf summt.

Aber welch ein entsetzliches Geräusch, das einem bis ins Herz fährt, wenn auf einmal der Kiel Grundberührung hat und man fast nach draußen geschleudert wird. Und dort draußen war die Sintflut, man konnte nichts erkennen. Die Feuchtigkeit war wie eine dichte Wand, durch die gerade der Lichtkegel eines Leuchtturms drang.

Nicht mal fünf Meter entfernt an Backbord war ein Schatten zu sehen, der aber sofort wieder von einem noch heftigeren Regenguß verschlungen wurde. Ich konnte jedoch vage die hängenden Äste einer Pinie erkennen.

»Anker klar!« Der Cousin hatte vorn alles o. k. gemacht. Ich sah nur seinen Schatten, der sich im Regen spiegelte, weil er vom Leuchtturm angestrahlt wurde. Er stand dort auf dem Vorschiff und dirigierte mich: »Los, mehr links! Vorsicht – bißchen mehr nach rechts, jetzt voraus!«

Ich fuhr total blind, die Hand fest an der Pinne. Um geradeaus zu halten, mußte ich das Ruder 20° nach Backbord legen. Ich wurde langsam unruhig – vielleicht hatte das Ruder durch den Aufprall Schaden gelitten? Inmitten dieses verlassenen Landstrichs wäre das sicherlich der Höhepunkt der Reise gewesen!

Wie durch ein Wunder fanden wir doch noch zwischen zwei Inseln den Ausgang der Bucht, warfen in 13 Metern Tiefe den Anker aus und fragten uns beklommen, ob er halten würde, denn ohne den Schutz der Bucht heulten die Williwaws und trieben den Regen fast waagrecht über die See. Und wenn die TRISMUS hier zum Kentern verurteilt wäre? Und wie soll man in dieser dicken Suppe überhaupt Seezeichen finden? Und wie sollen wir mit dem immer schwieriger zu steuernden Schiff hier herauskommen, einem Schiff, das sich im nächsten Moment möglicherweise gar nicht mehr steuern läßt?

Soll man den nächsten Morgen abwarten und bei Tageslicht zunächst den Schaden überprüfen? Alle diese Fragen schießen in Sekundenschnelle durch den Kopf, und es gibt nur eine Antwort: Rein ins Wasser und zwar sofort.

Also ausziehen, in den kalten Neopren-Anzug steigen und hinaus in den

peitschenden Regen und Wind, und wenn man sich einredet, daß es im Wasser auch nicht kälter als draußen ist, hat man genug Courage zum Tauchen.
Gott sei Dank war es nur die automatische Steuerung. Ich mußte sie abbauen, und nachdem ich sie aus der Verankerung genommen hatte, lief wieder alles wie geschmiert. Als man mich später nach meinen Gefühlen bei diesem mitternächtlichen Bad in den Fünfzigern fragte, antwortete ich mit zwei Worten: »War kalt...«

## Die letzten Alakalufs

Im vorigen Jahrhundert sah ein Indianerstamm auf Feuerland seltsam ausstaffierte Wesen an seinen Küsten landen. Mit diesen seltsamen Leuten mußten sie theologische Fragen erörtern. Da ihnen diese ewigen Diskussionen langsam lästig wurden, massakrierten sie acht anglikanische Missionare und kehrten an ihre gewohnte Arbeit zurück. Diese Indianer vom Stamm der Yahgans waren nackt. Sie lebten von der Seehundjagd, schützten ihre Haut mit der Speckschicht ihrer Beutetiere und schliefen auch nackt in kleinen Hütten, die sie aus Zweigen und Ästen bauten. Eine Todsünde! Dann kamen andere Missionare, die sie von ihrer Schamlosigkeit überzeugten – außerdem nackt bei diesen Temperaturen! Sie wurden also mit vielen milden Gaben bekleidet, man baute ihnen feste Häuschen, und die Yahgans starben in ihren stets nassen Kleidern würdig an Tuberkulose. Das war ihr letzter schweigender Protest gegen das, was später Konsumgesellschaft genannt wurde.
Die Indianer vom Stamm der Onas leisteten länger Widerstand. Einst jagten sie die hier lebenden Wildkamele, die Guanakos, doch später machten sie Jagd auf Schafe, was ja auch viel leichter war. Durch so viel Undankbarkeit riefen sie den Zorn der Züchter hervor, die nun ihrerseits regelrechte Treibjagden auf sie veranstalteten. Ein Paar Ona-Ohren wurden mit drei Schafen prämiert, und gute Jäger wurden später zu hervorragenden Züchtern.
Auf Grund der damaligen Freiheit der Völker, die Gebiete störrischer Nachbarn aufzuteilen, besetzten die ersten Siedler das gesamte Gebiet der Onas. Die Onas und die Yahgans verschwanden also für immer von

der Bildfläche. Übrig blieben nur die Indianer vom Stamm der Alakaluf. Schon tagelang suchten wir nach ihnen. Auch sie schienen vom Erdboden verschwunden zu sein. Eines Morgens stieg zwischen den Bäumen das zarte Blau von Rauch in den ausnahmsweise ruhigen Himmel auf. Also Menschen! Und in diesen Breiten konnten das nur Alakalufs sein. Sie hatten das Lager gerade verlassen, das Feuer war am Verlöschen, von zwei Zelten standen nur noch die Gerippe aus Birkenholz, Planen und Seehundfelle hatten sie mitgenommen.

Im Hintergrund hob sich gegen das Grün der sehr dichten Vegetation der unvermeidliche Wasserfall ab. Unten am Strand lagen Zehntausende blitzender Cholgas-Muschelschalen. Die Alakalufs waren vor zwei Stunden bestimmt noch hier gewesen und hatten ihr Lager an ein neues, reiches Muschelfeld verlegt, nachdem sie hier alles abgeerntet hatten.

Gegen Mittag, als wir aus dem Paso de l'Abismo kamen, haben wir sie dann entdeckt. Sie kamen uns zunächst mit ängstlichem Lächeln entgegen, antworteten uns aber immer entkrampfter auf unsere Gesten und Rufe. Wie herumstreunendes Lumpenproletariat, in zerfetzten Pullis, geflickten Hosen, zerrissenen und ausgewaschenen Röcken tauchten sie auf.

Eine Unzahl von Hunden begleitet sie zur Jagd und wärmt sie des Nachts in den Hütten. Wenn das Wetter so gut wie an jenem Tage ist, pflücken sie in dem eisigen Wasser Cholgas-Muscheln, die die Frauen ausnehmen und über dem Feuer räuchern. Von Zeit zu Zeit kommt jemand von der Genossenschaft, um ihre Waren einzusammeln, zählt die Stöckchen, an denen die Muscheln aufgespießt sind, schreibt die Zahl in ein kleines Notizbuch und verschwindet wieder. Am Ende der Saison, wenn alle mit dem Schiff erreichbaren Ecken um ihr Lager herum durchgekämmt sind, ziehen die Alakalufs nach Puerto Eden, um ihr Geld abzuholen und dann dem zu frönen, was für sie Erholung ist – dem Alkohol.

An Bord boten wir zwei von ihnen Zigaretten an, sie hießen schlicht Juan Wellington und Napoléon Eden. Einen Churchill oder Charles de Gaulle haben wir zwar nicht getroffen, aber es gibt sie bestimmt. Wir haben mit Napoléon und Wellington zusammen gezeltet, mit ihnen die Cholgas, unsere Konservendosen und Zigaretten geteilt.

Sie sind sicherlich nicht unglücklich, aber wahrscheinlich auch nicht

glücklich. Noch nicht einmal resigniert, denn das setzt verlorene Wünsche und Hoffnungen voraus. Sie werden geboren, wachsen heran, sammeln Cholgas, zeugen Kinder und sterben. Als wir ihre blutunterlaufenen Augen, ihre zittrigen Hände und den gierigen Blick sahen, mit dem sie nach der letzten Flasche Aguardiente schielten, war uns klar, daß dieses Volk bereits am Aussterben ist.
Weiter im Norden liegt Puerto Eden – welch ein Name für eine vereinsamte Gegend –, wo die Alakalufs nach der Saison in Häusern wohnen, gegen die die Favellas von Rio gutbürgerliche Wohnsitze sind. Die chilenische Regierung hat für die Kinder auch eine Schule eingerichtet. Aber wenn man das alles sieht, fühlt man sich an Reservate erinnert, wo Ökologen vom Aussterben bedrohte Lebewesen schützen.
In der Schule gab es nur zwölf Kinder – die letzten der Mohikaner. Die letzten Alakalufs . . .

Lebt wohl, ihr Vierziger!

Bei Einbruch der Nacht sind wir in der geschützten Bucht von Puerto Eden angekommen. Ein riesiges Wrack blockierte den ganzen Ankerplatz. Links davon ein wackliger Kai auf Holzbohlen, zu dem uns das Licht einiger Taschenlampen lockte. Zwei Polizisten halfen uns beim Festmachen und entboten uns begeisterte Willkommensgrüße. Sie sind für das geistige, moralische und physische Wohl der 300 Bewohner dieses Fleckens verantwortlich. Außer den Alakalufs ist diese Bucht Sammelpunkt einiger hundert Chiloten, die ihre Insel Chiloé verlassen haben, um weiter im Süden reichere Fischfänge zu machen.
Die beiden Polizisten bringen also Ordnung in die Streitereien von Betrunkenen, verbinden Wunden, entbinden Wöchnerinnen, taufen Babys und singen die Messe. Ihre Tage sind recht ausgefüllt, und zu den verschiedenen Aufgaben haben sie auch noch die Papiere von Fremden zu prüfen. Wir hätten das fast vergessen, aber sie erinnerten uns daran.
Die erste Herzlichkeit war verflogen, und der Empfang wurde zunehmend kühler. Schließlich mußten wir ihnen zur Baracke des Kommandanten folgen und ein Verhör über uns ergehen lassen. Namen, Vornamen, Grund der Reise und peinliche Überprüfung der Papiere. Fragen

zu unserer Route, Überprüfung der Segelerlaubnis durch den Kommandanten von Puerto Williams. Alles in allem der detaillierte Bürokratie-Unsinn, den man zwar von Südamerika gewohnt ist, der uns jedoch in dieser gottverlassenen Gegend erstaunt.
Dann ist alles mit einem Handstreich erledigt. Sergio, der Chef, holt seinen schönsten und eindruckvollsten Stempel hervor, stempelt sämtliche Papiere ab mit der Geschwindigkeit eines Jägers, der aus dem Anstand schießt; danach reißt er sich fast die Krawatte herunter, wirft seine mit Tressen behangene Uniformjacke über den Papierkorb, springt auf und bittet uns mit einem komplizenhaften Blick, ihm zu folgen. Er führt uns in ein völlig leeres Zimmer, in dem einzig und allein eine Flasche Johnny Walker in einer Ecke auf dem Boden steht, mit vier Gläsern in Hab-Acht-Stellung: »Nehmen Sie einen?« »Claro!«
Ich habe nur höchst verworrene Erinnerungen an die nachfolgenden Stunden. Wir sind dann an Bord gegangen, wo noch verschiedene Flaschen herumstanden. Sergio wäre dabei beinahe ins Wasser gefallen, weil er neben den Steg trat. Er klammerte sich an mich, mich bekam gerade noch der Cousin zu fassen, an dem sich schon der zweite Carabinero festhielt – so ist dann doch keiner ins Wasser gefallen. Danach zogen wir untergehakt und laut singend zurück zur Baracke, wo wir endlich zusammenbrachen. Eine Zwischenlandung in Puerto Eden sollten Sie sich keinesfalls entgehen lassen!
Morgens ist es dort allerdings weniger heiter. Eine traurige Ansammlung von Holzhütten quasi im Rohzustand mit Wegen aus Muschelschalen. Dann gibt es noch ein paar verkrüppelte Bäume und viel Dreck rötlicher Farbe, in den man bis zu den Knöcheln einsackt und der am anderen Ende der Bucht zum Lager der Alakalufs führt. Dort streunen halb verhungerte bissige Hunde um die stinkenden Buden.
Die ganze Gegend wird jedoch vom Rumpf der ARABELLA überragt, einem libanesischen 10 000-Tonnen-Frachter, der vor einem Monat hier auf Grund lief. Das Wasser drang so schnell ein, daß die Pumpen ersoffen und der Kapitän beschloß, sein Schiff in der Bucht von Puerto Eden ganz auf Grund zu setzen. Der neue Kapitän der ARABELLA hat uns von diesem Abenteuer erzählt. Er ist Argentinier, und die Versicherungsgesellschaft hat ihn vor Ort geschickt, um das Wrack wieder flott zu bekommen.

Dieser Carlos war ein ordentlicher Kerl. Er empfing uns auf der Brücke und schenkte uns alles, was an Karten und sonstigen Orientierungshilfen vorhanden war. »Wenn ihr schon hier seid, dann durchsucht mal die Kombüse und nehmt, was ihr wollt. Nach der Meuterei der Mannschaft und bevor ich an Bord kam, hat man derartig viel gestohlen, daß ein bißchen mehr oder weniger auf der Rechnung auch nicht auffällt.«
Die Kombüse der ARABELLA war hervorragend ausgestattet. Diesen Spruch habe ich etwa drei Monate lang aufgesagt, bis ich auch die letzte Flasche der ARABELLA über Bord geworfen hatte.
Zufällig hörte ich später auf den Galapagos-Inseln, daß Carlos nach einem Jahr Arbeit das Schiff wieder flott gekriegt hatte und es mit acht Mann Besatzung nach Buenos Aires brachte. Respekt, Carlos! Es ist übrigens möglich, daß sich eines Tages wieder unsere Wege kreuzen. Carlos wollte von Feuerland aus mit einem Schlauchboot in die Antarktis gehen. Ich wiederhole: mit einem Schlauchboot. Der Junge ist wirklich nicht recht gescheit!
Unseren letzten Ankerplatz in Patagonien haben wir mit großer Sorgfalt ausgesucht – eine kleine, enge Bucht, in die sich ein riesiger Wasserfall ergießt. Man konnte von dem Wasser sehr gut trinken, und wir bestaunten einen Albatros, der sich hier in aller Ruhe niedergelassen hatte, um sich auf seinen Flug über die See vorzubereiten.
Weil wir bis Valparaiso noch über 1000 Meilen zurückzulegen hatten, haben wir die automatische Steuerung wieder in Ordnung gebracht. Dann reinigten wir das Stampfstag vom Schlamm und erlebten auch schon die große Überraschung: Gerade als der Cousin ein letztes Mal am Wantenspanner dreht, höre ich ein dumpfes Gerassel, und die Kette liegt im Wasser; ein zwölf Millimeter starkes Glied hatte seinen Geist aufgegeben. Abgesehen von den Segellatten des Großsegels, die uns in den Williwaws wie Streichhölzer knickten, war das unser einziger Bruch während der Fahrt durch Patagonien. Und das ausgerechnet am letzten Tag! Die TRISMUS ist eben doch ganz schön robust.
Die Strecke nach Valparaiso brachte nichts Besonderes, jedenfalls nichts, worauf wir nicht gefaßt waren.
Die Chilenen sprechen vom Golf von Peñas mit ebensoviel Respekt wie die Argentinier von der Le Maire-Straße. »Die Wellen sind riesig, Sie

werden es erleben! Vor drei Jahren hat eine einzige einen Dampfer mit Kurs Punta Arenas umgeworfen!«

»Und bedenken Sie«, warf ein anderer ein, »Wind und Wellen haben eine Menge Zeit, ihre ganze Kraft zu entfalten, bevor sie im Golf zu wüten anfangen.«

Es können sich einem bei solchen Erzählungen ganz schön die Haare sträuben, und als ich nun auf den berühmt-berüchtigten Golf von Peñas zuhalte, erinnere ich mich all dieser Berichte, besonders weil der Himmel so tief und dunkel ist.

Aber im Kielwasser der TRISMUS zeigt Patagonien sein schönstes Gesicht – ein Gemälde in Pastelltönen, von ocker bis rotgrau, bläuliche, schneebedeckte Gipfel und langsam treibende Kumuluswölkchen in einem hellen Himmel. Fünf Wochen in geschützten Gewässern, wo selbst bei den stärksten Williwaws die Wellen nicht höher als 20 Zentimeter sind und der Blick sich nie am Horizont verlieren konnte. Fünf Wochen, in denen allmorgendlich der Anker gelichtet werden mußte. Ich glaube, daß auch der Cousin, ein auf das Segelboot verirrter Alpenbewohner, froh war, endlich wieder weite Räume vor Augen zu haben.

Von Südwest kam langsam eine Brise auf, ganz langsam, dann stärker, erreichte aber höchstens Stärke 6 und wühlte dennoch ungeheure Seen auf. Gerade hatten wir den Ausgang des Golfs bei Cap Raper erreicht, als ich kurz in die Kajüte hinunterging. Die TRISMUS lief etwa sieben Knoten unter der automatischen Selbststeuerung. Als ich nach zehn Minuten wieder an Deck kam, hatte sich das Meer total verändert. In diesem kurzen Zeitraum hatten sich riesige Seen aufgetürmt, die sich über das Deck ergossen und weiße Schaumtäler hinter sich zurückließen. Das war sicherlich eindrucksvoller als der Sturm vor Montevideo und wieder wurde mir klar, daß die TRISMUS in solchen Seen völlig sicher ist. Geschmeidig befreite sie ihr Heck von den abfließenden Wassermassen, und nur die schnell kommenden Wellen verhinderten, daß sie zu surfen begann. Die Sturmböen hielten noch vier Tage an, bis wir die Vierziger überschritten; von da an wurden die noch sehr bewegten Seen zusehends ruhiger.

Warum soll ich verschweigen, daß mir ein lebloser Ozean ohne schäumende Kämme fast so etwas wie einen Kater verursacht? Eben eine Art

Nostalgie, deren sich Segler in den südlichen Breiten nicht erwehren können. Es ist etwa so wie der Unterschied zwischen einer rasanten Autobahnfahrt und einer gemütlichen Sonntagstour durchs Gebirge. Aber das ist nur ein schwacher Vergleich, und vielleicht versteht man mich sowieso nicht.

Dort hinten lag Valparaiso. Zwei Pelikane hatten uns bereits von weitem entdeckt und flogen uns entgegen. Sie eskortierten uns in der Hoffnung, Nahrung im Kielwasser zu finden, doch wir enttäuschten sie.

Der Lärm von Valparaiso kam uns zunächst wie ein erstickendes Gemurmel entgegen und wurde erst lauter, als der Bug schon Abfälle, Plastikflaschen, aufgeblähte Rattenkadaver zerpflügte. Wir werfen den Anker und rings herum gerät das Wasser in Bewegung. Die konzentrischen Kreise schimmern ölig-blau. Eine ordinäre Melodie scheppert herüber. Valparaiso . . .

# BETTLER UND MILLIONÄR

Gleich in den nächsten zwei Stunden nach unserer Ankunft in Valparaiso erfuhr ich, daß ich Multimillionär geworden war. Solche Neuigkeiten hat man natürlich gern. Ich kam darauf, als mir zusammen mit einem Kilo Apfelsinen 200 Escudos für eine Ein-Dollar-Note vom Händler gegeben wurden. Das war am Samstag. An der Banco de Chile, vor der ich mir die Nase plattgedrückt hatte, war der Kurs des Vortags ausgehängt: 46 Escudos für 1 Dollar. Ich hielt also meinen Apfelsinenhändler für einen anständigen Menschen und verließ seinen Laden in dem sicheren Gefühl, meine Pflicht getan zu haben. Die Chilenen waren reizende Menschen, und mein Apfelsinenhändler würde es nie zu etwas bringen.

Wie man sich doch täuschen kann. Ich hielt meinen Händler für einen Gönner, aber er war nur ein Gauner. Als mir nämlich der Wirt in einem Hafencafé 215 Escudos für einen Dollar umwechselte, kamen mir doch Zweifel. Und mein Verdacht wurde zur Gewißheit, als ich im China-Restaurant gleich 225 bekam. Welch eine Enttäuschung! Dieser schwindelerregende Geldverfall in weniger als einer Stunde schien mir doch zu schnell zu gehen. Um so mehr, als es Samstag war und die Börse geschlossen hat. Wenn die Ereignisse zunächst nur befremdlich, aber dann zunehmend verworren werden, muß man sich setzen und in Ruhe nachdenken. Das tat ich dann auch. Nach erstem Überschlagen der Sachlage war ich doch der Meinung, daß man durch ein bißchen Hartnäckigkeit vielleicht 240 oder sogar 250 Escudos für einen Dollar bekommen könnte.

Aber ich war gerade erst angekommen und noch ein bißchen naiv. Später machte ich mir meine Erfahrung zunutze, zog die Brauen hoch, verstummte verblüfft, setzte eine Miene schmerzhafter Überraschung auf und erzielte so traumhafte Wechselkurse. So zog den Leuten etwa eine hochgezogene Braue 10 bis 15 Escudos mehr aus der Tasche. Dafür konnte man sich wohl ein bißchen anstrengen!

Wie auch immer, auf diese Weise begann unsere ruhmreiche Zeit: Lama-Pullover für drei Dollar, den besten chilenischen Wein für 20 französische Centimes, rauschende Wochenenden im Wintersportort von Farallonnes und in Portilla, wo wir mit Freunden ein ganzes Chalet gemietet und von morgens bis abends den Lift benutzt haben. Am Abend war ich dann ein bißchen beunruhigt, daß wir die riesige Summe von zwei Dollar im ganzen bezahlt hatten.

Die Zeit des Auto-Stopp wie in Brasilien war längst vorbei. Selbst den Bus verschmähten wir jetzt, es mußte schon ein »colectivo« sein. Das ist eine Luxuslimousine, in der fünf Auserwählte Platz finden können, und zieht ab wie der Blitz, zum Schrecken der Hühner aller umliegenden Dörfer. Und als ich dem Chauffeur nach 125 Kilometern in Santiago dann drei Franken gab, machte er einen Bückling bis zur Erde. Wir lebten wirklich königlich – bescheiden gesagt. An den Luxus kann man sich schnell gewöhnen.

Ich hätte damals auch Aristoteles Onassis als meinesgleichen behandelt. Hallo, Ari – wie geht's Jackie? Dazu ein freundschaftlicher Klaps auf die Schulter. Leider trafen wir Onassis nicht, hätten dieses Souvenir aber gern zu den anderen gereiht, etwa zu dem Aufenthalt in Antofagasta, in der Wüste von Atacama, im Mondtal, wo die Abendschatten riesige Ausmaße annehmen.

Über der unberührten Wüste war schon die Nacht hereingebrochen, während oben in den Kordilleren die schneebedeckten stumpfen Vulkankegel von Pedro und Pablo noch in der Sonne glänzten. Erinnerungen werden wach an San Pedro mit seinen spanisch-indianischen Häusern entlang der festgestampften Straße, an eine verlassene Oase, an mitternächtliche Bäder unter einem glänzenden Firmament.

Segeln ist schon eine phantastische Sache, vor allem, wenn man am anderen Ende der Welt alle Schätze der Erde entdecken kann! Es waren wunderbare Monate, in denen wir von den Fjorden Patagoniens über die Osterinsel, vom Eiland Robinson Crusoes nach Chuquicamata, vom

Seengebiet zur Wüste von Atacama wie mit den Flügeln des Merkur geeilt sind.
Zur Zeit schreibe ich diese Zeilen im Schatten einer Kokospalme und bemerke, daß meine Absätze total abgelaufen sind.
Aber auch dieses Glück war nicht ganz ungetrübt, und ein reines Vergnügen gibt es sowieso nicht. Diese philosophische Einsicht ist nicht auf meinem Mist gewachsen, sondern stammt von Voltaire. Jedenfalls hatte ich manchmal Gewissensbisse und war ziemlich beunruhigt, denn ich hielt mich seit Monaten illegal in Chile auf. Das geschah zwar nicht aus freudigem Herzen, aber irgendwie unterlag ich der Versuchung, dem obligatorischen täglichen Zwangsumtausch von 10 Dollar für 14 Escudos für Ausländer zu umgehen.
Auch andere umgingen diese kostspielige Formalität, und ich bin eben kein Heiliger, sondern Zahnarzt. Es muß schließlich immer welche geben, die als Outlaws leben wollen. Wenn man aber bei Geistlichen zur Schule gegangen ist, dann hinterläßt das Spuren. Ich prüfte mich also und fragte mich im Innern, ob das nicht recht schäbig sei, so die Herzlichkeit meines Gastlandes auszunutzen, vor allem seine wirtschaftliche Misere. Außerdem sind die chilenischen Gefängnisse, davon hatte ich mich überzeugt, ganz und gar nicht zu empfehlen.
Offen gesagt, mich plagten Gewissensbisse und – vielleicht war es auch die Angst vor den Polizisten – Schlaflosigkeit, einmal konnte ich zwölf Minuten lang nicht einschlafen! Aber diese Minuten vergingen blitzschnell, wenn ich daran dachte, wie gierig meine sogenannten Geldwechsler nach den Dollar-Noten griffen, und zudem wechselten sie in der nächsten Woche mit zehn Prozent Zinsen für sich selbst. Mit ein bißchen Fantasie kam ich mir bald wie ein Wohltäter und Menschenfreund vor. Das beruhigte die Gewissensbisse wieder. Alles in allem hat die Erziehung in der Klosterschule eben seinen Wert. Nicht auszudenken, wenn ich gar bei den Jesuiten gewesen wäre!
Als ich Christian Stein kennenlernte, verschwanden endgültig meine letzten Bedenken. Stein war ein äußerst pfiffiger, dynamischer und geschwätziger Landsmann aus Lüttich. Vor zwei Jahren war er aus Belgien mit einem Kübelwagen aufgebrochen, der im Afrika-Korps von Feldmarschall Rommel die großen Wüstenschlachten mitgemacht hatte.

Das zeigt, wie alt das Ding war. Man mußte überhaupt bezweifeln, daß das Gefährt bis an die französische Grenze gekommen war. Christian durchquerte trotz seiner Angst im Bauch ganz Kanada, Nordamerika und kam über Mexiko und die Andenkette nach Santiago. Von der Strapaze hat er sich nie mehr ganz erholt, der Kübelwagen übrigens auch nicht, denn ab und an schienen die Kolben ihren Geist aufgeben zu wollen, aber dann liefen sie wieder wie geschmiert – im Afrika-Korps hatten sie Disziplin gelernt.

Christian lebte völlig legal in Chile. Er gab uns Tips, Adressen, Verhaltensmaßregeln. Vor allem durfte man sich in diesem Staatswesen niemals an den jungen sympathischen Beamten am linken Schalter wenden, sondern an seinen Kollegen zur Rechten, der offensichtlich an einem Magengeschwür litt. Der erstere war für Allende, der andere gehörte der Opposition an und verheimlichte das auch nicht. Ich hatte nun schöne, mit Stempeln beglaubigte Papiere, die besagten, daß ich in Chile meinen Lebensunterhalt verdiente. Von nun an konnte ich meine Dollar ohne Sorgen umtauschen. Aber die Politik ist keine saubere Sache. Ich brauchte keine Stunde, um zu begreifen, daß es nur darum ging, die Gegenpartei zu ärgern, anstatt sich um die Belange des Staates zu kümmern. Darüber war ich sehr enttäuscht.

Die Großzügigkeit, mit der ich jetzt meine Dollar auf dem Markt tauschen durfte, lief parallel mit dem Verlust meiner Illusionen. Ich hatte sogar den leisen Verdacht, in dieser Sache betrogen worden zu sein und beim Tausch verloren zu haben: Geld läßt sich ersetzen, zerstörte Illusionen eben nicht.

Wo sich heute das Blatt gewendet hat, sollte man sich in Santiago übrigens am linken Schalter anstellen.

Von Valparaiso aus hatte ich mit der TRISMUS eine Fahrt von etwa 20 Meilen nach Norden gemacht, zur Hafenstadt Quintero. Ich verabscheue Valparaiso keineswegs, denn vom Meer aus gesehen ist es eine wunderschöne Stadt – sie öffnet sich wie ein Amphitheater auf den ersten Bergen der verschneiten Kordilleren. Diese hoch gelegene Stadt mit ihren engen Gassen, wo die Wände ohne Zwischenraum aneinanderstoßen und die tägliche Wäsche lustig im Wind des Pazifik flattert, hat einen fast napolitanischen Charakter.

Unten, wo man ankert, schwimmen Pelikane um das Schiff herum, sie haben natürlich nicht die vornehme Eleganz der Schwäne, dafür sind sie aber lustiger.

Valparaiso hat einen großen, lauten Hafen, und auf dem Wasser ist die Ölschicht so fett, daß man auch gleich merkt, daß man in einem zivilisierten Land ist. Deshalb zog es mich in das ruhigere Quintero und zu dessen Soldaten des Marineflughafens. Es ist immer gut zu wissen, daß Soldaten auf Rufweite vorhanden sind. Sie haben nicht nur ihre Funktion im Krieg, sondern können einem auch in Friedenszeiten von Nutzen sein, wie mein Instinkt mir sagte, und man soll seinem Instinkt ruhig folgen.

Manchmal dachte ich an den Cousin. Ein solches Leben hätte ihm gefallen, besonders die langen Nächte in Santiago, wo wir mit peruanischen Malern, bolivianischen Schriftstellern, argentinischen Rebellen, uruguayischen oder ecuadorianischen Flüchtlingen, mehr oder weniger echten politischen Verfolgten um einen Tisch saßen. Im dichten Zigarettenqualm wurden unendliche Gespräche bis in den nächsten Morgen geführt und Nacht für Nacht eine neue Welt aufgebaut.

Schon eher von den eigenen Worten als vom Wein benommen, hatte jedoch keiner Angst vor der Sicherheitspolizei, daß sie etwa an die Tür hämmert, um sich in die Diskussion »einzumischen«.

Im Namen der Freiheit, deren Fahne man alle Augenblicke hochhält, würden sie sicherlich, wenn sie gekonnt hätten, alle Oppositionellen hinter Gitter bringen, gegebenenfalls sogar an die Wand stellen. Was sein muß, muß sein, wenn es nur für das »Wohl« des Volkes ist. Dennoch ist keiner so verrückt, die augenblicklich herrschende Freiheit zu bekämpfen. Ich hatte öfter große Lust, einige einschlägige Sätze von Karl Marx zu zitieren, aber dieser Gedanke kam mir immer erst zu spät, oder eben erst gegen zwei Uhr morgens, wenn die Diskussion für mich bereits zu hoch war. In diesen Gesprächen wäre der Cousin mit seiner donnernden Stimme, dem verklärten Blick sowie seiner Che Guevara-Erscheinung sicher großartig gewesen. Er ist überhaupt immer großartig. Aber er ist nicht mehr da.

In Valparaiso ist er in aller Ruhe ausgezogen: Kleidungsstücke, Kameras, Großvater-Frack, noch eine Kamera, Tropenhelm, Gürtel mit Patronentaschen, noch eine Kamera, Poncho, zwei Waschbärfelle – ich schätze, im

Ganzen eine halbe Tonne. Für ihn war in Valparaiso endlich der Moment gekommen, einen lang gehegten Traum Wirklichkeit werden zu lassen. Und seit Rio hatten sich mit diesem Traum zusätzliche Gefühle verbunden, so daß er unwiderstehlich wurde: Der Cousin wollte allein Südamerika durchwandern. Von Santiago über die Kordilleren, durch Ebenen und Wälder wollte er nach 4000 Kilometern wieder nach Rio kommen. Katia . . .

Zu diesem Zweck kaufte er sich einen Planwagen, wie man ihn aus den Trecks in den Wilden Westen kennt, spannte einen forsch dreinblickenden Braunen davor – und los ging's. Die Peitsche hü! – auf durch den Kontinent! Nur Kleinbürger können sich darüber aufregen. Und ich traue dem Cousin alles zu und rege mich über nichts mehr auf.

Das Unternehmen hätte zu einer zweiten Ilias werden können, wenn das Pferd ein bißchen guten Willen gezeigt hätte. Doch schon im Laufe des zweiten Tages war es weit weniger munter, merkte, daß die Straße weiter bergan ging, fand dann wohl die Andenketten recht hoch und legte sich entmutigt zwischen die Deichseln. Der Cousin tat es ihm gleich und legte sich in den Graben neben der Straße, zückte das Notizbuch und fing an zu rechnen. Das Ergebnis war umwerfend. Mit der bisher vorgelegten Durchschnittsgeschwindigkeit bräuchte er 14 Jahre, 7 Monate, 9 Tage und 11 Stunden bis Rio. Vorausgesetzt natürlich, das Pferd lebt so lange.

Aber soviel Geduld brachte er nicht mehr auf. Also, lebt wohl, Pferd und Planwagen! Er schiffte sich als Passagier auf einem Dampfer ein und fuhr in umgekehrter Richtung den gleichen Weg zurück, den wir mit der TRISMUS gemeinsam gemacht hatten. Kaum in Rio angekommen, begab er sich an die Copacabana und überfiel die Chubascos. Doch bevor die sich von der Überraschung erholt hatten, war er schon auf dem Weg nach Genf – mit Katia. Zusammen tauchten sie am Mont Blanc-Kai auf, gerade zur Mittagszeit. »Ach, welche Überraschung«, sagte Tante Eliane und legte noch zwei Gedecke auf.

An dieser Stelle möchte ich mal auf die Probleme des Lebens zu zweit an Bord eingehen. Trennungen bedrohen früher oder später fast jede Freundschaft, auch zunächst untrennbar erscheinende Bordcrews, die sich einfach irgendwann in die Haare kriegen und zerstreiten.

Viele Weltumsegler können davon ein Lied singen und ich auch – aber

wozu? Die DAMIEN ist die berühmte Ausnahme von der Regel, und die OMOO ist ein noch größeres Wunder, das nur durch den grenzenlosen Humor von Annie van de Wiele möglich war. Aber Penelope ist nicht immer mit von der Partie, und die Odysseus' unserer Zeit sollen nicht gerade einen einfachen Charakter haben.
Nach der Trennung fühlt man sich dennoch ziemlich verloren und um genau die Hälfte der Erinnerungen durch den fortgegangenen Partner beraubt. Und natürlich taucht dann auch die Frage auf, mit wem man die Reise fortsetzen soll. Aber in jedem Hafen, bei jeder Zwischenlandung findet man begeisterte Leute, es ist schon fast so wie an der Autobahn während der jährlichen Ferien-Völkerwanderung.
Ich hatte fantastische Begleiter, allerdings auch solche, die eine Schot mit dem Bratpfannenstil verwechselten. Auf den Galapagos-Inseln waren wir sogar zu viert, und ich hätte ein Schildchen mit »Belegt« anbringen können. An Begleitern, auch weiblichen Geschlechts, fehlt es also nie. Man sollte nur niemals seinen besten Freund mitnehmen, weil man ihn womöglich verlieren wird.
Die Zufalls-Begleiter steigen an Bord, bleiben Tage, Wochen und sogar Monate, aber packen ihren Seesack, bevor der Wurm in der Sache ist und lassen nur gute Erinnerungen zurück. Aber wieviel von denen, die man verläßt oder die sich von einem trennen, hätten wirklich den Alltag bestanden?
Alles geht letztlich vorüber, wird einem überdrüssig. Der Mensch ist schon ein recht merkwürdiges Säugetier!

## Ein dumpfer Knall

Es gibt meiner Meinung nach keinen lächerlicheren Anblick als einen nackten Mann in seinem Hotelzimmer. Und wahrscheinlich mutet es schon grotesk an, wenn dieser Mann seit Stunden unbeweglich aus dem Fenster sieht, wo es außer einer undurchdringlich schwarzen Nacht und ein paar flackernden Lichtern am verlassenen Kai nichts zu sehen gibt. Diese komische Figur war ich. Ab und zu setzte ich mich erschöpft auf den Bettrand, ungefähr in der gleichen Pose wie der »Denker« von Rodin, was natürlich das Arrangement dieser stummen, surrealistischen

Szene auch nicht verbesserte. »Komm, Schätzchen, du wirst dich erkälten.« – »Moment, Lolita!« Mijita, Manuelita, Lolita – ein Schwall zärtlicher Koseformen. Aber Moment bitte, alles später. Man ist nicht gerade sehr poetisch, wenn ein irrer Nordwind in den Telefondrähten heult, gegen die Fassaden der Häuser peitscht und die Fensterläden in den Straßen von Quintero derart hin- und herschüttelt, daß sie wie Orgelpfeifen tönen.
Dieser Wind kommt aus den Kordilleren herangepfiffen, und während ich noch immer am Fenster stehe, wird die einsame TRISMUS in ihrer Bucht nicht wenig unter seiner Gewalt zu leiden haben. Geht diese Nacht denn nie zu Ende? Wann bricht endlich der Morgen an, damit ich zur TRISMUS zurück kann, sie muß nach diesem Sturm unbedingt wieder aufgeklart werden, vorausgesetzt, sie ist überhaupt noch da.
Schon nach der großen Kurve, in die der Bus aus Santiago Richtung Quintero einbog, konnte man das Kommende ahnen. Soweit man nur sehen konnte, war das Meer völlig weiß. Tief unten in der Bucht tanzte ein gelber Fleck auf den Wellen – die TRISMUS. Einige Wellen brachen sich bereits auf dem Vordeck und hinterließen riesige Gischt- und Schaumkronen. Unten am Kai war der Sturmball gesetzt, und die Fischer beobachteten die brandenden Wellen. »Komm, Schätzchen, dein Boot wird schon nicht davonfliegen.« »Schlaf doch weiter.« »Komm« – so sind alle Mädchen. Noch beim Weltuntergang denken sie an Nebensächlichkeiten. Obwohl diese Lolita vielleicht sogar recht hatte – die TRISMUS wird schon nicht davonfliegen. Schließlich gibt es keinen Grund, sich aufzuregen, wenn man mit einem soliden 80 kg-Anker und 30 Meter Ankerkette neben dem Rumpf eines Wasserflugzeuges der Marinebasis festmacht.
Als sich das Unwetter langsam ankündigte, hatte der Feldwebel Quello bereits mit einem 30 kg schweren Stockanker und dazugehöriger Kette Verstärkung geschaffen, und dem Material der Militärs sollte man doch trauen. Die Steuerzahler müssen ja schließlich auch tief in die Tasche greifen, damit das Land ordentlich verteidigt wird und die TRISMUS sicher ankert. Mit einem verstohlenen Seitenblick auf Manuela redete er mir gut zu: »Geh ins Hotel, Patricio, da ist es ruhiger, und du kannst besser schlafen als an Bord.«

Schlafen – endlich lösten sich im Morgengrauen langsam die Nebelschwaden. Ich sah wieder das Fensterkreuz, den Telegrafenmasten, schließlich den Felsen weiter hinten. Die TRISMUS hielt sich gut. Es wurde 4 Uhr, 5 Uhr, und um 6.30 Uhr hielt sie sich auch noch gut. Um 6.31 Uhr stand ein verstörter Autofahrer auf dem Gaspedal, klammerte sich ans Lenkrad und ließ eine Schimpfkanonade ab über diese wahnsinnige Raserei. Aber ich hatte schon den Kai überquert, war schon auf dem Wasser und hörte ihn nicht mehr.

Ich kam gerade im letzten Augenblick. Gerade in der Sekunde, als sich die TRISMUS von der Verankerung losreißen wollte, befand ich mich mit den Schlüsseln für die Plexiglaskuppel zwischen den Zähnen auf der Höhe des Yacht-Slips.

Ich weiß zwar nicht, welche Rekordzeit Mark Spitz beim 400-m-Freistilschwimmen in München 1972 aufgestellt hat, aber an jenem Morgen hätte er keine Chance gehabt. Nur drei Gedankenfetzen rasten mir durch den Kopf: Rechtzeitig an Bord kommen, die Kuppel öffnen und den Lister anwerfen. Gerade als ich mit der Hand nach einem Fender greifen will, kommt die große Welle, verschlingt mich, ich ringe nach Luft und die Schlüssel . . .

An diesem Dienstag bin ich unglaublich viel geschwommen, zunächst zurück an den Strand. Dann raste ich mit einem bellenden Hund an den Fersen zum Marinestützpunkt, um dort zu erfahren, daß kein Schiff auslaufen kann, um mir zu helfen, entriß dem Feldwebel Quello die bei ihm zurückgelassenen Zweitschlüssel, rannte zurück, tauchte ins Wasser, schwamm zum Schiff, und gerade als der Lister sein erstes Tuckern von sich gab, hörte ich einen dumpfen Knall. Ich spürte, wie sich die TRISMUS auf die Seite legte, sah noch eine riesige Welle das Deck überspülen und verschlingen. Die TRISMUS lag jetzt völlig auf der Seite.

Man hat es mir immer wieder gesagt, und ich werde es mir immer wieder anhören müssen, daß man eben sein Schiff nicht verlassen darf. Ohne unsere Aufsicht hatte die TRISMUS damals im Yacht-Club von Rio die Bohlen beschädigt. Später, als ich mich in der Gegend von Punta del Este herumtrieb, riß sie sich aus dem schlammigen Grund im Hafen von Bucéo los und trieb im Rio de la Plata. Das hatte ich bisher aus Sorge um den Ruf des Skippers verschwiegen, aber nun sollen Sie es ruhig erfahren: Ohne die Hilfe der Yacht-Club-Mitglieder von Montevideo, oder wenn der Zwischenfall gar des Nachts geschehen wäre, hätte die TRISMUS sicherlich ordentliche Blessuren davongetragen. Und jetzt hier in Quintero . . .

Ich weiß das wohl, dennoch bin ich nicht der Sklave meines Schiffes! So sehr ich auch an der TRISMUS hänge – das, was ich meine Eskapaden nenne, hätte ich dem Schiff nie geopfert. Ich hing viel zu sehr an dem mitternächtlichen Bad unter funkelndem Sternenhimmel in einer verlorenen Oase, an der Wildschweinjagd in den Tälern der Inseln Polynesiens, an dieser Vollmondnacht, in der langsam vorzeitalterliche Tiere aus dem Meer auftauchen, im nächtlichen Sand herumgraben, um ihre Eier abzulegen, an jene Tage, die ich auf den schwimmenden Inseln im Titicaca-See verbrachte. Im Morgengrauen entdeckten wir damals leuchtend-rosarote Flamingos, streichelten wilde Ziegen in der James-Bay, an die wir uns nackt langsam ranrobbten, spielten mit den lustigen Seehunden von den Gordon-Felsen. Und nicht zuletzt hing ich an den Zusammenkünften mit meinen Freunden, die nicht selten bis zum Morgengrauen dauerten . . .

Warum sollte ich darauf verzichten und zum Hausmeister meiner schwimmenden Behausung werden? Nein, danke! Ich weiß zum Teufel ganz genau, welches Risiko ich eingehe, wenn ich die TRISMUS sich selbst überlasse, aber ich tue es trotzdem. Wenn ich sie eines Tages verliere, dann kann ich es auch nicht ändern. Aber ich habe wenigstens meine Jahre nicht verschenkt. Das Schicksal mag darüber entscheiden. In Quintero hatte es entschieden, die TRISMUS lag ganz auf der Seite. Keuchend, von den Wellen hin- und hergestoßen, zog ich den vermaledeiten Anker hinter mir her den Strand entlang und zahlte so den Tribut meiner Sorglosigkeit.

Den von den Marinefliegern geliehenen Stockanker konnte ich sehr schnell wieder auswerfen, schwimmend ging's zurück zum Ankerspill, denn vor allem mußte ich die TRISMUS bändigen, damit sie sich nicht an den Zementblöcken vor der Hafenmole zerschlägt. Ich arbeitete wie ein Tier, war dabei aber völlig fatalistisch. Alles mögliche wollte ich versuchen, wenn's aber nicht klappt, kann man nichts ändern.

Es klappte. Am späten Vormittag hatte der prasselnde Regen den Wind fast verdrängt, und mit auslaufender Tide schlugen die Seen nicht mehr so wild auf die TRISMUS ein. Nun konnte ich nur noch auf die große Flut warten und hoffen. Ich hoffte zehn Tage lang. Währenddessen konnte ich in aller Ruhe den Schaden aufnehmen und stellte fest, daß die Schweißnähte gehalten hatten. Der Rumpf hatte unter der Wasserlinie nur eine kleine Beule. Zehn Tage lang schöpfte ich Wasser, schwang den Feudel, räumte auf, bemerkte, daß der Generator hin war und der Motor vor Nässe triefte, der Anlasser nicht mehr funktionierte. Zehn Tage lang bei Ebbe den Kiel reinigen und abkratzen! Dabei schaute mir die ganze Garnison der Marineflieger zu, mit Hauptmann Sepulvida an der Spitze. Zehn Tage lang deren kritische Blicke . . .

Hauptmann Sepulvida war groß, hinkte und hatte bewundernswerte weiße Haare und einen eindrucksvollen Bart gleicher Farbe. Er wirkte wie der Großvater des Regiments und hatte trotz seines Degens am Gürtel das Herz einer mildtätigen Ordensschwester. Er war über mein maritimes Mißgeschick sehr bekümmert und vor allem darüber erschüttert, daß meine zwei Gewehre unter diesem Abenteuer sehr gelitten hatten.

»Was? Oxydiert? Wir nehmen sie gleich in unsere Pflege.« Er sagte nicht »putzen«, er sprach von »Pflege«. Das trifft einen echten Soldaten in seinem Innersten, so ein oxydiertes Gewehr, es ist das gleiche Malheur wie für eine Mutter ein Lieblingskind mit Milchschorf. Also kümmerte sich Hauptmann Sepulvida um meine Waffen. Auf seinen Befehl hin wurde gleich der Generator mitgenommen, und die diensthabenden Mechaniker der Waffenkammer kümmerten sich um den Lister. Das restliche Bier an Bord hat ihnen ausgezeichnet geschmeckt. Als ich sie so aus freudigem Herzen arbeiten sah, wurde mir wieder klar, wie wichtig es ist, Soldaten auf Rufweite bei sich zu haben. Sie können schon sehr wertvoll sein, diese Burschen.

Man brachte mir die Gewehre zurück. Sie sahen fantastisch aus, hochglanzpoliert und geölt, noch schöner als neu, wahre Ausstellungsstücke.

»Da haben Sie aber ein sehr schönes Gewehr«, sagte der Hauptmann und reichte mir die funkelnde Waffe. In seiner Stimme klang so etwas wie Verzicht mit, wie bei einer Trennung von etwas sehr Kostbarem. Und schließlich war es ja auch ein sehr hübsches Gewehr, nichts Aufregendes, weder für den Krieg noch für eine Revolte geeignet, doch für einen südamerikanischen Hauptmann muß es schon recht verführerisch gewesen sein. Ich hatte es bisher nicht brauchen können und schenkte es ihm deshalb.

Er nahm es mit viel Würde an, und von da ab waren wir Freunde. Auf meinen Wunsch hin hätte er sogar die gesamte chilenische Luftwaffe in Bewegung gesetzt. Nachdem die TRISMUS wieder flott war, kam es auch bald soweit.

»Und jetzt reisen Sie wieder ab?« fragte er mich. »Noch nicht. Ich möchte noch ein bißchen Ihr Land kennenlernen. Zigarette?« »Danke. Und Sie wollen nicht zur Osterinsel fahren?« »3000 Meilen sind mir ein bißchen weit.« »Aber mit dem Flugzeug? Es ist sehr schön dort.« »15 000 Escudos sind mir zu teuer.«

Mit vagem Blick und verträumtem Ziehen an der Zigarette spielte der Hauptmann mir nun hervorragend den Gedankenverlorenen vor und sagte nach einer Weile: »Nächsten Samstag fliegt eine meiner DC 6 für eine Woche auf die Insel. Ich will Ihnen nichts versprechen, aber vielleicht gibt's noch einen freien Platz an Bord. Aber bedenken Sie, daß eine Transportmaschine nicht sehr bequem ist . . .«

Er entschuldigte sich fast. Ich dachte an all die Hauptleute von Rio, Buenos Aires, den Stationskommandanten von Puerto Williams und an diesen gutherzigen Großvater mit seinem weißen Bart, der auf meine Antwort wartete.

Wirklich, solange es keinen Krieg gibt und man ihnen nicht untergeben ist, sind diese Hauptleute doch recht akzeptabel.

## Auf der Osterinsel

»Die Osterinsel liegt im Pazifik, westlich von Chile, dem es verwaltungsmäßig und politisch unterstellt ist. 800 Einwohner, 118 km$^2$. Seltsame megalithische Statuen.« Das reicht. Von Larousse bis Métraux, über Pauwels, Bergier und die »Endeckung der Welt« ist die Osterinsel zu einem besonders interessanten Gebiet gemacht worden, ebenso bekannt wie Torremolinos.

Meines Wissens haben noch nie so wenig Menschen für ein solch kleines

Gebiet einen derartigen Berg an Literatur produziert. Aber ich bin nicht daran interessiert, auch nur das kleinste Steinchen zu dieser Pyramide von Hypothesen, Vermutungen, Deutungen, verstiegenen Theorien und gewagten Spekulationen über das sogenannte Mysterium der Osterinsel beizutragen. Man muß schon Fachmann sein, um – ohne sich lächerlich zu machen – mitreden zu können. Ich bin weder Völkerkundler noch Archäologe, sondern Zahnarzt. Jedem das Seine!

»Sie brauchen sich gar nicht den Kopf zu zerbrechen, es gibt kein Geheimnis«, sagte Mike zu mir, der Goldschmied oder, besser gesagt, Archäologe ist. Er war damals an der Expedition von Heyerdahl beteiligt als einer der Assistenten von Malloy. Acht Monate auf der Insel, und die 15 Jahre, die Malloy hier verbracht hat, stellen schon ein gutes Zeugnis dar.

Mike ist so lang und dünn wie eine Fahrradspeiche und krönt seine 30 Jahre mit einem schamhaften Alpenhütchen, das seine Glatze verbergen soll. Zum Ausgleich jedoch hat er einen prachtvollen Bart, den er wohlgefällig über seinem verwaschenen T-Shirt verteilt. Er ist Amerikaner.

Kommt ein Fremder auf die Osterinsel, so erweckt dieses Ereignis ebensoviel Neugierde wie ein Panda-Bär oder ein Okapi in einem Kleinstadtzoo: Jeder weiß es und kommt gucken. So auch Mike und andere.

Zwei Stunden nach der holprigen Landung der DC 6 auf der Piste der Osterinsel kannte ich Mike wie nach zehn Jahren. Ich wußte, daß er zwischen den Ausgrabungen mit seinem Freund Craig Kühe melkte und Käse zubereitete, den er auch an die Einwohner verkaufte. Man kann eben gleichzeitig Archäologe und Milchfachmann sein. Der Cousin ist ja auch Architekt und Koch zugleich. Das sind eben begabte Menschen.

Durch Mike lernte ich Tio Juan kennen und durch ihn wiederum ein nahezu apokalyptisches Tier, aber darüber spreche ich erst später. Tio Juan gilt als der beste Statuenschnitzer der Insel, auf der es immerhin eine beträchtliche Anzahl furchterregender Spezialisten gibt. Es gibt aber nur wenige, die die Kunst beherrschen, an einem abseits gelegenen Ort kleine Statuen, Angelhaken aus Knochen und andere Gegenstände zu vergraben, die sie erst kürzlich hergestellt, aber geschickt auf »alt« getrimmt haben.

Diese Künstler führen dann Amateur- oder echte Archäologen an die Fundstelle, wo sie ungefähr den gleichen Eifer wie bei der Ausgrabung der Grabstätte Tutenchamons an den Tag legen. Der weitere Ablauf der Ereignisse variiert je nach Verständnis des Opfers. Entweder man bemerkt den Betrug und redet dann von anderen Dingen, oder, was nach Mikes und Tio Juans Aussagen durchaus auch vorkommt, alle sind hoch erfreut – die Archäologen über ihre neue Entdeckung und die Einwohner über den geglückten Streich.

Tio Juan aber steht über solchen Bubenstreichen, denn er besitzt Würde und hat uns diese Machenschaften überhaupt erst verraten. Er arbeitet nur auf Bestellung von Museen oder kundigen Sammlern. Nach einer ihm zugesandten Abbildung hat er aus einem einzigen Stein eine Kopie hergestellt, die schöner als das Original war.

Inzwischen verstehe ich natürlich etwas von der Sache. Mir hat er auch zwei herrliche Figuren geschnitzt, die jetzt in der Kajüte der TRISMUS thronen. Und wenn ich erzähle, daß ich sie selbst ausgegraben habe, werden sie von meinen Besuchern mit noch mehr Ehrfurcht bestaunt.

Es ist eine Freude, Tio bei der Arbeit zu beobachten. Mit einigen Beilhieben wird der Stein grob behauen und der Umriß vorgeformt. Dann beginnt die langwierige Arbeit mit dem Meißel, der langsam die Konturen hervortreten läßt. Die Geschicklichkeit seiner Hände und Zauberkraft seiner Finger grenzen an ein Wunder. Ab und zu werden die Statuen auf die Werkbank gestellt, Tio legt das Werkzeug beiseite und betrachtet sie mit halbgeschlossenen Augen.

Das wirkt sehr künstlerisch. Unvermittelt zieht ein Lächeln über sein Gesicht, und dann macht er sich mit dem rasiermesserscharfen Meißel über den Unterleib seiner Figur her. Mindestens dreimal pro Tag entgeht er mit großem Geschick knapp dem Harakiri.

Tio Juan war es auch, der mir sein Pferd geliehen hat. Ich bin ihm darum nicht mehr böse: »Reiten Sie damit ruhig über die Insel. Béo ist ein sehr sanftes Tier.« Ich stieg in die Steigbügel, und Béo schoß los wie von der Tarantel gestochen. Ich konnte mich gerade noch am Sattel festhalten. Noch heute bewundere ich meine damalige Reaktionsgeschwindigkeit, ohne die ich mich zwei Meter in der Luft befunden und Béo nur noch als einen Punkt am Horizont gesehen hätte. Was dann kam, war schrecklich:

Bestimmt einen Kilometer weit hingen meine Beine in der Horizontalen. Ich konnte den Gaul einfach nicht beruhigen. Als ich am Abend zurückkam, sagte Mike mir, daß die Einwohner der Osterinsel von meiner Technik des Aufsitzens begeistert seien.
Doch ich fand das nicht komisch. Ich bin kein Jockey, sondern Zahnarzt. Außerdem habe ich niemals geübt, wie Sitting Bull zu reiten. Das hohe Gras pfiff mir um die Ohren, und die Statuen rauschten so schnell vorüber wie die Leitplanken an der Autobahn.
Auf diesem Boden voller heimtückischer Pflanzen, unsichtbarer Erdspalten, vulkanischen Gerölls und unvorhersehbarer Steilhänge hatte sich Béo nicht selten etwas um die Hufe gewickelt und dabei Statuen beschädigt. Das war für den archäologisch interessierten Reiter ein herrliches Erlebnis! Am Hals des Tieres festgeklammert, dachte ich daran, daß es sich bestimmt über ein äußerst frühes Exemplar dieser Art handeln müsse. Ich glaube, daß dieser Gaul bestimmt dreimal mit mir um die Insel gerast ist. Als er sich endlich entschloß, ein wenig ruhiger zu werden, hätte es mich auch nicht gewundert, wenn wir inzwischen auf dem Kilimandscharo angekommen wären. Aber die eben noch so unangenehm bewegte Landschaft wurde auf einmal wunderbar ruhig. Béo schnaufte und ging im Schritt auf einem Krater, dessen einer Abhang schwindelerregend tief ins Meer führte. Auf der anderen Seite des erloschenen Kraters schimmerte eine Lagune, die ganz von Schilfrohr umwachsen war.
Auf dem Gipfel des Kraters standen niedrige, längliche Häuser, deren Dächer aus Vulkanbrocken bestanden, in denen aber niemand wohnte. Dicht über dem Erdboden befand sich ein schmaler Eingang, durch den man hindurchkriechen mußte, um in eine Art dunklen Tunnel, den Wohnraum zu kommen. Erst später erfuhr ich, daß Béo mich nach Rano Kao geführt hatte und die Überreste, auf denen er herumscharrte, zu der heiligen Stadt Orengo gehörten. Hier versammelten sich einst jährlich die Stämme, um dem Vogel-Menschen zu huldigen.
Das wußte ich da aber noch nicht. Mich fesselten die hohen wogenden Gräser, auf denen das Licht glänzte und die vorüberziehenden Wolken des Pazifiks ab und zu Schatten malten, das weit unten liegende Meer, das smaragdgrün und blau schimmerte.

All diese changierenden Farben und Geräusche verbreiteten ein Gefühl unendlicher Einsamkeit. Ich stieg ab und Béo fing an zu grasen. Das war der Beginn einer tiefen Freundschaft. Von nun an verstanden wir uns prächtig. Béo war direkt aus einer Herde Wildpferde gefangen worden, die manchmal auftauchen und sich wie Wandgemälde von den Kratern abheben. Man glaubt, sie galoppierten direkt in die Wolken. Das erklärt natürlich Béos Wildheit, als ich aufsteigen wollte und seine erstaunliche Sicherheit in diesem unwegsamen Gelände. Eigentlich galoppierte er ja auch gar nicht, er glitt vielmehr über den Boden.
Später sind wir noch einmal zusammen nach Rano Kao gekommen. Am Rande des Kraters verbrachte ich eine außergewöhnliche Nacht, bis es langsam zu dämmern anfing. Als die Sonne dann aufging, konnte man oben vom Steilhang aus Motu Nui sehen. Eine starke Brandung lief auf die kleine heilige Insel, zu der alljährlich die Einwohner der Osterinsel ziehen. Der erste, der von dort ein Ei einer Manutara, einer Art Seeschwalbe, mitbringt, wird für ein Jahr der heilige Vogel-Mensch und damit geistliches Oberhaupt der Insel.
In den felsigen Platz, auf dem die Menschen auf die Bekanntgabe des Finders des Manutara-Eies warten, sind überall vorwiegend sexuelle Symbole oder stilisierte Götterbilder geritzt. Dabei sind die Umrißlinien sehr unterschiedlich, manche sehr grob, andere hingegen von großer Meisterschaft. Um das Warten zu verkürzen und die Gunst der Götter zu beschwören, hatte jeder Gläubige seine Hoffnungen und Wünsche in den Fels geritzt.
Von dieser Zeremonie trennte mich fast ein ganzes Jahrhundert. Genau an dem Platz, wo ich meinen Schlafsack ausrollte, wurde beim Warten auf das Urteil des Make-Make-Gottes getanzt, gebetet und gesungen.
Inmitten dieser Ruinen von Orengo, die einst von vorüberziehenden Schiffsmannschaften sinnlos zerstört wurden, glaubte ich noch ihre Todesschreie zu hören – oder war es nur der Wind an den Steilhängen?
Was ist noch von den Ureinwohnern geblieben? Eine gleichgültige, aber stets lächelnde und liebenswürdige Bevölkerung, die nach ihren Wurzeln, ihren verlorengegangenen oder vergessenen Riten sucht. Selbst der Ritus mit dem Manutara-Ei lebt nur noch in der Erinnerung. Statt dessen produziert man eifrig Schnitzereien für den Export und stellt Muschel-

ketten her, anstatt die toten Götter zu verehren. Die Götter schufen Menschen, und die Menschen töten sie.
Es gibt nur noch einige wenige auf der Insel, die die mündlich überlieferten Traditionen kennen und davon erzählen könnten. Einer von ihnen ist Domingo Pakarati, früher der Ranghöchste der Insel. Er lebt allein in Anakena, dem einzigen Strand der Insel, der sichelförmig an der kleinen, langustenreichen Bucht liegt und von einem Palmenhain beschattet wird. Auf dem Gipfel des gegenüberliegenden Berges scheint ein riesiger, einsamer Moai über ihr zu wachen.
Die Legende erzählt, daß in Anakena der König Hotu Matua mit Familie und Untertanen landete. »Das war wahrscheinlich im zwölften Jahrhundert«, erklärt mir Mike, »zur Zeit der großen polynesischen Wanderungen im pazifischen Raum.«
Auch diesmal brachte mich Béo nach Anakena. Ich hockte mich neben Domingo Pakarati, und unsere Unterhaltung bestand eigentlich nur aus Schweigen. Während des ganzen Tages kauerte er am Boden und bohrte Löcher in die vor ihm liegenden Muscheln. Die Haare hielt er unter einer seltsamen Haube verborgen, die wie ein Nylonstrumpf aussah, und sein mageres Gesicht hatte er tief über seine Arbeit gebeugt. Nach langem Schweigen warf er einen Blick auf die Bucht, und als ob dort irgendwelche neuen Bilder aufgetaucht wären, erzählte er eine weitere Geschichte.
Am Abend aßen wir gemeinsam auf der Schwelle seiner Hütte einen Fisch, rauchten schweigend unter rauschenden Palmen. Es war angenehm warm, und der Himmel schien nur aus einem einzigen, alles überstrahlenden Stern zu bestehen.
Bevor wir uns zum Schlafen niederlegten, gab er mir die Kette, die er während der Unterhaltung angefertigt hatte. »Nimm das als Erinnerung vom alten Domingo.« Zwei Monate später erfuhr ich in Quintero, daß er verstorben sei. Ich habe seine Kette über dem Kartentisch der TRISMUS aufgehängt. Während der wenigen gemeinsam verbrachten Stunden hatte ich mich als sein Freund gefühlt.
Die Stunden waren zu schnell vergangen, die Tage zu kurz und die Abende kamen zu früh, wenn mich Béo im letzten Licht der Dämmerung müde im Schrittempo zur Familie Téao brachte. Seit meiner Ankunft ist diese völlig verfallene Hütte zu meinem Heim geworden. Zu zwölft

versammelten wir uns in der Küche, um gebratenen Fisch miteinander zu teilen. Es war ein dunkler Raum mit Wellblechdach, und der Feuerschein ließ ab und zu ein paar Gesichter aufleuchten. Im flackernden Licht wirkten der massige Körper der »Mamaï« und ihr zahnloser Mund recht eindrucksvoll.

Aber ihre weiche Stimme und die durch alle ihre Bewegungen deutlich werdende Zärtlichkeit bewegten mich. Überhaupt hat mich die fröhliche Atmosphäre stark fasziniert, es gab kein Schreien, keine laut erhobenen Stimmen, keine plärrenden Kinder, nur ein unbekümmertes Lachen.

Seit dem ersten Abend saß ich neben dem ältesten Sohn. Ich werde nie vergessen, als er das erste Mal in die Hütte kam, das Hemd schlampig offen und die Hände voller Escudos, die er mit »Ausgrabungen« verdient hatte. Unter großem Gelächter machte er die Runde um den Tisch und verteilte an jeden einen 10-Escudo-Schein. Als er vor mir stand, einem gerade angekommenen Fremden, den er nie zuvor gesehen hatte, zögerte er keinen Augenblick, sondern hielt nur seinen letzten Schein hin: »Hier, heute abend ist Fiesta.« Das Fest galt einem Gott, der die anderen Götter von der Insel verjagt hatte.

In Hanga-Hoa fand am Tage meiner Abreise eine Hochzeit statt, die alle in Hochstimmung brachte. Die Kirche war überfüllt von Einwohnern der Insel, die wunderbare Chorgesänge anstimmten, die sicherlich heidnischen Ursprungs waren. Der Priester war glücklicherweise schlau genug, ihnen nicht die alten Kirchenlieder aufzuzwingen. Die Menschen hier haben eine angeborene Begabung für Musik und Harmonie, die mich unglaublich berührte. Allein ihre Musik läßt einen an die göttliche Abstammung des Menschen glauben. Aber danach . . .

Mit Einbruch der Nacht wurde der polynesische Herd entzündet, auf dem große Mengen Pferdefleisch gebraten wurden, zu dem man süße Kartoffeln aß. Und danach ging's zum Pumu-Tao, das nicht weit vom Hafen liegt. Hier wurde getanzt und gesungen: Männer hockten an der Bar und tranken in einem Zug ihren Paka-Paka aus, und kaum waren ihre Gläser leer, so wurde auch schon wieder nachgefüllt. Dies war der Ort schwankender oder schon zusammengebrochener Schnapsleichen. Aber hinter der Umzäunung aus Bananenstauden tauchten auch andere Schatten auf: Carabineros, die aufmerksam im Umkreis des Feuerscheins mit

tief ins Gesicht gezogenem Helm und einem gegen die Schenkel schlagenden langen Stock ihre Runden drehten. Weiter hinten im Lager warteten bestimmt noch 40 Mann – ein Carabinero für sechs Einwohner.
Ich hege zwar für Rousseaus Naturliebe eine starke Sympathie, aber ich rede nicht immer von der sogenannten »Güte« und den angeborenen »Tugenden« der »guten Wilden«. Ich weiß genau, daß die Bewohner der Osterinsel den sicher leicht übertriebenen Ruf von Räubern genießen, eher sind sie aufrichtige Diebe, naive Lügner und, was wahrscheinlich richtig ist – Plünderer. Ich weiß, daß vor kurzem eine über die Insel ziehende Rinderherde spurlos verschwand und daß die Leute zur Zeit auch die Wildpferde jagen, die es dann sicher auch bald nicht mehr geben wird. Ich weiß, daß Béo auf dem zweimal jährlich stattfindenden Markt für 500 Escudos – das sind nicht einmal zwei Dollar! – verkauft werden wird und wie viele andere auch sein Leben auf einem polynesischen Herd beschließen wird.
Deshalb ist es richtig, die unüberlegte Sorglosigkeit der Menschen hier zu kontrollieren, bevor die Insel völlig ausgebeutet ist und nur noch die einsamen Moais über eine baum- und tierlose Gegend wachen.
Aber es gibt auch Abende und Nächte wie die oben erwähnte – wo viel zu viel Polizisten auf Rufweite waren.
Im Morgengrauen flog die DC 6 wieder zurück.

## Musikliebende Einbrecher

»Gib mir mal das Feuerzeug . . ., also, wie gesagt, mein Künstler wies mit dem Meißel auf sein Pferd . . .« Ich erzählte meine Episode mit Béo. Ghislain Robyn hörte mir mit der für ihn typischen Aufmerksamkeit zu, hielt sein Glas in der Hand und hatte es sich im Sessel bequem gemacht.
Ein leichter Wind strich durch die Bäume in der Bucht, und in seinem Schwimmbecken mitten auf dem Rasen spiegelte sich das tiefe Blau des Himmels. Das Lachen von Kindern drang zu uns herüber. Ghislain bekleidet bei der UNO in Santiago einen Posten, der ihm ein schönes Büro, eine eigene Sekretärin und eine eindrucksvolle Anzahl von Telefonen bescherte. Er trägt konservative Anzüge, eine korrekt sitzende

Krawatte, und vor seiner Tür parkt eine englische Limousine, die enorm viele PS unter der Haube hat. Trotz dieser zunächst negativen Attribute ist Ghislain ein sensationeller Bursche. Außerdem ist er mein Freund, der Freund schlechthin. Wir haben zusammen studiert und nicht zuletzt um seiner Person willen den kleinen Abstecher ums Hoorn gemacht. Das zeigt einmal mehr, daß tiefverwurzelte Freundschaften bereits in der Jugend geknüpft werden; später jedoch, wenn man beweglicher wird und die Jahre darüber hinziehen, halten sie der Zeit weniger stand.

Unsere Wege hatten sich getrennt und erneut wieder gekreuzt. Er trägt jetzt einen Anzug mit ordentlicher Krawatte, und meine nackten Füße stecken in schiefgelaufenen Latschen, die Jeans sind geflickt und der Bart ungepflegt. Aber es ist so wie früher.

Plötzlich klingelte das Telefon. »Für dich«, sagte Ghislain und reichte mir den Hörer. »Ein gewisser Anrique aus Quintero. Kennst du ihn?« Roberto! Was konnte er wollen? Als die TRISMUS damals so böse aussah, hatte ich bei ihm und seiner Frau Maria-Luce gewohnt, in einem leeren Zimmer im Hinterhof, auf dem die Hühner hausten und ein Hahn mir zwei Stunden zu früh den Morgen ankündigte. Eine große Pinie überschattete den Hof wie ein Sonnenschirm, durch den ich das Wasser blitzen und den gelben Fleck der TRISMUS stets sehen konnte. Außerdem führten Roberto und Maria-Luce ein Nachtlokal, zu dem mein Zimmer führte. Es hieß El Trauco, was soviel wie Kobold oder auch böser Geist bedeutet, der nach einer chilenischen Legende für die Schwangerschaft aller Mädchen Patagoniens verantwortlich ist. Roberto hatte damit persönlich nichts zu tun.

»Hallo, was gibt's Roberto?« »Was passiert?« fragte Ghislain. »Was heißt passiert! Ich rase jetzt zur nächsten Busstation und dann ab Richtung Costa Azul. Die TRISMUS ist letzte Nacht aufgebrochen worden, und die Polizei von Quintero wartet schon auf mich.« Das muß ja passieren, wenn man sein Schiff allein läßt. Wie ein unbeaufsichtigtes Kind, das – sobald man ihm den Rücken zukehrt – aus dem Marmeladentopf nascht, den Rest an der Tapete verschmiert, bevor es alles in Flammen aufgehen läßt.

Wie im Flug erreiche ich die Costa Azul. Unter Deck der TRISMUS fand ich ein unbeschreibliches Chaos vor. Nachdem die Diebe das Vorhänge-

schloß an der Kuppel abgesägt hatten, durchwühlten sie die Matratzen, verstreuten den Inhalt der Schapps, alles lag auf Bodenbrettern und in Kojen verstreut herum. Dennoch mußten meine Einbrecher empfindsame Seelen sein, Künstler oder Musikliebhaber, denn ein paar hundert Kassetten waren verschwunden.
Es blieb nur ein Band von Sylvie Vartan zurück, das ich mal von irgend jemandem geschenkt bekommen hatte. Die Räuber schienen sich auszukennen. Im Morgengrauen sind sie von den ersten Sonnenstrahlen überrascht worden und dann panikartig davongelaufen. Am Kai entlang konnte man ihren wilden Lauf anhand der verstreuten Mini-Kassetten nachvollziehen: Vor dem Lebensmittelladen lag Ella Fitzgerald, Albinoni an der nächsten Ecke, Django Reinhardt nicht weit von der Kneipe, Rimsky-Korssakow und die Scheherazade fanden wir im Schatten von Eukalyptusbäumen, von Brassens und Wagner lag überall ein bißchen.
Auf diese Weise hat diese von meinen kleinen Musikwissenschaftlern seltsam gepflasterte Straße die Carabineros direkt an die Schwelle einer kleinen, verlassenen Hütte geführt. Zweifellos war hier noch so viel liegengeblieben, daß der Kommissar zwei Stunden brauchte, um eine vollständige Liste aufzustellen, die abgestempelt, unterschrieben und beglaubigt in einen neuen Aktendeckel gesteckt wurde, bevor man mir die Reste meines Eigentums zurückerstattete. Alles andere blieb auf immer verschwunden: Kleidungsstücke, Fernglas, Filzstifte, Scheckheft und Traveller-Schecks, eine Brieftasche mit Liebesbriefen. Desgleichen meine Super-8-Kamera und ein halbes Dutzend unbelichteter Filme.
»Glaubst du, daß man die Diebe ausfindig machen könnte?« Robert sah mich ungläubig an: »Ach weißt du, die Polizei . . .«
Zu jener Zeit war das Ende der Allende-Regierung bereits vorauszusehen. Ich zog übers Land von Bauernhof zu Bauernhof, um für meine Freunde in Santiago Lebensmittel zu hamstern. Hausfrauen zogen durch die Straßen der Hauptstadt und machten einen Lärm wie beim Karneval, um ihren Hunger zu demonstrieren.
Die Polizei hatte sich um andere Dinge zu kümmern als um Diebe, die noch dazu einen Ausländer beklaut hatten. »Nimm's nicht so tragisch«, fügte Roberto hinzu, »wenn die Polizei die Diebe schon nicht findet, dann finden die Diebe sicherlich bald dich.«

Rätselhafte Worte für diejenigen, denen Chile unbekannt ist. Beispielsweise kommt man aus dem Kino und will in sein Auto steigen, als man – wie ärgerlich – feststellen muß, daß es aufgebockt ist und die vier Räder fehlen. Eben Pech – eine ärgerliche Sache. Aber welch glücklicher Zufall, daß zwei Tage später ein barmherziger Samariter über das Mißgeschick informiert ist und einen Satz Reifen anbietet. Natürlich haben sie weder die gleiche Farbe, noch sind es wirklich die gleichen Reifen, doch die Felgen passen erstaunlicherweise genau zum Wagen. Also kauft man sie. Beim Losfahren kann man nur hoffen, daß man die echten eigenen bei einem anderen Opfer wiederfindet, um so im Ringtausch wieder an sein Eigentum zu kommen.

Und tatsächlich – eine Woche später ist es soweit: »Für dich«, sagte Ghislain und gab mir den Hörer. Eine günstige Gelegenheit, eine Super-8-Kamera, nahezu neu, und dazu einige Farbfilme. Was könnte ich für alles komplett bieten? 10 000 Escudos? Gut, man wird mich morgen noch einmal anrufen.

»Du bist ganz schön geizig«, kommentierte Ghislain kopfschüttelnd. Daran muß es wohl gelegen haben, denn ich habe nie wieder etwas von der Kamera gehört. Sicherlich hatte der Anbieter einen großzügigeren Liebhaber unter den Yankees vom Flugplatz gefunden. Ich war außer mir, denn ich hatte meine europäische Mentalität noch nicht abgelegt, und diese Praktiken empörten mich einfach.

Ghislain hob warnend den Zeigefinger und brachte meinen Zorn zum Schweigen. Er erklärte mir dann mit der nötigen Autorität eines UNO-Sachbearbeiters das beachtenswerte Wirtschaftssystem des Landes.

Sein blendend logischer Vortrag enthielt drei Hauptargumente. Klein a) Wenn sich die Diebe direkt an den Bestohlenen wenden, bekommen sie in der Regel mehr als beim Hehler. Klein b) Es ist zudem billiger, sich auf diese Weise eine fast neue Kamera zu kaufen als im Fachgeschäft an der Ecke. Klein c) Die Carabineros können sich bei der Suche nach den Schuldigen nicht überanstrengen. Fazit: Jeder kommt zu seinem Recht, hat seine Ruhe und ist zufrieden. Die UNO-Leute haben schon eine seltsame Vorstellung von Moral . . .

Natürlich habe ich erst getobt, mich dann aber beruhigt. Und mit der Zeit habe ich die Diebe verstanden, ihnen sogar gedankt und würde sie

heute gar segnen. Denn durch den Verlust meiner Kamera haben sie mit einem Mal eine schier unüberwindbare Barriere eingerissen, die mich immer von den Menschen trennte, die ich kennenlernen und verstehen wollte. Denn vor nichts verschließt sich der einfache Mensch so sehr, wie vor einem Touristen, der völlig gleichgültig seine Brust mit Kameras schmückt und durch die Gegend stampft. Auch das kleinste Objektiv verhindert Begegnungen, die man sich wünschte. Sobald man die Linse im Gesicht hat, errichtet man eine große Mauer vor sich.
Wir wären schließlich in Europa auch nicht begeistert, wenn uns ein Japaner oder ein Tourist aus Zaire beim Spaghettiessen seine Nikon unter die Nase hält. Nicht anders empfindet ein Hochland-Indianer, ein Fischer aus Hiva Oa, wenn man sie heimlich knipsen will. Sitten und Gebräuche der Menschen in südlichen Breitengraden ist eine Sache – die Würde des Menschen eine andere.
Zwei Jahre nach dem Anruf von Roberto empfinde ich fast so etwas wie Dankbarkeit für die Diebe, denn indirekt haben sie mir beim Öffnen von Türen geholfen, die mir sonst verschlossen geblieben wären.

## Bei Robinson Crusoe

Ich hatte beim Schießen nie die Perfektion von Billy the Kid erreicht, dennoch konnte auch ich ziemlich schnell abfeuern und dabei recht bedrohlich dreinblicken. Später habe ich diese Fähigkeiten wieder verlernt. Für mich brachte das Töten nur um des Tötens willen kaum eine Befriedigung. Wie ungleich schöner ist es doch, auf den Meeresgrund zu tauchen und mit Lippenbewegungen und Zungenschnalzen Fische anzulocken, bei denen die Neugierde die Angst besiegt hat und die ihr Fischmaul gegen meine Maske pressen, um sich das seltsame Amphibium anzusehen, das man für sie ist.
Aber all das wußte ich noch nicht, als ich in zehn Meter Tiefe vor der Insel Juan Fernandez tauchte. Meine Harpune schien sich wie von allein in Bewegung zu setzen, und dann folgte nur ein kurzer, aber harter Kampf. Als ich dann endlich außer Atem wieder auftauchte, war ich mit mir sehr zufrieden. André erwartete mich an Bord eines kleinen Bootes und half mir, die Beute zu bergen. »Ein herrlicher Fang«, sagte er, »das

gibt ein leckeres Essen.« André kennt sich aus, denn als professioneller Taucher hat er seit drei Jahren nicht wenige Meerestiefen vor Chile und Peru ergründet und satt Beute gemacht.

Ich habe ihn in Farallones kennengelernt, wo er als Skilehrer arbeitete. Er schien die Herzen aller jungen Mädchen erobert und bereits den Platz von Tino Rossi und den pomadigen argentinischen Tangotänzern eingenommen zu haben, für die unsere Großmütter schwärmten.

André hatte eine stattliche Figur, schwarze, fein gewellte Haare, ein schön geschnittenes, gebräuntes Gesicht, das er mit Bimsstein zu rasieren schien. Außerdem war er immer gepflegt gekleidet. Ihn bekümmerte einzig und allein sein überdimensionaler Adamsapfel. Ich befürchtete immer, daß er mal zu Boden fallen könne. Außerdem besaß André ein besonders fröhliches Naturell; wenn man ihn unbemerkt beobachtete, machte er ein Gesicht, als habe er gerade eine Zwangsvorladung vom Finanzamt erhalten.

Er konnte schön lächeln, aber seine Augen blieben bei diesem Lippenspiel völlig leblos. Er verneigte sich gern vor der Kamera und wartete mit diesem eigentümlichen Lächeln, bis das Bild gemacht war. Von allen Bildern gelang das Lächeln am besten bei einer Blende von 5 bis 6 und einer 125stel.

Jedenfalls half mir André jetzt, das mörderische Vieh hochzuhieven. Nachdem meine Begeisterung über den Fang abgeklungen war, fühlte ich mich ziemlich hilflos. Was sollte ich mit diesem Tier bloß anfangen, dessen Kiemen sich im Todeskampf noch wild bewegten? Vielleicht verspeisen? Solch ein Fisch ist sehr lecker. Aber 14 Tage lang zu jeder Mahlzeit dasselbe, ist auch fade.

»Oder du schenkst ihn deinem Wirt«, schlug André vor. Wir waren nämlich schön bürgerlich im größten Hotel am Platz abgestiegen. Es war übrigens auch das einzige. Obwohl jegliche Konkurrenz fehlte, waren die Preise nicht übermäßig hoch: zwei Dollar für eine ganze Woche, damals 20 französische Francs. Das ruiniert einen nicht. Deshalb war es schon fast lächerlich, als der Besitzer Jorge Angulo mir für mein Geschenk den Rest des Aufenthaltes nicht mehr berechnete.

Falls Sie mal Lust haben, ein Wochenende auf Juan Fernandez zu verbringen, kann ich Ihnen nur empfehlen, sich vertrauensvoll an Jorge zu wenden. Aber zögern Sie nicht zu lange, die Preise bleiben nicht so, denn auch hier kündigt sich bereits der Touristenstrom an. Die chilenische Regierung hatte damals schon den Startschuß dafür gegeben, als sie die Insel in Robinson Crusoe-Insel umtaufte. Anfang des 18. Jahrhunderts war hier Alexander Selkirk gelandet und wartete vier Jahre auf ein Schiff, bis endlich eines kam und ihn nach England zurückbrachte. Solch eine Story läßt sich natürlich kein Fremdenverkehrsverein entgehen.

Es wird daher nicht mehr lange dauern, bis in Cumberland Bay ein vollklimatisiertes Hilton gebaut wird und Hinweisschilder zum Besuch der Robinson Crusoe-Grotte auffordern. Eintritt zehn Escudos.

Schon heute wird man auf diese Grotte aufmerksam gemacht. Doch ist sie so unecht, wie es nur geht. Die historische Bucht aber, wo Alexander Selkirk nach Schiffen Ausschau hielt, liegt ganz oben in den Bergen. Aber für die meist über 60 Jahre alten Touristen ist der Anmarsch viel zu beschwerlich, und deshalb wäre die echte Grotte auch total unrentabel für den Touristenbetrieb. Jedesmal wenn André an der angeblichen Robinson-Grotte vorbeikommt, gerät sein Adamsapfel in Aufregung. Er hatte hier schon einmal vor einigen Jahren sein Lager aufgeschlagen und den Schlafsack entrollt. Doch plötzlich tauchten vier Touristen auf und sahen André in Unterhosen mit seinem batteriegetriebenen Rasierapparat vor dem Spiegel sitzen. Und als er sich dann noch mit After Shave Lotion einrieb, waren die armen Touristen total geschockt. Das war für die chilenische Regierung wahrscheinlich der Anlaß, schamlosen Campern die Entweihung des heiligen Ortes zu untersagen.

Über meine Erzählung habe ich vollkommen den Langustenfischer Pedro vergessen, der in seinem Kahn ein Frühstück vorbereitet. Auf einem kleinen Wellblechofen brät er über dem offenen Feuer unsere Fischfilets. André und ich zogen gerade unsere Taucheranzüge aus, wärmten uns mit der einen Hand zähneklappernd über der Glut und griffen mit der anderen nach der soeben entkorkten Flasche Wein.

Pedro, der »Alte«, wie wir ihn nennen, kümmert sich prima um André und mich, die gerade bei einem sehr rentablen Unternehmen seine Teilhaber geworden sind. Für den Alten sind wir im eigentlichen Sinn vom Himmel gefallen – als die Cessna aus den Wolken auftauchte und auf einer holprigen Piste landete.

Am Ende der Piste diente ein zertrümmerter Flugzeugrumpf mit abgebrochenen Tragflächen zur Markierung der Einflugschneise und als Meditationsobjekt für die Passagiere in einem. Wenn man die Maschine verlassen hat, muß man einen engen Ziegenpfad zur Bucht hinuntersteigen, wo ein Langustenfischer auf uns wartete. Im Rauschen der Brandung, begleitet vom schrillen Geschrei der Möwen, fuhren wir noch 90 Minuten dicht über den Klippen bis zur Cumberland Bay.

Es ist schon mit viel Mühe verbunden, wenn man sich zu Robinson Crusoe begeben will. Hier in der Cumberland Bay, wo er seine Reusen auslegte, fielen wir für Pedro auch noch aus einem anderen Grund vom Himmel. Anfänglich sah er in uns nur ausländische Touristen, zwei amateurhafte Seeleute. Doch schon am Nachmittag begriff er plötzlich das Wunderbare unserer Anwesenheit, als wir unsere Taucheranzüge anlegten, er uns in die Brandung tauchen und mit einem harpunierten Fisch wieder hochkommen sah. Da auf einmal wurde der Alte so munter wie ein fündig gewordener Goldgräber.

»He, Freunde!« Mit einem Schlag waren wir von Señors zu Amigos befördert worden. »Könnt ihr mir nicht ein paar Mariscos raufholen?« Muscheln? Tonnenweise hingen sie an den Felsen im Meer. Man konnte sie abpflücken wie Kirschen im Obstgarten. Eine Stunde später quoll sein Kahn über von Locos, und Pedro sah uns an, als würden wir die versunkenen Schätze der unbesiegbaren Armada ans Tageslicht befördern.

Der Loco ist ein schneckenartiges Weichtier, das umgangssprachlich schlicht Seeschnecke heißt. Vor dem Garen müssen ihre röhrenförmigen Stengel weichgeklopft werden. Dies geschieht auf Juan Fernandez mit Hilfe eines Schlauches. Diese Seeschnecke gehört hier offenbar zu den schmackhaftesten Gerichten schlechthin, und die Chilenen sind große Feinschmecker. Nur findet man auf dem Markt von Juan Fernandez so gut wie keine Locos, aus dem einfachen Grunde, weil die Fischer nicht schwimmen können und sie deshalb niemand aberntet.

Die Seeschnecke ist der Kaviar der Inselbewohner, die Langusten bedeuten ihnen nicht mehr als uns das Kalbfleisch. Das alles wußte ich noch nicht, begriff es aber genau in den zehn Minuten, die nach dem Anlegen von Pedros Boot verstrichen. Die Neuigkeit des wunderbaren Fischfangs hatte sich wie ein Lauffeuer in der Cumberland Bay verbreitet, und in weniger als einer halben Stunde war Pedro leergekauft und hatte die Taschen voller Geld.

Und so wurden wir Geschäftspartner. Ich bin kein Fischer, sondern Zahnarzt. Aber das vergesse ich bisweilen, obwohl ich mein altes Praxisschild in der Kajüte der TRISMUS aufgehängt habe – falls doch mal etwas Dringendes zu tun ist. Auf Juan Fernandez hatte ich meinen alten Beruf völlig vergessen, und wenn ich vom Loco-Fischen zurückkam, stellte ich meine Ware auf den Kai und bot sie wie ein Marktschreier an: »Frische Locos! Frische Locos!«

Aus Cumberland, einem Dorf, das ganz von Eukalyptusbäumen beschattet wird, kamen eine Unmenge von Kähnen angeschwommen. Die Polizei war nahe daran, einen Ordnungsposten für die Schlangen von Hausfrauen abzukommandieren.

Dieser ungeheure Erfolg inspirierte uns zu noch gewagteren Projekten. Ich komme später noch darauf zu sprechen. Im Moment genossen wir die wirklich komische Situation: Ausländer verkaufen Meeresfrüchte an die ortsansässigen Fischer! Und es waren Momente voller Glück und Heiterkeit, wenn wir im Morgengrauen zu den Klippen hinausfuhren, immer neue Buchten entdeckten, deren Steilhänge dicht bewachsen waren, oder wenn das Boot über die Wellen und durch die Brandung glitt.

Unbeschreiblich schön war hier auch das Tauchen in Tiefen voller Überraschungen, wo die unzähligen Fische wie die Blitze davonschossen.

Hier gab es auch Seehunde, die jedesmal Pause und Belohnung für Pedro und seine Gesellschafter waren. Hatten wir reichlich abgefischt und das Boot randvoll mit Locos gefüllt, dann war das schon eine Extra-Belohnung wert. Pedro legte die Pinne um und brachte uns nach Loberia, einen Platz, wo mehrere Seehundfamilien lebten. Wir wußten genau, auf welchen Felsen wir sie faul in der Sonne schlafend finden konnten. Mit dem lauter werdenden Motorgeräusch drehten sie ihre kleinen runden Köpfe neugierig nach uns um.

Ich hatte meinen Taucheranzug an und glitt vorsichtig ins Wasser. Fast sofort schwammen ein paar Weibchen auf mich zu, aber keine Männchen. Wahrscheinlich waren sie genauso neugierig auf mich wie ich auf sie. Zunächst schwammen einige besonders wichtige Damen auf dieses unbewegliche schwarze Ding zu. Dann kamen sie mit unglaublich weichen und graziösen Bewegungen näher, huschten blitzartig an mir vorüber, wobei sie eine Unmenge Wasserblasen hinter sich ließen. Und dann begannen sie ihr Ballett, formierten sich im Kreis zu wilden Tänzen, lässigen und blitzschnellen Arabesken. Ich war der Mittelpunkt ihrer Wasserkunststücke, deshalb bloß nicht rühren!

Und bloß nicht den schwarzen Schatten, der seinerseits nun näher kam, reizen, denn das eifersüchtige, polygame Männchen hat ein sehr starres Besitzdenken. Höchst mißtrauisch kam es heran und witterte in mir einen möglichen Rivalen. Wird er mich angreifen oder nicht? Das Herz blieb mir stehen, und ich hielt die Luft an, als er plötzlich unvermutet auf mich zuschießt, in der letzten hundertstel Sekunde aber ausweicht und sich wie der Blitz davonmacht, nachdem er direkt an meinem Körper entlanggestrichen war.

Das sollte mich natürlich einschüchtern und war als Warnung zu verstehen. Bestimmt hatte er, für mich unhörbar, die Koketterie seines Harems streng gerügt, denn die Weibchen verzogen sich auf einmal ganz bedrückt – aber mit einem letzten schelmischen Augenzwinkern. Nur eine konnte sich von mir nicht trennen und strich ganz langsam an mir vorüber, so daß ich auf meiner ausgestreckten Hand ihr seidiges Fell und ihre langen, pieksigen Barthaare spürte. Wenn man sie so ganz von nahem betrachten kann, verblüffen einen ihre unglaublich intelligenten Augen, die von schönen, langen Wimpern eingefaßt sind, um die sie jeder Filmstar beneiden würde.

Bei jeder Berührung durchfuhr sie ein Zucken, dann schoß sie davon, um im nächsten Moment ihr Spiel von neuem zu beginnen. Wenn sie sich schließlich bis auf etwa 20 Zentimeter an mich herangewagt hatte, stieß sie eine Art Gelächter aus und zeigte dabei ihre spitz zulaufenden Zähne. Vielleicht wollte sie mich anlächeln? Ich jedenfalls lächelte freundlich zurück. Mit einem zufriedenen Augenzwinkern verschwand sie dann plötzlich. Wenig später waren wir wieder in der Cumberland Bay.

»Frische Locos!« Die Hausfrauen kamen in Scharen angelaufen, doch fehlte es ihnen an der Geschmeidigkeit der Seehunde. Vielleicht bin ich in dieser Hinsicht jetzt voreingenommen.

»Dort drüben sehe ich die Jeanne d'Arc.« »Und ich Brigitte Bardot, das ist nur eine Frage des Geschmacks und der Fantasie.« »Ich sag' dir – ich sehe Jeanne d'Arc!« »Trink noch ein Glas, dann geht's dir besser. Das ist die Sonne! Hattest du heute morgen wieder nichts auf dem Kopf?«
Der Alte hatte uns seinen Kahn geliehen. Wir waren gerade mit dem Fischen fertig und hatten diesmal Seeigel gefangen. Ich stand an der Pinne, und André lag mit geschlossenen Augen ausgestreckt auf dem Vorschiff. Ich war ziemlich unruhig, doch André wollte mir partout nicht glauben. Dennoch sah ich die JEANNE D'ARC ganz genau, gerade als wir auf die Eukalyptus-Bucht von Cumberland zuhielten. Außerdem bezeugten die riesigen Buchstaben am Heck unbestreitbar ihre Identität. Sie lag vor Anker. Allerdings hätte ich mich gleich etwas deutlicher ausdrücken können, denn es handelte sich um ein Schiff der französischen Marine.
Schlagartig kam André hoch. Die JEANNE D'ARC ankerte weiter draußen in der Bucht, aber ihr Begleitschiff, die VICTOR SCHOELCHER, lag direkt vor uns. Am Heck beider Schiffe flatterte die Trikolore. Das berührt einen schon, wenn man nach drei Jahren, fern der Heimat, plötzlich die Landesflaggen im Wind flattern sieht. Ich hatte überhaupt den Eindruck, daß André in seinem Innersten ganz auf Blau-Weiß-Rot eingestellt war. Als wir uns der VICTOR SCHOELCHER weiter näherten, stand oben an der Reling die ganze Mannschaft und filmte. Sie holten ihre Teleobjektive hervor und legten auf uns an. Man stelle sich das nur vor: zwei Fischer, zwei echte Einheimische, ein Boot voller Seeigel und das alles vor dem Hintergrund der Robinson-Insel. Ein Schnappschuß, den man nicht alle Tage macht! Auf Kabellänge hörten wir bereits die Auslöser klicken.
Natürlich war es André, der die Poesie und Stimmung des Augenblicks gründlich zerstörte. »He, wollt ihr Seeigel kaufen?« schrie er im besten Marseiller Dialekt hoch. Das hat unseren Meisterfotografen natürlich einen gehörigen Schock versetzt. Absolutes Schweigen zunächst. Man hätte am Strand einen Hund sich am Ohr kratzen hören können. Aber dann kam Beifall . . .
Tut auch bisweilen gut, Soldaten zu treffen und um so besser, wenn es Seelords sind. Außerdem schmeckten die Seeigel gut, und ihr frisches Bier hob die Laune für den ganzen Tag. Wir hatten schon vergessen, wie

so etwas überhaupt schmeckt – es war eine wahre Wohltat für meine verwöhnten belgischen Geschmacksnerven! Diesbezüglich kann ich versichern, daß der Biervorrat auf der VICTOR SCHOELCHER unermeßlich ist und mit Eiswürfeln genau richtig gekühlt wird.

Es war einfach wunderbar an Bord, und erst nach Stunden stiegen wir unter großem Hurra und mit drei Stangen Gauloises und wirklich sämtlichen Karten von Französisch-Polynesien unter dem Arm in unseren Kahn um. Ich frage mich, wie ich mir die Karten überhaupt hätte beschaffen sollen.

Der Alte wartete bereits auf uns an der Mole. Er war nicht beunruhigt über unsere Verspätung, sondern nur neugierig und natürlich verblüfft, als er sein leeres Boot sah. »He, Amigos! Ist das etwa alles?«

Das mußten wir ihm nun erklären, und ich habe ihm eine wunderschöne Geschichte mit den Soldaten erzählt. Natürlich hatte er nichts davon begriffen, aber ich verstand mich um so besser und schlief nachts noch singend ein.

Die Tage vergingen, das Jahr neigte sich langsam seinem Ende zu. In einer Woche würden wir zurück in Santiago sein und mit unseren Freunden Silvester feiern. Eines Abends besprachen wir ausführlich und seriös wie Vorstandsmitglieder von General Motors eine ziemlich verrückte Idee, die mir und André in den Kopf gekommen war. Unser Projekt war so exakt geplant wie ein Raubüberfall auf einen Postzug und verblüffend einfach. »Alter«, sagte ich am nächsten Morgen zu Pedro, »in dieser Jahreszeit sind die Langusten zu tief für uns, so zwischen 60 und 80 Metern. Ich mache dir folgenden Vorschlag: Wir besorgen dir tonnenweise Seeschnecken, und du läßt uns die paar Langusten zu einem Freundschaftspreis. Wie findest du das?«

Er grinste über beide Ohren: »Prima!«

Am 30. Dezember bestieg ich wieder die Cessna und hatte zwei Körbe voller Langusten bei mir. Am Morgen hatten wir sie noch am Strand in einem großen Kessel gekocht. Sie waren köstlich! Am Flugplatz wartete schon eine nette Freundin mit dem Auto auf mich. Zuerst sortierten wir die schönsten für den Silvesterabend aus, und dann fuhr ich alle Luxushotels von Providencia ab. In weniger als einer Stunde waren meine Körbe leer.

Ich bin Zahnarzt und kein Fischhändler, und ein Profi hätte auch mehr Profit herausgeschlagen. Ich machte aber nur einen bescheidenen Aufpreis, so daß der Aufenthalt auf Robinson Crusoes Insel inklusive Flug heraussprang. Ganz unten in den Taschen fand ich sogar noch einige Escudos für ein paar Flaschen Don Luis und Don Matias und, zum Teufel mit dem Geiz, für einen Blumenstrauß, den ich der netten Freundin schenkte.

Die Tage vergingen immer schneller. Die Atmosphäre ringsherum war recht düster, denn die letzten Tage der Allende-Regierung waren gezählt. Die Stimmung in Santiago war entsprechend. Unendlich lange Schlangen warteten vor ein paar noch geöffneten Läden. Jede Nacht fielen nach der Sperrstunde Schüsse. Und dann kam der Augenblick, in dem der Wein knapp wurde – und das in Chile!

Stellen Sie sich vor, der Beaujolais würde zwischen Montpellier und Beaune rationiert! Ludwig XVI. mußte seinen Kopf schon für eine ganz harmlose Sache aufs Schafott legen. Mir wurde nun vollends klar, daß die Tage Allendes gezählt waren. Es wurde Zeit, hier den Anker zu lichten.

Während meines siebenmonatigen Aufenthaltes hatte ich tatsächlich für mein relativ aufwendiges Leben die Traumsumme von 200 Dollar ausgegeben. Es mußte nun endlich Schluß sein mit der Verschwendung, diese Lücken in der Bordkasse!

»In der Höhe von Peru«, meinte André, »gibt es in 30 bis 45 Meter Tiefe Stellen, wo man mit ein bißchen Glück Riesenmuscheln finden und dann an die in Lima wohnenden Amerikaner für 500 bis 1000 Dollar verkaufen kann.« »Donnerwetter!«

Drei Tage später brachen wir auf. Im Kielwasser und der Dämmerung verschwamm Quintero, seine Lichter vermischten sich mit den funkelnden Sternen und verschwanden dann endgültig. Der Mond stand im ersten Viertel.

Wir segelten hoch am Wind. Die TRISMUS schien auf dem schon fast vergessenen Murmeln des Wassers zu tanzen. Es ist schön, wieder an Bord zu sein ...

## Spion? Nein – Schmuggler!

Man kann nicht alle Tage das Glück haben, durch einen Brecher querzuschlagen, in einem Flüßchen in Patagonien Grundberührung zu bekommen oder vom auflandigen Wind zu nah an die Küste gedrückt zu werden. Und wenn mir die Windstille zu sehr auf die Nerven geht, beneide ich manchmal Eric Tabarly. Er hatte das seltene Glück, daß seine PEN DUICK IV von Zeit zu Zeit entmastet wurde. Das bringt wenigstens ein bißchen Abwechslung. Anfangs mag man sich darüber ja noch ärgern, aber welch herrliche Geschichten kann man da hinterher erzählen! Und um so mehr schätzt der Leser dann den beruhigenden Komfort seines Sessels und seiner Pantoffeln.

Für die TRISMUS und ihren Besitzer war die zweiwöchige Tour die Küste entlang von Quintero nach Callao in dieser Hinsicht eine ziemliche Enttäuschung. Sicherlich gab es mal Windstärke 7, ein paar vorwitzige Wellen, gereffte Segel und ein gerissenes Großsegel in einer heftigen Bö. Im großen und ganzen aber nichts Aufregendes.

Wir sahen wieder dieses phosphorisierende, wie Jade glänzende Meer, in dem riesige Tümmler umherschossen und eine Spur von gleißendem Licht hinter sich herzogen. Aber wie gesagt, ansonsten war's nichts Außergewöhnliches, und mit dem total eingeschlafenen Wind kam die TRISMUS ins Rollen, die Segel hingen schlaff herunter.

André war vom Spektakel der Farbenvielfalt völlig überwältigt. Die Nuancen von Seegrün über Oliv bis zum Grasgrün hätten aber auch die Palette eines Malers aus der Fassung gebracht. Es kann auch sein, daß sein Stoffwechsel zusammen mit der Temperatur und dem Auf und Ab der Wellen angeregt wurde und er deshalb an Deck saß und gedankenverloren das Farbenspiel betrachtete. Über die 1000-Dollar-Muscheln haben wir nicht mehr gesprochen.

Ich wiederhole mich – es war eine völlig banale Tour. Was im Gegensatz dazu absolut nicht mehr normal war, war dieser vor mir thronende Mann hinter seinem peinlich aufgeräumten Schreibtisch. Seine Uniform, sein argwöhnischer Blick, mit dem er unter gerunzelten Brauen nach verdächtigen Dingen forschte, sein Ton, seine anfangs freundlichen, doch nach und nach immer brutaler werdenden Fragen.

»Name? Vornamen? Alter? Beruf? Was? Zahnarzt? Was wollen Sie in Peru? Wie lange wollen Sie bleiben? Wieviel Geld haben Sie dabei? Wie lange waren Sie nicht mehr in Belgien? Wie lange in Chile? Warum so lange?« Fährt Ihre Großmutter Motorrad, und steigt Ihre Tante aufs Trapez? – das hätte noch gefehlt. Ich greife hier schon ein bißchen vor, aber übertreibe kaum.

Am Morgen hatte sich ein freundlich lächelnder Leutnant an Bord der TRISMUS vorgestellt, die gerade gegenüber vom Yacht-Club Peruano festgemacht hatte. Erst als er mit unseren Ausweisen und Papieren verschwand, wurde ich ein bißchen unruhig. Meine Befürchtungen waren nicht grundlos, denn eine Stunde später kam er wieder, um uns mit strengem Blick abzuholen. Wir mußten nach einem militärisch knappen »Pronto!« zur Hafenkommandantur folgen – wegen einiger Unklarheiten. Ich glaubte schon die Handschellen in seiner Jacke klappern zu hören. Und nun saß ich sehr unterwürfig seit zwei Stunden in diesem Büro und ließ ein erstklassiges Verhör über mich ergehen.

Glücklich erinnerte ich mich an meine Erfahrungen in solchen Lagen und holte mein Amulett in der Gestalt der sonst so wirksamen Zigarettenmaschine heraus. Doch sie hat meine Lage höchstens noch verschlimmert und blieb an dieser Küste Südamerikas völlig wirkungslos.

»Was sind Ihre Lieblingssportarten?« »Segeln, Schwimmen, Unterwasserjagd, Vogelpik...« Das letzte Wort war mir nur halb herausgerutscht – aber zu spät. Sein Auge glänzte: »Wie, was haben Sie da gesagt? Buchstabieren Sie das bitte.« »Vogelpik. V-o-g-e-l-p-i-k.« »Was ist denn das?« Ich mußte es ihm erklären: Man wirft federgeschmückte kleine Pfeile auf eine an der Wand befestigte Scheibe. In den Kneipen Frankreichs und Englands sehr beliebt und dort auch unter dem Namen Dart geläufig. Bei uns in Belgien nennt man es eben Vogelpik – klare Sache. Doch ich brauchte mindestens zehn Minuten zum Erklären, und währenddessen buchstabierte sich das ein Protokollant alles vor und hackte das Ergebnis in eine noch aus dem Sezessionskrieg stammende Schreibmaschine. Besser, ich hätte den Mund gehalten.

»Und das Foto? Sie haben verschwiegen, daß Sie eine Aufnahme gemacht haben.« Blitzartig verstand ich den Grund dieses Verhörs. Als wir Callao erreichten, ging die TRISMUS dicht am Stützpunkt der Kriegsmari-

ne entlang. Zudem kamen wir aus Chile. Eine alte Geschichte, die noch von 1882 herrührt. Damals hatte Chile die nitratreiche peruanische Atacama-Wüste und einen Küstenstreifen Boliviens annektiert. Und 90 Jahre reichen eben in der Geschichte eines Volkes nicht aus, diese Schmach zu verdauen. Zum ersten Mal verstehe ich nun die Bedeutung der großen Wandkarte über die Aggression Chiles gegen Peru. Vielleicht war auf der Rückseite auch ein Plan mit den Aggressionen Perus gegen Chile abgedruckt? Mit nach Bedarf auszufüllenden Daten?
Der mich verhörende Leutnant brauchte nur den Kopf zu drehen, um sie zu sehen, und schon stieg in ihm ein jahrhundertealter patriotischer Zorn auf. Wenn es ihm mal schlecht ging, machte ihm der Anblick der Karte wieder Mut. Auf beiden Seiten der Grenze scheinen Chilenen und Peruaner nur darauf zu warten, sich gegenseitig an den Hals zu gehen.
Daß noch nichts geschehen ist, ist weniger eine Frage der Bereitschaft als eine der fehlenden Mittel. Aber eines Tages werden sich die Peruaner schon noch eine neue Seite in ihrem Geschichtsbuch füllen – ein neues, berühmtes 14/18, als es um Elsaß-Lothringen ging. Noch hat mich jedoch mein Leutnant in der Mangel, so als gehörte ich der Fünften Kolonne Chiles an. Ich muß also vorsichtig sein. »Fotografieren ist kein Sport, Herr Leutnant.« »Also dann eine Art Zeitvertreib? Fotografieren und das andere?« Mit einer unbestimmten Handbewegung unterstrich er »das andere«.
Draußen schien die Sonne, und durch das schmutzige Fenster drang der Lärm vom Hafen von Callao herüber. Ich zählte meine zwei Olympus-Kameras auf, die Nikkor und die Mamiya mit Tele.
»Teleobjektiv?« Sein Blick war angesichts dieser »Waffenkammer« völlig finster geworden. Es herrschte ein bedrohliches Schweigen. Dann sagte er: »Ich finde, für einen Belgier sprechen Sie gut Spanisch und dazu mit einem chilenischen Akzent. Was sagen Sie dazu?« So ein Schlauberger von Leutnant! Ich hätte ihm erwidern können, daß ich nach siebenmonatigem Aufenthalt in Chile wohl kaum einen anderen Akzent sprechen könne, aber er hätte es sowieso nicht begriffen.
Mit dem Ausdruck einer Katze, der man den Goldfisch weggenommen hat, gab er mir die Papiere zurück. »Vergessen Sie nicht, daß Sie sich an Bord aufzuhalten haben, bis das Verfahren abgeschlossen ist, klar?«

»Selbstverständlich, du taube Nuß, wenn du das glaubst, hast du einen schönen Knall.« Letzteres ist mir wohlweislich in meiner Muttersprache rausgerutscht. Natürlich war das eine völlig kindische, unreife Reaktion, die ich nur wagte, weil ich meine Frechheit sozusagen risikolos anbringen konnte. Aber nach drei Stunden Verhör sind solche Kindereien vielleicht entschuldbar. »Was haben Sie gesagt?« »Ich werde selbstverständlich an Bord bleiben.« War ich mutig! Aber man sollte einen Löwen nicht unnötig reizen. Um so weniger als meine Situation nicht die beste und die Zellen nicht weit vom Büro des Leutnants entfernt waren.

Viel später erfuhr ich von einem belgischen Botschaftsangehörigen aus Lima, daß nach meinem Verhör die Akte vom Marineministerium zum Geheimdienst wanderte, von dort zum peruanischen Außenministerium, das sich wiederum an die Botschaft wandte, um dort Erkundigungen über mich einzuholen. Womit diese Herren so ihre Zeit verbringen ...

Als ich endlich entlassen wurde, hätte ich am liebsten alle Palmen auf der Promenade von Callao ausgerissen und sie auf den Mauern der Stadt zerschmettert – so wütend war ich. Aber das hätte mir nur neue Schwierigkeiten gebracht, und so habe ich darauf verzichtet. Natürlich sah ich Callao jetzt mit ganz anderen Augen. Romantische Seemannslieder besingen ihre Kneipen, aber für mich sind es nur armselige Zufluchtsorte für ein Heer von Trunkenbolden.

Es war die Zeit des Niño, eines warmen Äquatorialstromes, gegen den die TRISMUS zehn lange Tage angekämpft und der den Humboldtstrom seewärts nach Süden abgedrängt hatte. Zur gleichen Zeit verschwanden die Fische und mit ihnen die Seevögel, die sonst zu Zehntausenden die Felsen und die kleinen, der peruanischen Küste vorgelagerten Inselchen bevölkern. Ohne Fische aber kein Fischfang und ohne Vögel kein Guano. Im Hafen warteten ordentlich aufgereiht -zig kleine Schiffe auf die Rückkehr des Humboldtstromes und seines Reichtums.

Nach dem Verhör gab es hier rein gar nichts, was einen begeistern könnte. Und was die Lage noch verschlechterte – die peruanischen Mädchen machen einen weder schwindelig noch risikofreudig. Also trottete ich doch übelgelaunt und maulend an Bord zurück und fühlte mich wie ein Schüler, der nachsitzen muß.

Aber nach kurzem Zögern angelte ich mir aus der Kombüse eine Flasche

Don Matias. André war mit meiner Wahl sehr einverstanden, und wir prosteten uns kräftig zu. Das war auch nötig, um den ganzen Ärger hinunterzuspülen. Als wir beide schon ein recht verträumtes Stadium erreicht hatten, kam der Sekretär des Yacht-Clubs Peruano zu Besuch an Bord. Señor Washington Jordan hatte noch zwei Freunde mitgebracht. Ich erzählte mein Abenteuer, und sie waren voll des Mitgefühls für mich. Aus Dankbarkeit entkorkte ich noch eine Flasche, diesmal Don Luis, die sie mit Begeisterung in sich hineinschütteten. Besonders der eine, Restaurantbesitzer aus Lima, lobte ihn sehr und schnalzte mit der Zunge. Dann kam er zur Sache. Wieviel Flaschen ich denn hätte, und ob ich sie ihm nicht verkaufen wolle? Er schlug sogleich auch einen Preis vor, den ich durchaus interessant fand. Ich machte eine komplizierte Rechnung auf: Dollar in Escudos tauschen, dafür weitere Flaschen Wein besorgen, dafür einen schönen Batzen Escudos einstecken und diese wieder in Dollar zurücktauschen. Das würde zwar Zeit kosten, aber auch ordentlich was abwerfen: 600 Dollar könnte ich auf diese Weise herausschlagen. »O. K.«, sagte ich. Ich bin kein Weinhändler, sondern Zahnarzt, und schließlich hätte ich für die Flaschen auch noch Pfand nehmen können, doch mit so dubiosen Geschäften wollte ich mich nun doch nicht abgeben. Eigentlich muß man zum Händler geboren sein. So etwas kann man nicht lernen. »Prima«, sagte mein neuer Kunde, »nächsten Montag komme ich mit meinem Wagen, und dann machen wir das Schiffchen leer.«

Die Herren von der Kommandantur hatten es mit den Papieren nicht besonders eilig. Nach fünf Tagen kam ein korrekter, aber abweisender Leutnant und reichte mir alle Dokumente wie mit der Zuckerzange zurück. Jetzt durfte ich mich wieder frei bewegen, doch die TRISMUS mußte vor Anker bleiben, bis die Untersuchung abgeschlossen war. Indirekt legten sie mich damit auch an die Kette, doch es war mir egal – jetzt konnten sie mir mal den Buckel runterrutschen. Schließlich standen mir mit den Papieren die Türen zur Hochebene, zum Titicaca-See, nach Bolivien und dem oberen Amazonas offen.

André fand meinen Vorschlag nicht gut. Er kannte das schon alles: sechs Monate Mato Grosso und noch mal die gleiche Zeit in der Hochebene – er lehnte dankend ab. Das war ihm zu anstrengend.

Ich zog mit ein paar Dollar los. »Mach dir keine Sorgen«, sagte André, »sobald dein Kunde die Flaschen bezahlt hat, schicke ich dir eine Zahlungsanweisung nach Cuzco oder nach Iquitos.« »Na, toll!« Gleich am nächsten Morgen zog ich mit dem Zug los – für zwei Monate.

## Im Land der Coca-Blätter

Ein kleiner Bummelzug keucht über die peruanische Hochebene, hält an jedem Busch, gerät an den Kordilleren-Hängen völlig aus der Puste, bleibt vor der kleinsten Kurve stehen, um sich zu verschnaufen, setzt sich dann tapfer in Bewegung und steigt und steigt nach oben. Unser kleiner friedlicher Zug erschaudert jedesmal, wenn internationale Schnellzüge an ihm vorbeidonnern. Hinter deren Scheiben erkennt man schemenhaft Yankee-Touristen in gepolsterten Abteilen, die uns Eingeborene anstarren.

Der kleine, wahnwitzige und nicht eilige Zug erklimmt wie ein Asthmatiker Stufe für Stufe ein Plateau nach dem anderen und stürzt plötzlich wieder laut prustend abwärts. Ob er Bremsen hat? Ob sie funktionieren? Schwungvoll durchfährt er ein Tal, durch das ein eisiger Wind von den Gipfeln pfeift. Auf kargen Berghängen kauen schmollende Lamas mit spitzen Ohren das harte Gras wie die Amerikaner ihren Kaugummi.

Seit Tagen, in denen wir nur in einsamen Dörfern angehalten haben, wird die Vegetation immer karger. Die Bäume sind verschwunden, erstickt an Sauerstoffmangel, nur dünnes Gestrüpp findet man noch in diesen Höhen.

Doch noch mehr als diese wilde Landschaft begeistern mich meine Reisegenossen und ihr Spektakel. Die Abteile quellen über von Körben und Kartons. Am interessantesten aber fand ich die Frauen, die meist von enormer Körperfülle waren. Um ihre kräftigen Waden bauschten sich Unmengen von Unter- und Überröcken, ihre Schultern hatten sie mit bunten Umhängen bedeckt. Sie trugen mit großer Würde die seltsamsten Kopfbedeckungen, von Melonen aus Filz über an der Krempe bestickte schwarze Chapeau-Claques bis zu weißen Zylindern aus Pappe. Wenn der Zug über eine Weiche rattert, bewegen sie sich wie Figuren aus Gelatinepudding. Unermüdlich dreht sich ihr Knäuel Lamawolle, das sie sich unter die Achsel geklemmt haben. Sie spinnen ohne Unterlaß und unterbrechen ihre kunstvolle Arbeit nur, um ab und zu gedankenverloren einen riesigen Maisfladen zu verputzen. Und mit der gleichen Selbstverständlichkeit öffnet eine von ihnen ihre Wollbluse, um ihrem Säugling die Brust zu geben. Nebenbei wickelt sie unermüdlich weiter ihr Wollknäuel und ißt ihre Fladen. Neben diesen Frauen kommen einem die Männer ganz verloren vor, sie wirken sehr schmächtig vor den Schatten ihrer riesigen Begleiterinnen, die sie nahezu erdrücken. In ihren geflickten Ponchos, ihren ausgebeulten, nur bis zu den Knöcheln reichenden Hosen sitzen sie da und träumen. Die bunten Wollmützen sind tief ins Gesicht gezogen, ihre nackten Füße stecken in einfachen Sandalen. Manchmal holt einer von ihnen seine Quena hervor, und der Singsang dieser mundstücklosen Flöte vermischt sich mit dem Lärm des Zuges.

Der Andenzug schiebt sich an Schneeverwehungen vorbei, kämpft sich mit viel Mühe durch ganze Schneefelder und hält bisweilen vor verstreut an der Bahnlinie liegenden Häuschen. Kleine Dörfer, Hütten tauchen aus dem Nichts auf und wirken in diesen Höhen völlig verloren. Wie durch ein Wunder tauchen plötzlich zwei Frauen auf und verkaufen mir auf einem Stück Einwickelpapier etwas Lama- oder Schweinefleisch, zusammen mit einer gewürzten Kartoffel. Ich habe mich höchst oft so einfach verpflegt, und es war immer gut.

Plötzlich, in total eisiger, klarer Luft, wo die Berge zum Greifen nahe erscheinen, steigen die Reisenden aus. Die Frauen hocken sich nieder und breiten um sich ihre Röcke aus, wobei sie aussehen wie riesige Blüten auf dem Bahndamm. Die Männer, immer noch schweigend, leeren ein Glas Chita, einen scharfen Schnaps.

Die Lok pfeift, und es geht weiter. Auf den Fußtritten hocken die Zuspätgekommenen, aber der Andenzug fährt nie schnell.

Nach einer Woche geht es mir langsam wieder besser. Meine Übelkeit, hartnäckige Kopfschmerzen und Atemnot, typische Erscheinungen in dieser Höhe, sind verschwunden. Sie überfielen mich damals schlagartig, als ich über den Markt von Puno bummelte. Ein Indio bot mir höchst verlockende Dinge an: alte Goodyear-, Firestone-, Michelin-Reifen. Man wählt eine Marke, ein bestimmtes Muster, stellt seinen nackten Fuß auf ein Stück Gummi, und der Künstler schneidet genau nach Maß aus, bringt vier Riemen an und fertig ist der Schuh! Maßschuhe für einen halben Dollar! Wenn man an den Ampeln, die es hier übrigens nicht gibt, nicht zu wild anfährt, vorsichtig bremst und nicht zu schnell in die Kurven geht, hat man sie frühestens erst nach 60 000 Fußmeilen abgelaufen.

Ich zögerte zwischen dem Regen- und Schneeprofil eines guten alten Goodyear-Reifens, als mir plötzlich total schwummerig vor den Augen wurde. Ich mußte mich auf den Bordstein setzen, Markt, Mauern, Einwohner von Puno tanzten mir vor Augen, und in meinen Ohren zirpten alle Grillen der Hochebene.

Ich lehnte mich gegen einen Verkaufsstand und stützte den Kopf auf. Ein dämlicher Zustand! Ein paar Schritte vor mir hockte ein schwarz-blauer Geier mit eklig nacktem Hals und blickte mich lüstern an. Mein Zustand hielt an, und der Geier schien nur noch zu warten . . .

Der Schuhmacher betrachtete mich beunruhigt, der Geier hockte mit seinem berüchtigten Blick auf einem Stein und schien die umherwimmelnden Marktbesucher gar nicht wahrzunehmen. Nach einer Weile sprach mich der Indio an: »Du bist höhenkrank. Nimm das hier.« Er zog einen kleinen Plastiksack aus seiner Hosentasche und nahm einige kleine Blättchen heraus. Drogen? Ich zögerte. »Coca, probier's. Das hilft in deinem Fall.«

Ein bißchen aus Neugierde, ein bißchen wegen der mir arg zusetzenden Übelkeit, aber vorwiegend, um meinen Indio nicht zu verletzen, nahm ich schließlich seine trockenen Blättchen. Ich kaute sie weich, und ihr Geschmack erinnerte mich an den Mate-Tee, den ich das Jahr vorher auf der anderen Seite des Kontinents, in Uruguay, getrunken hatte.

Es war der gleiche bittere Geschmack und machte vorübergehend die Schleimhäute völlig unempfindlich. Sobald sich die Blätter zu einer kleinen Kugel formen lassen, schiebt man sie zwischen Wange und Zahnfleisch. Dort gibt sie dann langsam ihren bitteren Geschmack ab.

»Geht's jetzt besser?« Ich fühlte mich tatsächlich wohler – Zufall? Einbildung? Jedenfalls hörten nach ein paar Minuten Markt, Stadt, Passanten auf, vor meinen Augen zu tanzen und nahmen wieder ihren richtigen Platz ein. Langsam konnte ich auch die Gesichtszüge meines

Heilpraktikers klar erkennen. Der enttäuschte Geier hatte sich davongemacht und tröstete sich weiter hinten mit einem Abfallhaufen.
Mit leichtem Schritt und neuen Goodyear-Sandalen eroberte ich nun ohne Kopf- und Ohrensausen den Markt von Puno. Mein wiedergewonnener Schwung hätte mich mühelos bis zu den Kordilleren getragen. Coca – das muß man verstehen! Ich jedenfalls verließ den Markt nicht ohne ein gut gefülltes Säckchen von diesen kostbaren Blättchen. Und zunächst habe ich mich reichlich bedient. Doch nach und nach hatte sich mein Organismus an die Höhe gewöhnt, und ich brauchte sie immer seltener. Später hing ich mir das Coca-Säckchen als Talisman um den Hals. Er hat dann ein Stückchen zu meinem unsterblichen Ruhm beigetragen.
Es war im Zug nach Lima, als wir gerade einen Paß in 5000 Meter Höhe erklommen. Ein verzweifelter Tourist sprang aus dem Erster Klasse-Abteil heraus und schreckte mich auf: »Ein Arzt, ist hier jemand Arzt?« Eine schon betagte Engländerin lag auf der Bank in ihrem Abteil und rang nach Luft. Sie war schon so blau, als wäre eine Sauerstoffmaske ausgefallen. So etwas passiert eben in Peru. Ich habe ja ein-, zweimal darauf hingewiesen, daß ich nicht Arzt, sondern Zahnarzt bin. Außerdem hatte ich mit meinen ausgewaschenen Jeans, dem Robinson Crusoe-Bart und meinen nackten Füßen in den Goodyear-Latschen durchaus nicht das vertrauenerweckende Aussehen meiner Fachkollegen. In dem Durcheinander bemerkte Gott sein Dank niemand meinen Aufzug, und so konnte ich meiner Patientin ungehindert ein paar Coca-Blätter in den Mund schieben.
Nach einer viertel Stunde hätte sie mich schon wieder zum Tanzen auffordern können. Allerdings nur eine Vermutung meinerseits, denn sie tat es nicht. Aber ein Schwall von Dankbarkeitsbekundungen ergoß sich über mich. Ihr Erlebnis wird später sicherlich beim Fünf-Uhr-Tee Freunde und Bekannte in Atem halten.
Aber – wie gesagt – dieser Zwischenfall ereignete sich erst später. Im Moment hatte ich meinen Priem im Mund, spuckte alle fünf Meter energisch aus und betrachtete mit frohem Herzen die riesige, glasklare Fläche des Titicaca-Sees, in dem sich der Schnee weit entfernter Berge widerspiegelte.

## Fröhliches Picknick auf den Gräbern

Über das glatte Wasser des Titicaca-Sees war gerade das letzte Speed-Boot gerast und hatte mit schäumendem Kielwasser die Insel verlassen. Der lästige Motorenlärm wurde langsam immer schwächer und erlosch bald ganz. Langsam kamen die ersten Vögel zurück, die das vorbeiflitzende Boot verscheucht hatte, und tauchten auf dem ruhiger werdenden Wasser nach Nahrung. Eine friedliche Abendstimmung breitete sich über dem See aus.

Im letzten Glanz der Abendsonne war der Himmel pastellfarben getönt. Das Hellblau, Schwachrosa, ein langer Streifen Malve und ein verschwommenes Graurosa schienen wie von der Palette des großen Farbkomponisten Whistler. Im letzten Licht der Sonne war der Himmel mit orangefarbenen Streifen überzogen.

Dann verschlang die Nacht den See, und nur noch einen kurzen Augenblick lang erstrahlte ein schneebedeckter Gipfel glutrot, bis auch er erlosch. Es war so schön wie ein Kulturfilm im Kino.

Als ich mich endlich erhob, bewegte sich der Boden der Insel leicht. Die Touristen, die immer zu viert mit dem Speed-Boot von Puno zu diesem Uro-Dorf gebracht wurden, sind sicher voll zufrieden zurückgefahren. In ihrem Reiseprogramm war besonders darauf hingewiesen worden, daß sie um nichts in der Welt den Besuch bei den Söhnen der Sonne verpassen dürften.

Man stelle sich vor: Die Uros sind Nachfahren von Manco Capac und leben heute, in der Zeit vollautomatischer Geschirrspüler, wie ehedem auf den schwimmenden Inseln des Titicaca-Sees. Die Touristen waren kaum vom Boot, da klickten schon die Verschlüsse, und es wurden Bilder in jeder Richtung geschossen. Von der Landschaft konnten sie nur kurz einen rechtwinkligen Ausschnitt durch das Objektiv sehen, denn dann wurden sie wieder im Galopp auf das Speed-Boot gehetzt. Im Flug haben sie schnell noch eine Uro-Mama in besonders fotogener Kleidung geknipst, die tatsächlich die Frechheit besaß, sich für ihre Gunst zehn Soles, die kleinste peruanische Währungseinheit, bezahlen zu lassen!

»25 Cents, stellen Sie sich vor, sie hat sich doch glatt einen Vierteldollar für ein Foto geben lassen, unglaublich!« Man reagierte gereizt. Speed-

Boot, Speed-Reisende, Speed-Fotos, Speed-Eindrücke – ein Maximum an Reisen in einem Minimum an Zeit.
»Wie ist denn das eigentlich mit den Uro-Dörfern?« »Weiß ich nicht mehr so genau, wir haben so viel gesehen, aber ich hole mal die Dias ...« Warum eigentlich nicht? Jeder ist eben so, wie er es versteht, oder wie er es kennengelernt hat. Man sollte sich besser nicht darüber lustig machen, wenn diese Leute keine Zeit haben, in Ruhe die Umgebung in sich aufzunehmen. Früher war ich nicht anders.
Hinter einer Wand von riesigem Schilf flackerten in der Nacht die Feuer neben den Hütten. Ein paar junge Leute suchten mich schon: »Patricio, wir wollen wieder Reise nach Jerusalem spielen!« Das ist bei den Uros zur großen Mode, fast schon zur Besessenheit geworden. Welch glücklicher Einfall meinerseits, als ich ihnen gleich am ersten Abend dieses Spiel beibrachte! Unglaublich, mit welcher Begeisterung und kindlicher Freude Alte und Junge mit von der Partie waren. Und ich hörte schon ihre Pusamoreno, diese kleine Pan-Flöte aus zehn unterschiedlich langen Schilfrohrteilen, die unser Spiel ankündigt. Bald wurde alles von einem unversiegbaren Lachen übertönt. Wie sie auf einmal stoßen und drängen, wenn die Flöte plötzlich verstummt! Sie sind nicht mehr diese starren und stummen Silhouetten mit ihren abweisenden Gesichtern, denen auch die zehn Soles der Speed-Touristen kein Lächeln entlocken können. Leider habe ich ihnen in den fünf Tagen meines Aufenthaltes nicht noch ein paar Lieder beibringen können. Aber mich tröstete mein Wissen, daß ich sie mit meinem Spiel lachend zurückgelassen habe. Bisweilen ist ein Studium eben doch zu etwas nütze. Die fünf Tage aber waren viel zu kurz.
Von den etwa 40 Dörfern, die über den Titicaca-See verstreut liegen, habe ich nur einige besuchen können. Sicherlich ähneln sie sich alle, und das tröstete mich wieder. Diese Dörfer werden auf einer kleinen Erhebung errichtet, auf der das bis zu fünf Meter hoch wachsende Schilf besonders üppig wuchert. Der Boden wird mit mehreren Schichten von abgeschlagenem Schilf, hier Totora genannt, bedeckt, und schon ist eine neue Insel entstanden oder ein neues Dorf. Neue Schilfhütten werden errichtet, in denen neue Feuer aus Schilf entzündet werden, kleine Boote aus Schilf mit Segeln aus Schilf gebaut. Wenn der Wasserspiegel steigt,

fängt die Insel langsam an zu treiben, so, wie ich es an jenem Abend erlebte. Aber bevor die Hütten vom Wasser überschwemmt werden, dichtet man mit neuen Schilfbündeln das ganze Dorf ab.
Die Totora ist nahezu eine Wunderpflanze und dient als Baugrund, Behausung, Transportmittel, Nahrungsmittel – wegen der saftigen Wurzel –, als Heilmittel und schließlich als Brennmaterial.
Das hier abgeschlagene Rohr benutzte Thor Heyerdahl zum Bau seiner RA. Seit Jahrhunderten werden die kleinen Boote der Uros in den drei- oder vierhundert »Niederlassungen« des produktivsten Schiffbauplatzes der Welt hergestellt. Ich hatte Gelegenheit, beim Bau dabeizusein. Das war weder Glück noch Zufall, denn diese Boote haben nur eine kurze Lebensdauer von einigen Monaten, und jede Familie baut sich ihr Boot selbst. Deshalb sind auf den 40 Inseln auch immer mehrere im Bau.
Die Konstruktion ist höchst einfach. Vier große, leicht gebogene, starke Rohre werden eng miteinander verbunden, dann wird eine Art Mast eingesetzt, der nur leicht verstagt ist, dazu kommt ein Segel aus dünnen, geflochtenen Schilfrohren, die am Abend gleichzeitig als Windschutz für das Feuer benutzt werden – fertig.
Die ganze Arbeit ist in drei bis vier Tagen beendet. Nicht zu vergessen allerdings eine Art Wriggloch, in das ein Riemen zum Wriggen eingelegt wird. Das ist aber wirklich alles. Da die Boote, wie gesagt, höchstens vier Monate gefahren werden können, müssen auf der »Titicaca-Werft« täglich bis zu 20 von ihnen von Stapel gelassen werden.
Mit ihrer Takelage ist das Segeln am Wind allerdings ein bißchen problematisch. Doch wenn es gar nicht geht, rollen sie das Segel ein und wriggen. Normalerweise kommt mit der Morgendämmerung ein leichter Westwind auf, der dem Sonnengang in entgegengesetzter Richtung folgt, so daß er dann in der Abenddämmerung aus Osten weht. Man muß seinen Weg also nur nach dem Gang des Windes abstimmen. Mit achterlichem Wind allerdings gleiten die Boote nur so dahin und erreichen fast sechs Knoten. Als ich mit einem Uro, dessen Name ich leider vergessen habe, mit schönem achterlichen Wind nach Puno fuhr, mag das Boot sogar sieben Knoten erreicht haben.
Das war am Feiertag der Jungfrau von Candelaria. Die ganze Stadt war auf den Beinen. Wie immer in Lateinamerika sind solche Feiern eine

Mischung aus sakralem und heidnischem Brauchtum, auf die Choräle folgen Karnevalsfanfaren und auf den Gottesdienst ein Jahrmarkt auf dem Friedhof.

Ich hockte auf einem nicht zu frischen Grab und verbrachte einen sehr schönen Nachmittag auf dem Friedhof von Puno. Das Wetter war herrlich. Zwischen den Gräbern spazierte eine bunte Menge umher: Männer in ihren zu engen Sonntagsanzügen, Frauen mit ausgefallenen, neuen Kopfbedeckungen und ihren schönsten Umhängen in grellen Farben. Die meisten kamen zum Picknick, lehnten sich gegen die Kreuze und futterten mit größtem Appetit. Sie alle waren ebenso sorglos wie Sonntagsspaziergänger im Frühling, die den Wald nach Maiglöckchen absuchen. Sie breiteten ihre mitgebrachten Speisen unbekümmert auf dem Grab des Großvaters aus, so, als würde man zum Jahreswechsel Tante Amelie bei Kaffee und Kuchen die besten Wünsche überbringen. Es war eben die Allerheiligen-Feier auf Inka-Art, ein heiterer Tag zu Ehren der Toten. Die Männer, inzwischen mit leicht verschwommenem Blick vom Schnaps, holten vereinzelt ihre Flöten hervor und spielten gedankenverloren irgendeinen Singsang. Von Ferne antwortete ein Horn, und neben mir intonierte ein blinder Harfenspieler eine melancholische Melodie, ohne sich von den anderen stören zu lassen.

Lachende Kinder spielten auf den Gräbern. Als dann die Nacht hereinbrach, warf das flackernde Licht der Kerzen riesige Schatten. Bald sah der Friedhof aus wie ein funkelnder Sternenhimmel. Für einen Tag schienen die Toten wieder am Leben teilzuhaben.

## Die Drogenpilger

»You want a hit?« Der Joint ging von Hand zu Hand, bis er wieder beim ersten angekommen war. Der nahm einen tiefen Zug, hielt den Atem an und blies dann ganz langsam aus. Sein Blick streifte zwei Geier, die auf dem festgestampften Boden unruhig hin- und hertrippelten.

In der kalten Sonne von Cuzco saßen wir zu sechst, darunter zwei Mädchen, am Fuße einer alten Inka-Mauer. Sie glaubten, in mir einen der Ihren getroffen zu haben, und so setzten wir uns zusammen und sprachen miteinander.

»Woher kommst du?« »Belgien. Und du?« »San Diego.« »Seattle.« »Seattle.« »Houston.« Amerikaner also, umherziehende Drogensüchtige, die aus den gleichen Gründen nach Lateinamerika gegangen waren wie zuvor nach Katmandu. Ich konnte aus ihren matten Gesichtern kein Alter ablesen. Vielleicht waren sie 18, vielleicht auch 28.
Bevor sie nach Kolumbien gingen, sind sie quer durch Mexiko gezogen, wo die hektargroßen Cannabis-Felder preiswerte Vorräte garantieren. Hier in Peru wollten sie nun länger bleiben; für einige wird es aber auch die letzte Station der Reise sein, denn Marihuana ist in Peru besonders rein und stark, und viele andere Drogen gibt es fast umsonst.
Nach Wochen oder Monaten brechen die Widerstandsfähigsten von ihnen auf, überqueren den Äquator, wo es außergewöhnliche Pilze geben soll, die außergewöhnliche Halluzinationen hervorrufen. Nach dieser äußerst beliebten Etappe ziehen sie weiter nach Bolivien, dem gelobten Land des Kokain. Aber Kokain ist schwer zu beschaffen. Aus diesem Mangel heraus machen sie Bekanntschaft mit einer seltsamen Mischung von Coca-Blättern und einem säuerlich schmeckenden Stein, den sie lutschen und der im Mund eine dem Kokain ähnliche chemische Verbindung eingeht. Ich habe es probiert, fand es aber nicht gut. Die Betäubung der Mundschleimhäute war unangenehm. Beaujolais ist mir da lieber.
Warum ich mich zu ihnen gesellt habe? Ich wollte sie einfach kennenlernen. Genauso setzte ich mich neben Domingo in der Bucht von Anakena, neben den Alten in Juan Fernandez, neben die Reisenden im Andenzug und überhaupt neben alle, die ich seit bald drei Jahren getroffen, kennengelernt und wieder verlassen habe. Ich wollte sie verstehen, versuchte es wenigstens, aber diese Leute hier konnte ich überhaupt nicht begreifen . . .
»Haut ab, ihr Schweine!« Einer von ihnen wachte gerade aus seiner Trance auf und war plötzlich völlig grundlos zornig geworden. Er warf einen Stein nach uns, der die Geier hochscheuchte, die sich langsam und mit einer großen Staubwolke in Bewegung setzten. Wann wird er rosa Elefanten und die Inka-Mauern umstürzen sehen?
Die heilige Stadt der Inkas, Cuzco, ist zum Zentrum dieser Menschen geworden. Das schließt die »Drogenwanderer« ebenso ein wie die, die nur mit dem Rucksack durch die Gegend streifen. Cuzco hat enge

Gäßchen, die sich an die unregelmäßigen Bodenerhebungen anschmiegen. Kolonialhäuser mit Schieferdächern, geschnitzten Balkonen und weiß gekalkten Mauern, die oft direkt vor die alten Inka-Mauern gesetzt wurden. Eine Kultur ist auf die andere aufgepfropft worden, bis eines Tages beide völlig erstarrt waren. Kleine, schattige Plätze und die majestätische Nähe der Anden, auf deren Höhen die Festung Sacsahuaman liegt, machen den Reiz von Cuzco aus. Meine flüchtigen Bekannten, die sich mit zittriger Hand gerade einen neuen Joint drehten, sind sicherlich niemals bis auf die Festung gestiegen. Ich habe sie verlassen, und wahrscheinlich haben sie mich überhaupt nur schemenhaft wahrgenommen und sofort wieder vergessen.

Ich bummelte umher und wartete auf den Postzug aus Lima. Hoffentlich sagt man mir am Schalter für postlagernde Sendungen nicht schon wieder: »Nada – nichts.«

Mein Geld ist nahezu alle und reicht nicht mehr für die Fahrt zum Machu Picchu. Außerdem ist mir die Lust auf diese Orte, deretwegen ich die lange Reise gemacht habe, völlig vergangen. Nicht, daß dieses Spektakel von Ruinen und Harmonie und dieser einst nur nach Schönheitskriterien ausgewählte Platz mich nicht beeindruckt hätten! Die stufenförmig angelegten Terrassen an den Felsen, die abendlichen Nebelfetzen und das Pfeifen der Schnellzüge aus Urubamba 1000 Meter tiefer – nichts vermag mehr Träume und Gefühle zu erwecken als diese ungeheure Landschaft.

Aber all das wird durch den Tourismus versaut, der den Preis für ein Glas Wasser auf die Höhe von Champagner getrieben hat, der Eintritt zum Machu Picchu kostet bereits soviel wie eine Theaterkarte für die erste Reihe bei uns. Wie kann man noch Machu Picchu genießen, wenn sich ganze Herden von keuchenden Touristen über die Terrassen ihre Entzückensschreie zurufen. Mit einer energischen Handbewegung – please! – fordern sie einen auf, aus der Linse zu gehen, weil das die Aussicht stört und das Dia möglicherweise verderben könnte.

Ebensowenig kann ich mich im Königlichen Museum zu Brüssel in ein Breughel-Gemälde versenken, wenn neben mir die Fremdenführerin einer Touristengruppe dessen Metaphysik erklärt. Eigentlich kann man da nur noch Scheiße sagen.

Ich hatte davon geträumt, an einem Abend meinen Schlafsack auf einer Terrasse ausrollen zu können und im Gezirpe der Grillen auf die Nacht zu warten, über den Mauern von Machu Picchu den Mond aufgehen zu sehen und mit dem Morgengrauen, wenn die Geier ihre ersten kleinen Kreise ziehen, wieder aufzustehen, mich von der Ruhe dieser Stadt ganz durchdringen zu lassen und zum Geräuschpegel von Urubamba in meiner Phantasie wieder Leben in die verlassenen Häuser einkehren zu lassen.

Das war mein Wunsch, aber man hat mich von hier vertrieben. Wanderer sind hier eben schon sehr lästig, und morgen wird es in Juan Fernandez und bei der angeblichen Robinson Crusoe-Grotte ebenso sein. Da kann ich nur resigniert wiederholen, was ich schon oben dazu gesagt habe: Scheiße!

Es bleiben mir nur die Kirchen, die es allerdings so reichlich gibt, daß sie in den Reiseführern nicht mehr aufgezählt werden. Aus dem Schatten huschte gerade ein Indio in seinem abgeschabten Poncho in die Kirche. Ich beobachte ihn, wie er an dem aus Zedernholz geschnitzten Chor vorübergeht, das Glas einer Reliquie demutsvoll küßt, vor einem massivsilbernen Altar niederkniet und mit nach oben gerichtetem Blick ein Gespräch mit dem großen, vergoldeten Jesus beginnt, vor dessen Füßen er sich niedergeworfen hat. Es ist schon ein richtiges Gespräch, denn der Indio schlägt sich an die Brust, weist mit der Hand auf einen unsichtbaren Dritten und untermalt mit wilden Gesten, was ich für seine Wünsche und Bitten halte. Bisweilen verstummt er, wartet auf eine Antwort von seinem regungslosen Gesprächspartner. Ob er wohl jemals gehört wird? Nach einem Moment des Wartens fährt er noch heftiger fort und klopft manchmal mit dem Finger gegen die Vitrine, um seinen zerstreuten Christus um mehr Aufmerksamkeit zu bitten. Aber der hat sich ja um so viele Sachen zu kümmern.

Ich stehe hinter einem Pfeiler, höre ihm zu, verstehe ihn aber nicht. Es sind jedoch nicht alle so mutig und redselig wie mein Indio. Diese Menschen bedienen sich dann eines Responso, eines beauftragten Mittlers, der mit Christus Kontakt aufnehmen soll. Dieses Schauspiel ist recht ergötzlich, weil es alle Intimität und Inbrunst verloren hat. Der Responso ist ein Fachmann und mit Christus gut bekannt, deshalb richtet er sein Wort an ihn mit der Vertrautheit aber auch mit der Autorität eines alten Bekannten. Nach jedem seiner Gebete, die wegen des besseren Effekts mit lateinischen Worten und einem kräftigen Amen schließen, unterbricht sich der Responso. Dann kommt der bis dahin abseits stehende »Kunde«, legt ein weiteres Geldstück in die ausgestreckte Hand und flüstert ein paar wichtige Empfehlungen in das Ohr seines Vertrauten. Und als hätte man ein Geldstück in die Juke-Box geworfen, nimmt unser patentierter Beter seine Litanei wieder auf.

In Cuzco muß dieser Beruf höchst lukrativ sein. Ich habe leider nicht in Erfahrung bringen können, ob die Priester über ihre Konkurrenz sehr erfreut waren.

Dann wurde es wieder Zeit, nach meinem Brief zu fragen. Der Postvorsteher kannte mich bereits. Jedesmal, wenn ich an seinen Schalter kam, machte er die Arme auseinander: »Nada – nichts.« Heute wieder das Gleiche!

Ich hatte gerade noch 21 Soles in der Tasche, sechs für mittags, sechs zum Abend, und als ich mich wegen der beißenden Kälte ins Bolivar-Hotel begab, wo die Zimmer pro Nacht 30 Soles kosten, fehlten mir schon 21. Ich war mir unsicher, ob sie Kredit geben würden. Und morgen?

Die Pazifikküste, Callao, André und die TRISMUS sind Hunderte und Aberhunderte von Kilometern entfernt – ganz hinten, im Tal der Kordilleren. Die Zeit war gekommen, Maßnahmen zu ergreifen.

## Der Skipper geht betteln

Der erste, den ich ansprach, war Amerikaner und sah ziemlich intelligent aus. Entsprechend der Meinung in Europa und besonders in Frankreich sind solche Wesensmerkmale unvereinbar oder höchstens ein seltener genetischer Zufall. Ich behaupte aber, daß ein intelligenter Amerikaner ein weitaus häufigerer Fall ist, als wir das in unserem intellektuellen Rassismus überhaupt zugeben können. Eine Zufallsauswahl in Kalifornien oder Brabant, in Minnesota oder Burgund würde zweifellos die gleichen Ergebnisse bringen. Wie auch immer – mein Modell war groß, jovial, um die 60 Jahre alt und leicht alkoholisiert. Er hörte meiner Geschichte interessiert zu, holte aus seiner Hosentasche 100 Soles hervor, klopfte mir auf die Schulter und reichte mir mit großer Geste das Geld: »Good luck, boy!« Dann schloß er sich wieder einer Gruppe schnatternder Ehefrauen an, von denen die eine den Kopf voller weinroter Lockenwickler hatte. Ich liebe weinrot.

Bisher hatte ich noch nicht die Gelegenheit gehabt, Sie darüber zu informieren, daß ich ja eigentlich kein Bettler bin, sondern Zahnarzt. Aber es gibt eben unglückliche Konstellationen, und weder füllt einem der Stolz den Magen, noch hält einen allein die menschliche Würde warm, wenn in 3500 Meter die Sonne untergegangen ist. Habe ich überhaupt gebettelt? Das frage ich mich jedenfalls immer wieder und habe mir bisher diese Gewissensfrage noch nicht richtig beantworten können. Man sollte es vielleicht als Bitte um eine Gefälligkeit umschreiben, das ist eine wichtige Nuance, die mich von Bettlern trennt.

Meine Art zu betteln erfordert jedenfalls eine erworbene oder instinktive Kenntnis einer günstigen Ecke. Zum Beispiel ist der Standort gegenüber großen Hotels besonders geeignet. Zudem braucht man auch psychologisches Fingerspitzengefühl bei der Auswahl eines »wertvollen« Gesprächspartners, der einem schon vom äußeren Habitus eine gewisse Neugierde und einen frischen Verstand signalisieren muß. Intelligenz braucht man sowieso. Dazu kommt eine gute Redegabe, um mit geeigneten Worten eine plausible Geschichte zu formulieren, und ein offener Blick und ein freches oder zumindest selbstsicheres Auftreten.

Hierfür habe ich durch die beliebte Sendung »Achtung – Versteckte Kamera!« sehr viel lernen können, und seitdem ich in Cuzco war, bin ich von der hilfreichen Wirkung des Fernsehens überzeugt. In aller Bescheidenheit darf ich vielleicht sagen, daß meine Rede wirklich meisterhaft war und unleugbare Wahrheitsliebe und höchst poetische Fiktion auf das harmonischste verband.

Von einer Sekunde auf die andere werde ich zum Völkerkundler, meine Latschen, Blue Jeans und Rucksack sind plötzlich gar nicht mehr nach meinem Geschmack, sondern nur Zugeständnisse an meine wissenschaftlichen Tätigkeiten, denn in solchem Aufzug bekomme ich schnelleren Kontakt zum einfachen Volk. Schließlich erwarte ich einen Scheck, der bis jetzt nicht angekommen ist. Könnten Sie mir, Monsieur (oder Madame), wohl über diese unglückliche Situation hinweghelfen?

Ich habe eben nicht einfach gebettelt, sondern um eine Dienstleistung nachgesucht, die man sich unter anständigen Leuten einfach gewährt. Natürlich habe ich meine Gesprächspartner auf die TRISMUS eingeladen, falls sie in den nächsten Tagen nach Callao kommen sollten. Den Namen TRISMUS habe ich nur so am Rande erwähnt, weil er eben wie »Völkerkunde« und »Inkas« eine große Ausstrahlungskraft hat.
So ließen die Leute sich wenigstens nicht lumpen, schließlich bietet man einem völkerkundlichen Yacht-Eigner keine schäbigen fünf Soles an. Sie gaben mir sogar beträchtlich mehr, als sie einem beschämten Bittsteller, der seit zwei Wochen seine Kinder nicht mehr vernünftig ernähren konnte, gegeben hätten.
Ich habe sogar zwei auf Ethnologen besonders scharfen Amerikanern ihre Einladung zum Essen ausgeschlagen. Denn da wäre mein Verdienstausfall zu groß gewesen. Jedesmal wollte ich mir die Adressen meiner Kunden geben lassen, um ihnen die geliehene Summe zurückzahlen zu können, aber sie haben das heftigst abgelehnt. Amerikaner haben eben Lebensstil.
Während dieser zwei Tage habe ich oft an den Cousin gedacht. Mit seinem romantischen Aussehen wie ein kubanischer Guerillero, seinen funkelnden Augen, seinem Oxfordakzent, mit dem er die Leute veralbern wollte, und vor allem seinen Handküssen, hätte er die Lockenwickler-Amerikanerinnen sicherlich zutiefst erschüttert und in der gleichen Zeit bestimmt die Rücklagen für einen Caravelle-Flug zusammenbekommen. Aber er war eben nicht dabei, und mir ging's vor allem darum, mit den Leuten Kontakt zu bekommen.
Es dauerte nicht lange, dann hatte ich mir schon ein paar Notgroschen zur Seite gelegt, was mich fast ein bißchen beschämte. Aber auch dagegen war schnell Abhilfe zu schaffen: Ich ging in ein Restaurant speisen, wo ich sicher war, niemanden meiner Spender zu treffen, und nahm mir im Hotel Bolivar ein Zimmer für 40 Soles, fast ein ganzer Dollar. Verrückt...
Am nächsten Tag hatte ich noch genug Geld in der Tasche, um mir eine Fahrkarte bis zur Pazifikküste zu kaufen. Es wurde Zeit, mich wieder um die TRISMUS und meinen Weinkäufer zu kümmern. Ich ging also zum Bahnhof, und nach geraumer Zeit befand ich mich auf der anderen Seite

der Kordilleren, und zwar in Pucallpa, in der Amazonasregion. Ich war mitunter irrsinnig schusselig ...

Als Docker am Amazonas

Bei kurzen Zwischenlandungen, an einer Bartheke, an den Hafenkais, eigentlich überall trifft man auf höchst erstaunliche Exemplare der Gattung Mensch. Seit drei Jahren habe ich auf meinem noch nicht sehr weiten Reiseweg Abenteurer, Händler, Missionare, Traumtänzer und ziellos Umherirrende kennengelernt.

Nichts hat mich damals so sehr beeindruckt wie der Mann mit seiner friedlichen Stimme, die mich auf dem Weg seiner Spinnereien folgen ließ. Zugleich war dieses Mitglied der Adventistensekte aber auch ganz realistisch. Hose und Hemd waren peinlich sauber, und sein klares Gesicht verriet den Eiferer. Wirklich waren auch die Bungalows der anderen Adventisten-Mitglieder, die entspannt wirkenden Familien und die in gepflegten Gärten spielenden Kinder. Ohne diese riesigen Bäume, die stickige Luft und den Geier, der auf dem Weg vor dem Haus herumspazierte und uns deutlich machte, daß wir in Pucallpa, mitten in Amazonien, waren, fühlte man sich in die Umgebung der Neuengland-Staaten versetzt.

Nichts erinnerte einen also weniger an Abenteurer als dieses Drumherum. Seit Jahren beschäftigten sich die Adventisten hier mit einem alles andere in den Schatten stellenden Fleiß um die Übertragung der Bibel in die Mundart aller verschiedenen Stämme Hochamazoniens.

»Es sind 48«, erklärte mir mein Sprachforscher mit dem Stolz eines Schmetterlingssammlers. Ein solches Unternehmen kann einem nur Respekt abnötigen. Die Adventisten arbeiten mit der gleichen Gewissenhaftigkeit und Begeisterung, wie jenseits der Grenze ihre möglicherweise zukünftigen Täuflinge mit dem Gewehr ausgerottet werden.

Ohne zu sehr ins Spekulieren über die wirklichen Chancen dieses Projekts zu geraten, kann man sich aber vorstellen, daß nur die Überlebenden des letzten Stammes ihnen Dankbarkeit erweisen können, wenn sie endlich den Schlußpunkt unter ihr babylonisches Werk gesetzt haben. Außerdem müßte man ihnen erst das Lesen beibringen. Ich habe all

meine Gedanken darüber für mich behalten, um sie nicht zu entmutigen.
»Das muß man nicht unbedingt verstehen«, sagte mir Onkel Jim, dem ich meine Gedanken anvertraut hatte. Jeder in Pucallpa kennt Onkel Jim. Seit 20 Jahren wohnt er hier und gehört schon irgendwie zum Mobiliar. Wir haben uns zufällig am Kai getroffen.
In der typisch amerikanischen Gangart eines stämmigen, angenehm lässig gekleideten Fünfzigers hat er eine warme Ausstrahlung, die es einem leicht macht, mit ihm ins Gespräch zu kommen und schließlich mühelos zueinander Vertrauen zu fassen. Der Kontakt zwischen uns war um so unkomplizierter, als wir uns auf ganz vertrautem Gebiet trafen: Onkel Jims Hobby ist der Bau von Segelschiffen. Das mutet etwas seltsam an, denn hier gibt es nur den bräunlich-schmutzigen Ucayali, und der Atlantik ist einige tausend Kilometer stromabwärts. Aber an solchen Hindernissen störte sich Onkel Jim nicht.
Mitten im Dschungel hat er nur mit seiner eigenen Hände Arbeit nach und nach einen Trimaran und einen Kutter gebaut, mit denen er jeweils bis zur Amazonas-Mündung gefahren ist. »Also, weißt du, der Amazonas interessiert mich überhaupt nicht mehr.«
Wir spazierten auf den Holzbürgersteigen von Pucallpa entlang. Abgesehen von den Aasgeiern, die sich ebenso benehmen wie in unseren Breitengraden die Spatzen, fühlte man sich in ganz andere Gegenden versetzt; vielleicht in eine junge Stadt in Far West Ende des letzten Jahrhunderts. Da gab es sicherlich auch längs der Bürgersteige die kleinen Holzhäuser, in deren Fenstern Jaguar-, Ozelotfelle und Alligatorenhäute ausgelegt waren.
Es gibt hier auch eine Art Basar oder besser Rumpelkammer, wo Draht, Decken, Konservendosen, Primuskocher, Munition, Black and Decker-geräte, Coca-Cola-Flaschen, Säbel und Seile durcheinander liegen wie in einem Supermarkt für Abenteurer und Goldgräber. Pucallpa fand ich recht eintönig und suchte deshalb entlang der Kais nach einem geeigneten Transportmittel, das mich nach Iquitos bringen könnte. Der Tag war nahezu vorüber und die anbrechende Nacht voll vom Gesurre der Moskitos. Es gab ein paar Bars, die auf Holzbohlen standen, die wiederum im braunen Flußschlamm verankert waren. In diesen Bars saßen die

Mestizen, beinahe jeder ein volles Glas in der Hand, und traten ihre tägliche Reise ins Land des Vergessens an. Später fallen sie dann über dem Tisch zusammen. Auch die ersten Geier zogen sich auf die Bäume zurück.

»Nehmen Sie sich doch einen Treiber«, riet Onkel Jim, »da pickt Sie bestimmt einer auf und bringt sie bis Iquitos.« »Treiber« nennt man die gedrungenen, stählernen Schlepper, die dauernd zwischen hier und Iquitos Schubverbände hin- und herfahren. Einige dieser Schiffe waren an der Pier vertäut und von einer Wolke kleiner Leichter umgeben. Mit Mühe konnte ich an einem den Namen GEMINI entziffern.

Der Kommandant der GEMINI war ein kahlköpfiger, hagerer, stets betrunkener Kerl, der genauso verschlampt wie sein Fahrzeug war. Ich fragte ihn, ob er nicht zufällig einen Hilfsarbeiter oder gar einen Matrosen brauchen könne. Meine Frage versenkte ihn in tiefgründige Überlegungen, wobei er mich aus den Augenwinkeln wie ein gerissener Pferdehändler ansah, der Fehler und Qualität eines Gauls überprüft. Er besah sich meinen Bart, Füße, dann die Schultern. Ich befürchtete schon, daß er noch mein Gebiß sehen wollte, um mein Alter zu schätzen, und mich zu einem kleinen Galopp entlang des Kais auffordern würde. Dann kratzte er sich plötzlich unter dem Arm und nahm einen kräftigen Schluck aus der Flasche: »Gut, ich habe Arbeit für dich. Komm rüber.«

Die GEMINI brach bei Morgengrauen auf. Mit großem Elan machte ich die Festmacherleinen los, und mein Können beeindruckte meinen neuen Chef enorm. Im ersten Hafen, in dem wir festmachten, stand alles unter Wasser, es war gerade Regenzeit. Der Kai führte zu einem recht wackligen Ponton. Mit rüdem Ton kommandierte mich mein Chef zum Entladen der Salzsäcke, 50 Kilo das Stück.

Ich bin kein Docker, sondern Zahnarzt. Nachdem wir zwischen Morgengrauen und Abenddämmerung in drei Häfen angelegt hatten, und das an fünf Tagen hintereinander, wußte ich, daß dieser Job für die schlanke Linie äußerst förderlich ist. Die Bordverpflegung konnte nicht annähernd die verbrauchten Kalorien ersetzen, denn es gab immer nur Reis und Fisch. Am ersten Tag hielt ich das noch für einen unglücklichen Zufall, am zweiten Tag für ein Mißgeschick, am dritten Tag kam mir dann doch der ernsthafte Verdacht, der am vierten Tag dann voll bestätigt wurde.

Schon vorher hatte ich mit unverhohlenem Appetit eine riesige Schildkröte betrachtet, die sich an Bord der GEMINI in einer großen Kiste aalte, und ich dachte, daß sie doch noch irgendwie im Topf enden würde, aber sie kam heil in Iquitos an. Der Kommandant hielt sie als Maskottchen. So, wie eben andere ihre Kanarienvögel mit auf den Sonntagstörn nehmen.

Während dieser Tage auf dem Ucayali war ich nicht in der geistigen Verfassung, den Reiz dieser Fahrt in Worte zu fassen, doch sie wird sicherlich schön gewesen sein, obgleich ich nichts davon bemerkte. Die Ansichten eines Salzsäcke schleppenden und nur Bananen verzehrenden Zahnarztes über eine gewisse Landschaft lassen sich eben nicht mit der eines entspannt an Deck faulenzenden Touristen vergleichen.

Der Reiz des Augenblicks war völlig verloren gegangen oder mir höchst selten bewußt geworden. Ich hatte früher genug vom Amazonas geträumt, und wegen der Regenzeit im letzten Jahr bin ich mit der TRISMUS nicht hinaufgefahren. Und jetzt hatte ich den Gegenstand meiner Träume, den Amazonas, unentwegt vor Augen: Eintönig und unabsehbar langweilig schob er sich zwischen den grünen Wänden durch, die nur selten Lücken und eine Siedlung erkennen ließen. Aber jedes Dorf, alle Einwohner ähnelten sich, und schon verschlingt die grüne Hölle wieder alles. Grüne Papageien und Pfefferfresser fliegen über die verlassene Wildnis.

Es gab auch wunderbare Momente, wenn am Abend beim Krakeelen unsichtbarer Affen die Kröten und Grillen zu singen begannen und schrille Vogelschreie durch den Urwald hallten und im Dunkeln die Glühwürmchen tanzten. Doch die leider so flüchtigen Augenblicke wurden jäh unterbrochen: »Dentista? Bananas!« Dummerweise hatte ich meinem Chef meinen Beruf verraten, über den er sich nun ständig lustig machte. Ich war fortan nicht mehr Patrico, sondern der »dentista«. »An die Bananen, Dentista!« Neben den normalen Tagesarbeiten hatte mein Kommandant aber auch eine rege nächtliche Beschäftigung, die mir reichlich suspekt vorkam: Mit der Machete in der Hand zogen wir in Bananenpflanzungen und kamen mit reicher Beute und von äußerst

gefräßigen Moskitos geplagt wieder zurück. Onkel Jim hatte schon recht, als er mir erklärte, daß er an Amazonien kein Interesse habe. Am fünften Tag endlich kamen wir in Iquitos an.
Ich raste zur Post, einen 100-Soles-Schein in der Tasche, der mir bestätigte, daß der Besitzer der GEMINI mit mir zufrieden war. Denn wenn ich Pech hätte, garantierte mir das immerhin die Rückfahrt. Aber die Perspektive, nochmal auf die GEMINI, und diesmal für sieben Tage, zu müssen, konnte mich kaum begeistern. Und wie sollte ich je wieder zurück nach Callao kommen? Vielleicht mit dem Zug nach Lima schwarzfahren? Eine unsichere und haarige Sache. Wieder in Cuzco oder anderen Touristenorten betteln gehen? Das ginge zwar, aber erst einmal hinkommen! Meine Goodyear-Sandalen qualmten, als ich keuchend vor der Poststation ankam. Der Schalter wurde gerade geschlossen, aber Andrés Zahlungsanweisung war da!
Also in ein Hotel, duschen, frische Bettwäsche, Flugzeug . . . Adieu, Amazonien!

## Mit einem Fuß im Gefängnis

Tut das gut, wenn man endlich wieder an Bord ist und mit einem Glas in der Hand, gemütlich in die Kissen gekuschelt, durch die geöffneten Bullaugen die sich im Wind wiegenden Palmen beobachten kann.
Ein angenehmes, kleinbürgerliches Wohlbehagen, endlich in den eigenen Pantoffeln glücklich die vertraute Umgebung von Callao wieder in sich aufnehmen zu können!
Während meiner Abwesenheit hat sich André mit der Verbissenheit einer flämischen Hausfrau beim Osterputz um Ordnung an Bord gekümmert. Innen glänzte alles. Außen allerdings, die Aufbauten vor allem, schrien förmlich nach Farbe und Pinsel. Unsere Heldentaten hatten dem Rumpf ordentliche Schrammen versetzt. Unterhalb der Wasserlinie hatte sich zudem eine üppige Wasserflora angesiedelt, vor allem Enten- und Miesmuscheln – warum nicht auch noch Austern? – hatten dort einen besonders günstigen Lebensraum gefunden. Wie eine Braut ihre Schleppe, zog die TRISMUS im Kielwasser die Algen hinter sich her, als wir sie zur Schiffswerft der peruanischen Marine brachten.

Falls Sie dort auch einmal vorbeikommen, fragen Sie nach Mister Lindsay, einem Engländer, der dort als Schiffbauingenieur arbeitet. In den nachfolgenden Stunden werden Sie erst einmal lernen, was Kielreinigen überhaupt bedeutet. Als die TRISMUS mit ihrem ganzen Bewuchs aus dem Wasser gehoben wurde, war mir durchaus klar, was mir nun blühte. Mit einem tiefen Seufzer krempelte ich die Ärmel hoch und holte die Drahtbürsten heraus. Das Kielreinigen ist keine besonders erhebende Arbeit, doch was sein muß, muß sein!

Plötzlich tauchten ein paar Feuerwehrmänner der Marine auf. Haben Sie je gesehen, was ein Feuerwehrschlauch für eine gute Arbeit leisten kann? Eine prima Sache und mit der Zigarette in der Hand höchst angenehm für den Zuschauenden: Unter einer wilden Wasserfontäne und dem Donnern des starken Strahls auf den Rumpf wird der ganze Bewuchs einfach weggerissen. Ich kam gerade noch dazu, mit Mr. Lindsay über das Wetter zu reden, und schon war die Arbeit fertig. Es bleibt nur noch ein bißchen Schönheitspflege übrig. Hier noch einmal ein bißchen abkratzen und dort noch mal etwas mit der Drahtbürste nachhelfen, dann ein letzter prüfender Blick auf das glänzende Objekt, und mit ein paar weiteren Pinselstrichen ist das Werk dann auch beendet.

Piekfein und munter läuft die TRISMUS nach Callao zurück. Ich bin mit der peruanischen Marine wieder sehr versöhnt und kehre mit einem ungezwungenen Lächeln auf den Lippen zur Kommandantur zurück, um meine Abreise zu den Galapagos-Inseln anzukündigen.

Wie ich bereits berichtet habe, war es ja nicht einfach, nach Peru einzureisen. Aber das Abreisen ist nicht minder schwierig. Hinter seinem schäbigen Schreibtisch und unter der Karte, die ihm jahrhundertealte Gebietsverletzungen vor Augen hält, sitzt mir der gleiche Beamte gegenüber, der mich bei meiner Ankunft liebend gern an die Wand gestellt hätte. Seine Gemütsverfassung glich seit zwei Monaten der eines Fleischerhundes, dem man einen besonders saftigen Knochen weggenommen hat. Doch inzwischen war eine Wende eingetreten, denn seit zwei Tagen wurde überall mit Jahrmarktstrubel der peruanische 14. Juli gefeiert.

»Was? Abreisen? Aber mit Vergnügen.« Trotzdem waren zuvor ein paar Formalitäten zu erledigen. Nichts Besonderes, der reine Blödsinn. Ich

sollte mich vorher noch mit ein paar Zollbeamten in Verbindung setzen,
352 wie mir schien verschiedene Formulare ausfüllen, beglaubigen und abstempeln lassen, und zwar alles in verschiedenen Büros und nicht zu vergessen das Ladungsverzeichnis für Frachter bis zu 100 000 Tonnen, das so dick wie ein Amtsblatt war. Er reichte mir die geltenden Bestimmungen, die schätzungsweise fast ein Kilo Gewicht hatten.

Zwei Tage, ungelogen, zwei Tage raste ich unter tropischer Sonne und völlig durchnäßt von Schweiß durch Callao. Vom Zollamt zur Zahlstelle, von der Zahlstelle zum Büro, vom Büro zur Kommandantur, um die Unterlagen meinem immer sarkastischer grinsenden Peiniger vorzulegen. Immer wieder fehlte etwas, ein Stempel, ein Komma, eine unwesentliche, aber dennoch wichtige Kleinigkeit, die mich im Galopp in neue alptraumartige Erfahrungen mit der Bürokratie stürzte.

Aber es kam auch der Moment, als ich meine »Akte« am Ende des zweiten Tages endlich auf Vordermann hatte. Jedenfalls glaubte ich das, als mein Leutnant die Papiere unter die Lupe zu nehmen schien, sein Lächeln erstarb, nach und nach sich auf seiner Stirn besorgniserregende Falten sammelten – deutliche Zeichen, daß ich am Ende des Tunnels angekommen war.

»Alles in Ordnung?« fragte ich mit falscher Freundlichkeit. »Si«, sagte er, »Si, Sie müssen nur noch die Strafgebühren bezahlen. 500 Soles.«

»Was? Strafe? Warum 500 Soles?« »Darum 500 Soles«, wiederholte er lakonisch.

Er blieb unerschütterlich und verschlossen wie eine Auster. Strafe ist eben Strafe. 500 Soles, das waren zwölf schöne Dollar. Mit blinder Wut im Bauch habe ich dann bezahlt. »Bene«, sagte er und ließ das Geld in seiner Schublade verschwinden. »Und nun folgen Sie mir bitte.« »Wohin denn?« »Nach Lima. Ich bringe Sie ins dortige Gefängnis und hole Sie morgen früh wieder ab, um Sie an Bord zu bringen.«

Lima – 30 Kilometer in der Grünen Minna. Und dann die Zelle mit ein paar verlausten Saufbolden teilen! Ob er mich morgen überhaupt abholen kommt? Vielleicht läßt er mich hier wochenlang schmoren! Das war doch nur ein böser Streich von ihm. Ein Schaf ist ja geduldig, es läßt sich scheren, bis ihm das Messer in die Haut geht, aber dann blökt es. Und auch ich habe mächtig zu brüllen angefangen, doch zunächst ohne Erfolg

– bis ich gedroht habe, bei meiner Botschaft anzurufen. Da wurde mein Leutnant zum ersten Mal unsicher, und ich verließ sein Büro als freier Mann, aber ohne Papiere, sogar meinen Ausweis hatte er mir abgenommen. Ich sollte aber morgen alles beim Auslaufen zurückerhalten. Nicht vorher.

Als ich am Abend an der Bar des peruanischen Yacht-Clubs saß, war der Sekretär ganz außer sich über mein »Glück«. »Was? Nur 500 Soles Strafgebühr? Seien Sie froh, Sie scheinen ja wirklich unschuldig zu sein. Ich kannte Leute, die knapp mit 10 000 davongekommen sind . . .« Das war natürlich ein Trost. Aber in dem Moment konnte ich das noch nicht so empfinden, denn in mir kochte die nackte Wut.

Die Palmen, die ich hier in Gedanken vor zwei Monaten schon einmal ausreißen wollte, waren in der Zwischenzeit wieder angewachsen. Ich habe sie in gleicher Weise eine nach der anderen ausgerissen und war schon ohne sichtbare Anstrengung bei Nummer 20 angekommen, als eine Gestalt, die ich schon vorher flüchtig wahrgenommen hatte, plötzlich meinen Blick auf sich zog und völlig fesselte. War das? . . . Nein, unmöglich. Ich blickte genau hin – da stand immer noch ein Mann zwischen der 18. und der 19. Palme und beugte sich über seine Arbeit. Seine Bewegungen waren ruhig und präzise, als er mit Werkzeugen und Geräten hantierte. Die schmale Hand hätte die eines Pianisten sein können, und über sein nach unten geneigtes Gesicht fiel eine gewellte Haarsträhne. Das ganze Gebaren erinnerte mich sofort an jemanden, den ich eigentlich schon vergessen hatte. Als er plötzlich mit der linken Hand seine Haare nach hinten streifte und sein Gesicht zu sehen war, durchfuhr es mich blitzartig: »Martin!«

Er schaute erschreckt nach oben. Es war genau jener Martin, den ich vor zehn Monaten auf dem verschneiten Kai von Ushuaia getroffen hatte und der inzwischen noch mehr Shelley ähnelte. Er fing ganz langsam an zu lächeln. »Hello, Patrick! How are you?«

Er redete, als hätten wir uns gestern abend nach dem Kino auf der Oxford Street getrennt. Als wenn unser Treffen 5000 Kilometer von Feuerland etwas völlig Normales, ja schon Alltägliches wäre. Dieses konventionelle »How are you?« eines wohlerzogenen Engländers hätte mir die Freude eigentlich ganz schön verderben können, wenn sein warmer Händedruck und seine langsam zu strahlen beginnenden Augen nicht den ersten kühlen Eindruck verwischt hätten. Martin geht eben kaum aus sich heraus.

Wir sind dann zusammen losmarschiert. Die Limonade, die wir getrunken haben, schmeckte mir auf einmal wie Champagner. Schritt für Schritt war Martin durch ganz Chile nach Santiago gekommen, dann nach Lima aufgebrochen und zuletzt nach Callao weitergezogen, wo ich ihn über dem Motor arbeiten sah. Er hatte auf einer Tankstelle und auf einer Estancia einen Job gehabt und dort wieder allerlei repariert.

Als er mir das alles erzählte, wurde in mir wieder eine Idee wach, die ich schon in Ushuaia gehabt hatte. »Was hast du denn jetzt vor? Gehst du zurück nach England?« »No, not yet. Vielleicht erst noch mal nach Kolumbien und Bolivien oder auch nach Kanada. I really don't know, Patrick, really.«

Ich erzählte ihm von meinen Reiseplänen nach Galapagos und Polynesien. Vielleicht auch nach Neuseeland. Oder ganz was anderes, je nach Zufall. Nur die Galapagos hatte ich mir fest vorgenommen. »Hättest du nicht Lust, ein paar Wochen mit mir zu fahren?« Sein verträumter Shelley-Blick schien in den Wolken zu hängen und dort nach einer Antwort zu suchen. »Why not?« sagte er schließlich.

Noch in derselben Nacht kam er mit seinem Rucksack, seiner Mundharmonika und seinem ruhigen Lächeln an Bord. Als schon alle Lichter verloschen waren, intonierte er einen nostalgischen Blues, eine Art Ständchen für die Sterne. André schnarchte schon. Ich fühlte mich sehr wohl.

# AUF DEN GALAPAGOS-INSELN

Wir hatten genau 320 Grad angelegt, um zu den Galapagos-Inseln zu gelangen. Während der Überfahrt hätte man zwar noch einige kleinere Korrekturen anbringen können, aber ich entschloß mich, den Kurs nach Möglichkeit so zu halten. Wind und Wellen machten es auch ohne weiteres möglich, und in dieser Ecke kennt man kaum schwere Unwetter. Von Zeit zu Zeit haben wir sogar den Lister angeworfen, um die Durchschnittsgeschwindigkeit zu erhöhen.

Wir hatten also einen höchst lässigen Törn vor uns, haben die Route nur so ungefähr abgesteckt und ab und zu den nassen Finger in die Luft gehalten, um zu prüfen, ob der Wind noch richtig steht. Das war alles recht ungenau, und so habe ich der Form halber dann doch noch die Position bestimmt, weil es eben ganz gelehrt aussieht und der Crew Respekt vor dem Skipper einflößt, wenn man 5° 8′ Süd und 84° 30′ West angeben kann. Martin und André hätten mir sicher den gleichen Respekt gezollt, wenn ich ihnen die genaue geographische Lage des Eiffelturms mitgeteilt hätte. Aber man soll vernünftig bleiben.

Ernst wurde ich erst, als wir uns wieder dem Land näherten – geradezu ängstlich und nervös, offengestanden war ich sogar ziemlich unerträglich. Doch als die TRISMUS ruhig Kurs auf die Insel Española hielt, ließ ich mich wieder ein bißchen gehen, und das ist ja auch mal ganz angenehm.

Als ich später zwischen den Galapagos-Inseln und den Marquesas kreuzte, habe ich sogar fünf Tage lang kein Besteck gemacht und mußte dann feststellen, daß ich nur 26 Meilen vom geschätzten Standort entfernt war. Zu der Zeit hielt ich jedoch mein Ergebnis für ein ozeanisches Wunder. Wenn man das in der Nordsee, vor der belgischen Küste etwa, so macht, sind 26 Meilen schon ein bißchen viel. Es reicht aber immer noch, um das Tor zum Ärmelkanal zu treffen und bis zum Springbrunnen am Trafalgar Square zu kommen. Ein wenig hypothetisch meinerseits zwar, aber immerhin.

Es ist schon bemerkenswert, wenn man nach einiger Zeit sorglosen Segelns auch das angestrebte Ziel zur vorgesehenen Stunde tatsächlich vor dem Bug auftauchen sieht. Aber die Insel Española war noch weit voraus und am unendlichen Horizont war nichts auszumachen. Das nur, um zu schildern, daß die Stimmung an Bord sehr ausgeglichen war. Bis auf Martin. Er gehört zu jenen Engländern, die ebenso selten sind wie Franzosen, die keinen Beaujolais mögen: Martin mag die See nicht.

Ich merkte das sofort, als am Tage nach unserer Abreise von Callao der Wind abflaute und die TRISMUS zu rollen begann. Martin hörte mitten in seinem Blues auf zu spielen, legte die Hohner beiseite, tauchte mit ungewohnter Eile im Cockpit auf und versenkte sich in die Beobachtung des Kielwassers. »Sorry«, sagte er schließlich und tupfte sich mit einem Taschentuch die Lippen ab. Nachdem er dann lange den bewegten Horizont betrachtet hatte, verkündete er: »Britannia rules the waves . . .«

Das war das erste und einzige Mal, daß er seine Meinung über den Wind zur Sprache brachte und bewies damit seine Beobachtungsgabe und wissenschaftliche Ausbildung. Danach ergab er sich dem Wind mit Diskretion und stummer Ruhe. Ich glaube, daß mein Shelley, wäre die TRISMUS in einen Sturm geraten, mit übereinandergeschlagenen Beinen auf sein Ende gewartet hätte, ohne daß man auf seinem Gesicht mehr als eine leichte Verärgerung hätte ablesen können. Ganz so wie Byron Shelley beschreibt, als dieser auf dem Genfer See in einen starken Nordost geriet und bei La Spezia plötzlich verschwand. Je mehr ich ihn beobachtete, desto überzeugter war ich davon. Und obwohl er bei allen Arbeiten an Bord so geschickt war wie ein Dampftopf, freute ich mich, daß er mit an Bord war.

Nach dieser äußerst gemütlich verlaufenen Tour tauchte nach einer Woche voraus die Insel Española auf. Von den Galapagos-Inseln ist Española die erste, die man auf direktem Weg erreicht, wenn man von Kontinent zu Kontinent geht. Die Insel ist unbewohnt und besteht nur aus bewachsenen Felsen, über denen die Möwen kreisen.

Übermütige und neugierige Seehunde hatte das Geräusch unserer rauschenden Ankerkette angelockt, als wir die TRISMUS zwischen der Insel Gardiner und einem unendlich weiten Sandstrand vor Anker legten. Andere, weitaus faulere Seehunde watschelten schlaftrunken am Strand herum.

Viele Autoren haben die Gewässer von Galapagos als trübe und kalt beschrieben. Bei Española erlebten wir die See hingegen lauwarm und völlig klar. In zehn Meter Tiefe konnte man vom Bug aus noch jedes Kettenglied zählen. Wir hatten hier eine Tiefe von etwa 20 Metern.

André fand die Gegend äußerst günstig, um Rochen zu fangen, und wir holten uns auch ein paar mit der Harpune. Man kann sie zwar relativ leicht aufspießen, doch um so schwieriger ist es, sie auch in den Topf zu bekommen. Eine schnelle Reaktionsfähigkeit ist unbedingt nötig, um ihrem bekanntermaßen giftigen Stachel nicht zu nahe zu kommen, der bei den Exemplaren von Española ungewöhnlich spitz ist.

»Warum pfeifst du denn?« fragte mich André, der bei der Aktion ganz schön ins Schwitzen gekommen war, »hilf mir lieber, jetzt haben wir keine Zeit für ein Liedchen!« »Das bin ich nicht, das muß das Schlauchboot sein.« Und tatsächlich, unser Zodiac hatte den Stachel eines Rochens abbekommen und wurde immer unansehnlicher. Ich mußte die Stelle sofort abdichten.

André fluchte laut, und Martin kam im selben Moment derart schnell aus dem Wasser geschossen, daß man annehmen mußte, er habe sich in einen Rochenstachel gesetzt, was die Stimmung an Bord sicher noch mehr gehoben hätte. »Sh . . . Sh . . . Shaaark!« stotterte Shelley. »Immer mit der Ruhe, Martin. Hier gibt's keine Haie, höchstens Seehunde.«

In diesem Moment hob sich ein Schatten über dem sandigen Untergrund ab, der langsam, träge mit seinem breiten Maul und langen Brustflossen ungefähr fünf Meter unter dem Schlauchboot entlangstrich.

»Das ist ja ein sehr witziger Seehund«, sagte Martin, der sich jetzt wieder in der Gewalt hatte, ganz trocken. Der Strand war gut 100 Meter entfernt, und wir machten, daß wir dahinkamen. Die Möwen liefen uns entgegen und musterten uns seltsame Zweibeiner neugierig von Kopf bis Fuß. In etwa 20 Meter Entfernung blinzelte uns ein Seehund an, gähnte und schlief sofort wieder ein.

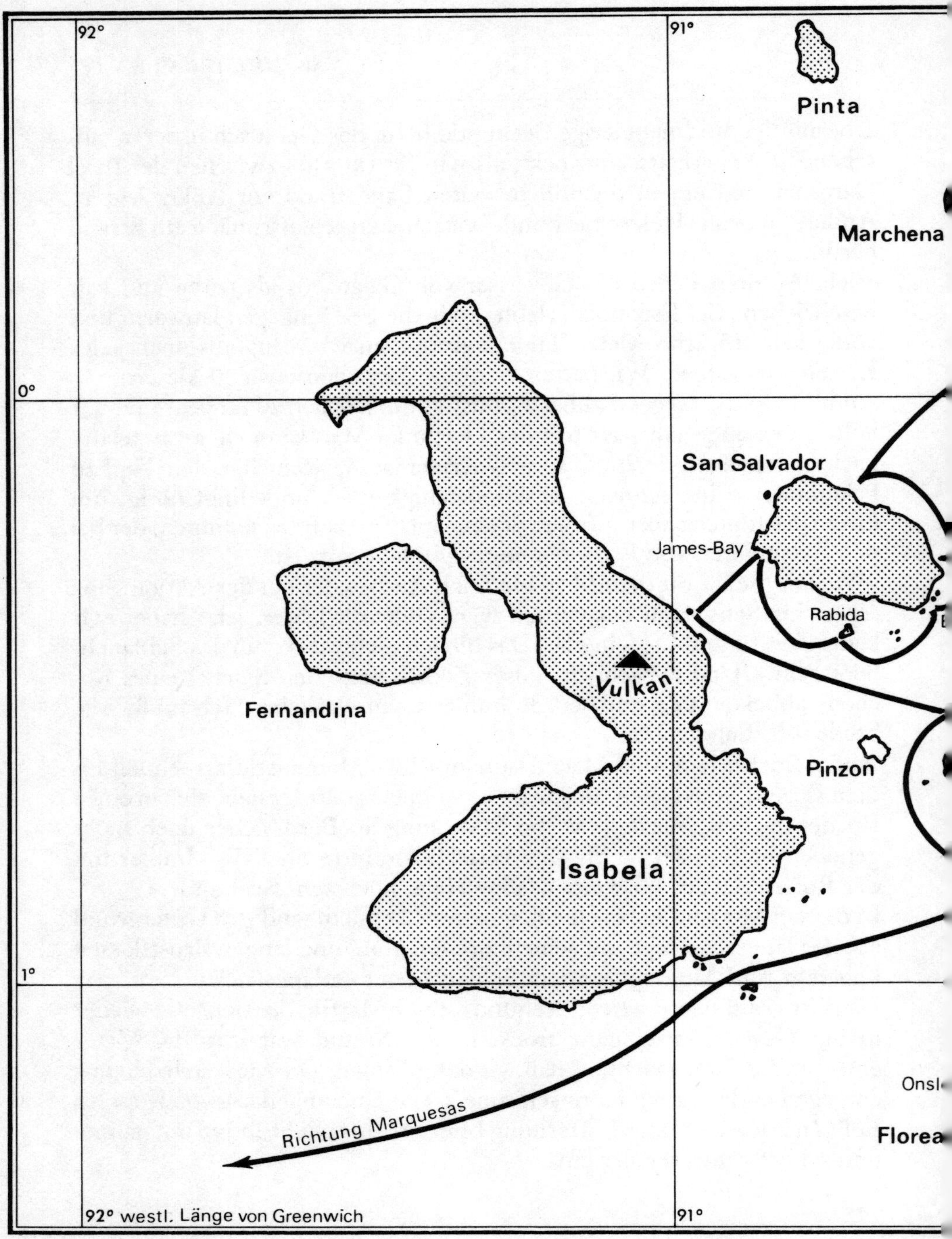
92°
91°
Pinta
Marchena
0°
San Salvador
James-Bay
Rabida
Vulkan
Fernandina
Pinzon
Isabela
1°
Onsl
Richtung Marquesas
Florea
92° westl. Länge von Greenwich
91°

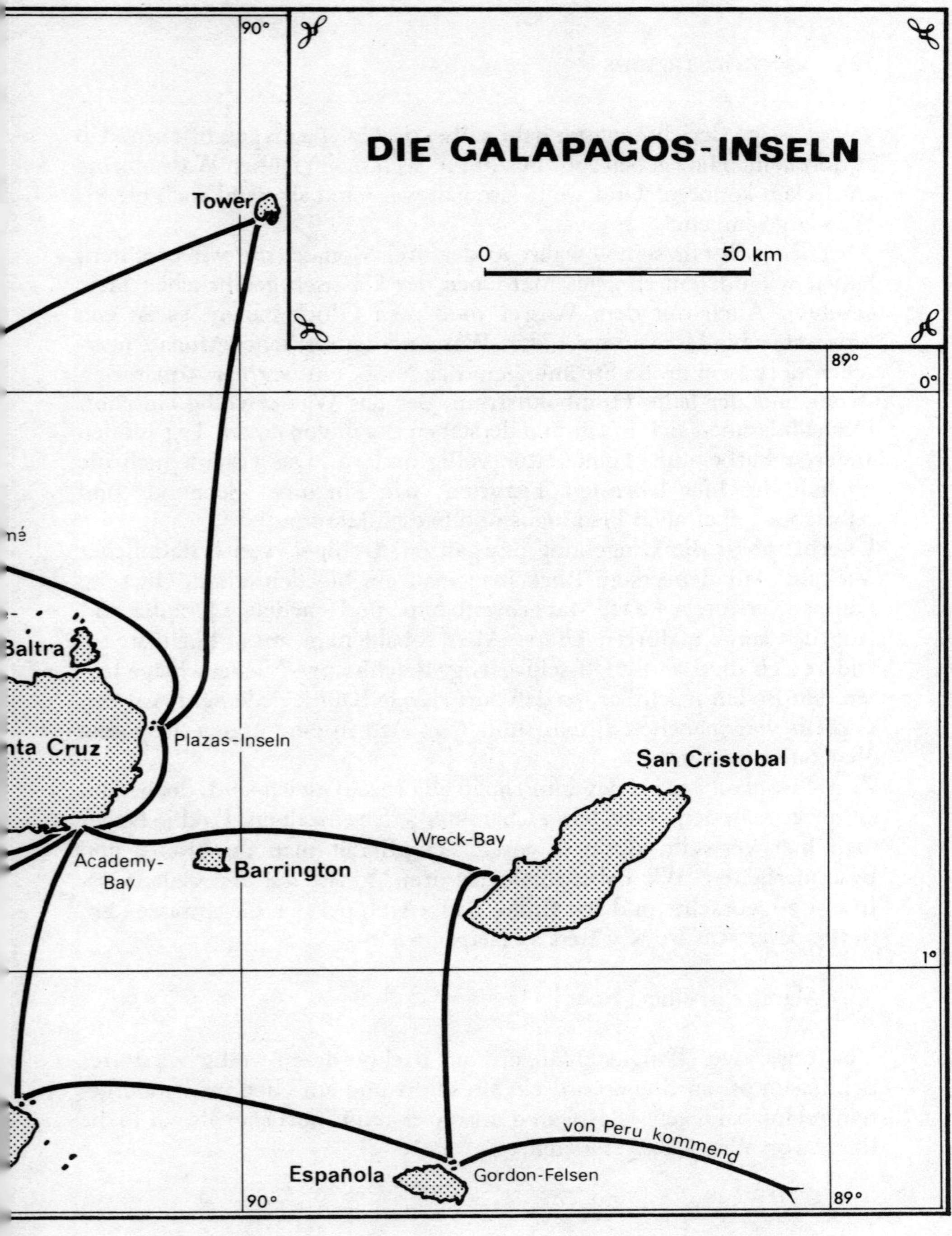
DIE GALAPAGOS-INSELN
0
50 km
90°
89°
0°
1°
Tower
mé
Baltra
nta Cruz
Plazas-Inseln
San Cristobal
Wreck-Bay
Academy-
Bay
Barrington
von Peru kommend
Española
Gordon-Felsen
90°
89°

Zuverlässige Berichterstatter haben über die Galapagos geschrieben, daß es dort keine Haie geben soll. Bestimmt, weil sie im trüben Wasser keine entdecken konnten! Und weil es so kalt war, sind sie wohl auch nie ins Wasser gegangen.
Aber ich will fair sein – während der drei Monate, die wir tauchten, haben wir nur ein einziges Mal einen der klassisch gefährlichen Haie gesehen. Auch mit dem Wasser muß man Glück haben, es ist von November bis März zumeist klar. Während der restlichen Monate herrschen dort zwei große Strömungen: der Niño, ein warmer Äquatorialstrom und der kalte Humboldtstrom, der das Wasser völlig eintrübt. Deshalb können sich in ein und derselben Bucht von einem Tag auf den anderen Farbe und Temperatur völlig ändern. Das erklärt auch die Vielfalt der hier lebenden Tierarten, wie Pinguine, Seehunde und Albatrosse, aber auch Flamingos und Seeschildkröten.
Überhaupt ist die Umgebung des ganzen Archipels von erstaunlicher Vielfalt. Auf den ersten Blick mag man ein bißchen enttäuscht sein: Klippen, erkaltete Lava, Mangrovenbäume und stachelige Kräuter entlang des kargen, dürren Ufers. Aber sobald man etwas hinaufsteigt, ändert sich die Landschaft schlagartig. Reichhaltige Niederschläge halten den Boden fruchtbar, so daß dort riesige Bäume gedeihen. Auf den Gipfeln von manchen Inseln fühlt man sich in eine üppige tropische Vegetation versetzt.
Zunächst glaubt man, daß im Prinzip alle Inseln gleich sind, doch dann entdeckt man den besonderen Charakter jeder einzelnen. Und je länger man hier verweilt, desto intensiver empfindet man ihre Reize und Besonderheiten. Wir haben mehr als drei Monate auf den Galapagos-Inseln zugebracht, und ich finde, daß »Archipel der Gegensätze« ein treffenderer Ausdruck wäre als Galapagos.

## Vier Männer in einem Boot

Vor uns: zwei Langustenfänger, an Backbord ein völlig zerstörter Schiffsrumpf, an Steuerbord ein altes Fort und am Ufer aneinandergereihte Holzbaracken – das waren unsere ersten Eindrücke, als wir in die Bucht von Wreck Bay einliefen.

Ich traf dort einen alten Freund wieder, der sich auf Langustenfang eingestellt hatte, obwohl er vorher Architekt in Santiago de Chile war. Vor mehreren Monaten und Tausende Kilometer von hier entfernt hatten wir uns damals getroffen, und das neuerliche Wiedersehen bestärkte meine private Lebensphilosophie, daß die Welt doch recht klein ist.

»Hallo, Pedro, wie geht es dir?« »Patrico, alter Freund!« Wir sind uns in die Arme gefallen und haben uns nach spanischer Sitte kräftig auf die Schultern geklopft. Freie Berufe bieten einem eigentlich immer wieder neue Möglichkeiten, seine persönliche Situation so zu gestalten, wie man es wünscht. Aber der Architektenberuf ernährte unter den damaligen Bedingungen nicht mehr seinen Mann, und deshalb hat Pedro seinen Taucheranzug genommen und ist nach Valparaiso gezogen. Dort fand er einen Arbeitsplatz an Bord eines Langustenfängers und suchte nun in fünf Meter Tiefe auf den Galapagos-Inseln nach Langusten.

»Und die Langusten bringen was ein?« »Es geht, jedenfalls mehr als die Architektur. Man wird nach dem jeweiligen Kilopreis bezahlt. Ist noch etwas in der Flasche?« Wir waren an Bord der TRISMUS und sprachen dem Don Luis kräftig zu. Während unseres dreimonatigen Aufenthalts hier haben wir nahezu die ganze Gegend durchstreift und eine Menge Leute getroffen, die nach Langusten tauchten, während an Bord ihrer kleinen Fangschiffe ein Mann gelangweilt das Funktionieren der knatternden Kompressoren überwachte.

Auf einem abgesteckten Gebiet durchkämmen sie gründlich den Meeresboden. Wenn ihre Eimer voll sind, bringt die Mannschaft die Schalentiere zum Hauptboot, das draußen auf offener See wartet, und weiter geht's mit der Arbeit. Nur die Schwänze der Langusten werden in die USA exportiert und dort den verwöhnten Gaumen der Amerikaner vorgesetzt. Man kann schon heute voraussehen, wann auf den Galapagos die Langusten so selten sein werden wie die Braunbären in den Pyrenäen.

»Schenk mir noch mal nach«, sagte Pedro. Er war gut in Form. Pedro wird in Weinlaune immer sehr stimmungsvoll und redselig, er ist eben sehr gesegnet mit diesem typisch chilenischen Charakterzug und schwärmte von kleinen, verschwiegenen Ankerplätzen und einsamen Buchten, von lustigen Seehunden und reizvollen Inseln. Pedro kannte sie alle und hätte sie gern einmal anders gesehen als nur vom Schnorchel aus in zehn Meter Tiefe.

Noch am gleichen Tag verließ er das Langustenboot und brachte seine Sachen an Bord der TRISMUS. Eine Stunde später setzten wir Segel und nahmen Kurs auf die Insel Barrington. »Es gibt dort am Eingang zur Bucht zwar keinen Leuchtturm, aber das spielt keine große Rolle«, meinte Pedro, »ich kenne die Ecke und finde sogar nachts mit geschlossenen Augen hinein.«

Wir kamen also nachts in der Nähe der Insel an. Doch der Mond spielte in den schwarzen Wolken Verstecken, Pedro stieß einige wilde Flüche aus, rief – natürlich ergebnislos – einige Heilige an, aber wir mußten trotzdem beidrehen und auf den Tag warten. Mich hat das nicht weiter überrascht – wieder einmal ein klassischer Fall. »Funny«, bemerkte Martin und griff nach der Mundharmonika. An dieser Stelle muß ich einen kleinen Einschub machen. Für Martin ist alles »funny«, jedenfalls fast alles, bis auf seine Wache, was er überflüssig und sogar ärgerlich findet, weil er doch an Bord einer Ketsch mit automatischer Steuerung ist. Aber ich habe es ja bereits gesagt, und Bernard Moitessier hat es auch verkündet, daß im Bereich der Galapagos-Inseln kaum Wind aufkommt. Oder genauer gesagt, der Wind setzt nicht einmal das Windbrett der Selbststeueranlage in Bewegung, das erst auf zwei Beaufort reagiert. Daher also die für die Crew ärgerliche Pflicht, sich regelmäßig an der Pinne abzulösen, was natürlich ziemlich langweilig ist.

Martin kam also genauso wie alle anderen dran, und ich hatte den Ehrgeiz, aus ihm ein qualifiziertes Crew-Mitglied zu machen. Das Talent schien ihm jedoch zu fehlen, denn ich überraschte ihn manchmal mit flatternden Segeln oder bei Kursabweichungen von 30 Grad. Solche Bosheiten ärgern ihn dann, er hört mit seinem Blues auf, kommt auf die Erde zurück und blickt beleidigt zum Windbrett hoch: »Warum funktioniert das Ding da eigentlich nicht?«

Ich spürte seine Verbitterung und gekränkte Eigenliebe, denn für eine nicht funktionierende Mechanik empfand Martin das gleiche tiefe Mitleid wie seine Landsleute beim Anblick eines verlassenen Hundes im Regen. Wenn irgend etwas seiner besonderen Pflege bedurfte, trug er es zärtlich in die Kajüte, legte es auf seine Koje, horchte es ab und ließ ihm schließlich nach gestellter Diagnose die geeignete Behandlung zukommen. Der Wecker von den Cappaliez, Radio, Kassettenrecorder, der Brenner vom Primuskocher, die Lautsprecher der Stereoanlage – alles hat auf seiner Koje gelegen und funktionierte hinterher besser als je zuvor. Seinen geschickten Händen widerstand eben keine Mechanik – keine, bis auf das faule Windbrett.

Martin hält dessen bösen Willen für einen persönlichen Affront, und deshalb belastete ihn das Problem. Seit dem Ablegen aus Callao schwammen im Kielwasser der TRISMUS eine Unmenge von Papier, von zerknüllten Blättern, die Martin mit ärgerlicher Miene über Bord geworfen hatte, wenn er mit seinen schwierigen Aufzeichnungen und Skizzen nicht zufrieden war. Bisweilen überraschte ich ihn, wie er an Deck über einen Plan vertieft war, der wie das Muster eines Atomkraftwerks aussah, aus dem man jedoch die ungefähren Umrisse eines wundersamen Windbretts herauslesen konnte. In solchen Stunden, wenn Martin an seinem Stift saugend in die Luft starrte, sah er aus wie Shelley, als der auf die Inspiration zu seinem »Entfesselten Prometheus« wartete. Doch Martin war von der Last des Problems völlig gefesselt und stieß tiefe Seufzer aus.

Wir aber hatten gerade die TRISMUS beigelegt und rollten gemütlich auf der Höhe der Insel Barrington. Die Erleuchtung folgte dann 15 Stunden später, als Martins Blick auf das Achterdeck der TOUNGA fiel. Segelt man vom anderen Ende der Welt bis zu der Straße, die die Inseln Barrington und Lobos trennt, dann erwartet man schon, daß die eigene belgische Flagge ein wenig Neugierde bei den bereits vor Anker liegenden Yachten auslöst. Aber die Ankunft der TRISMUS blieb völlig unbemerkt.

Wenn hier überhaupt jemand einen Achtungserfolg erzielt hatte, dann war es eine zwölf Meter lange Ketsch. Es war die TOUNGA, sie lief unter Schweizer Flagge und trug ihren Herkunftsort Genf deutlich sichtbar am Heck. Nichts Außergewöhnliches: Schweizer Weltumsegler trifft man überall. Aber das Besondere bei Jean Grosrey war die Tatsache, daß er die Pläne für sein Schiff selbst angefertigt hatte und es mit seinen eigenen Händen baute. Er testete die TOUNGA dann auf dem Genfer See, stellte zufrieden fest, daß sie nicht unterging, schiffte sich irgendwo an der Küste mit Frau und Kind ein und war nun ganz langsam bis vor die Insel Barrington gekommen.

Jean Grosrey ist ein großer, bärtiger Mann von 40 Jahren. Stets hing ihm seine gebogene Pfeife aus dem immer lächelnden Mund bis auf die hagere Brust. Unnachahmlich ist seine Geschicklichkeit im Wriggen, er macht es mit einer Leichtigkeit, als hätte er nie etwas anderes gelernt. Doch man muß noch unbedingt wissen, daß er Ingenieur ist und die TOUNGA mit einer schlicht genialen automatischen Steuerung ausgerüstet hatte – sie ist so empfindlich eingestellt, daß sie schon reagiert, wenn man sie nur scharf genug ansieht. Als Martin das entdeckte, schaute er nur einmal genau hin, und schon fiel bei ihm der Groschen.
Worüber sprechen wohl zwei Ingenieure miteinander, wenn sie sich zufällig irgendwo treffen? Über das Windbrett natürlich. Grosrey und Martin führten ein langes Gespräch über technische Einzelheiten, und als Martin wieder an Bord kam, warf er nur einen verächtlichen Blick auf meine Anlage: »Und jetzt zu uns beiden!« Es juckte ihm in den Händen, und fast hätte er sich sofort die Ärmel hochgekrempelt. Diese Einstellung liebt der Skipper natürlich bei seiner Crew.
Doch zwei Tage später brachen wir wieder auf, es waren einfach zu viele Yachten und Charterboote mit zuviel Leuten an Bord auf Barrington. Von den ganzen Galapagos-Inseln sind nur hier die Seehunde bereits krank, fast gelähmt und haben vereiterte, müde Augen. Vielleicht könnte ein Konrad Lorenz herausbekommen, ob hier in der Bucht von Barrington Ursache und Wirkung zusammentreffen. Ich weiß es nicht, ich bin kein Ethnologe, sondern Zahnarzt.

## Im Garten Eden

Als André von einem kurzen Ausflug zu einem Felsen wieder mit dem Schlauchboot zurückkehren wollte, kam er zwar äußerst demonstrativ über den Strand gehumpelt, seine Miene war ihm jedoch nicht so gut gelungen. Er spielte den Wütenden: »Ich gebe ihnen eine Banane, und so ein Idiot hat das verwechselt und mich in die große Zehe gebissen . . .« »Selber schuld, du bist zu leichtsinnig, wenn du völlig nackt solche Tiere füttern gehst. Die haben keinen großen Blickwinkel, da können echt Tragödien passieren. Aber bei dir ist's ja nicht so schlimm!« »Was, nicht so schlimm?« »Nein, wirklich nicht, lieber ein Leguan als ein Hai und sei

froh, daß er nur die Zehe erwischt hat«, philosophierte Pedro. »Funny«, meinte Martin.
André hatte vorsichtig seinen Zeh befühlt und wurde langsam ärgerlich: »Das ist überhaupt nicht funny. Diese Leguane sind ganz schöne Arschlöcher.« Gerade das letzte Wort sprach er in bestem Französisch aus. Umgangssprache an Bord war zwar Spanisch, doch unsere französisch-englisch-chilenisch-belgische Crew kam nicht immer ohne die Muttersprache aus. Wir sprachen also vorzugsweise französisch, und es sprudelte nur so heraus, wenn total blöde Dinge passiert waren, wenn man sich den nackten Fuß an Deck an irgendeiner scharfen Kante schön gestoßen hatte. So konnte diese Sprache selbst unterhalb des Äquators zwischen dem 90. und 91. Längengrad ihren unsterblichen Ruhm verbreiten.
Aber wir wollen wieder auf die Leguane der Insel Santa Cruz zurückkommen. Es ist ungeheuer reizvoll zu beobachten, wie sie rennen, wenn man ihnen Futter bringt. Mitten unter ihnen stand André, nur mit einem Strohhut bekleidet, und erinnerte mich an eine Bauersfrau, die ihre Hühner füttert.
Seitdem wir so von Insel zu Insel streiften, haben wir recht lobenswerte Kenntnisse über die Tierwelt auf Galapagos sammeln können. Auf der Insel Tower, wo die TRISMUS über einem zwölf Meter tiefen Krater ankerte, haben sich die Seevögel durch unser Erscheinen überhaupt nicht gestört gefühlt und brüteten sogar weiter auf ihren Eiern, wenn wir über ihre Nester sprangen. In der James-Bay hatten wir uns kaum am Strand ausgestreckt, als schon die Galapagos-Tauben mit ihren roten Füßen durch den Sand gerast kamen und sich neben uns hockten – es hätte nicht viel gefehlt und sie hätten unsere Füße als Vogelstangen benutzt. Mit ihren blau umränderten Augen inspizierten sie neugierig meinen Bart: ob sie in ihrer unendlichen Naschhaftigkeit in diesem Dickicht gar etwas besonders Leckeres vermuteten? Sie trauten sich nicht so recht, zauderten und kratzten sich unentwegt am Kopf. Ich blieb ganz unbeweglich liegen und spielte den Schlafenden. Sie kamen bis auf wenige Zentimeter heran und beugten sich über meine ausgestreckte Hand, als wollten sie ihre Zukunft ablesen, aber dann verließ sie der Mut, und sie zogen sich zurück. Die Pinguine in der Bucht von Bartolomé hingegen waren sehr scheu, aber man hätte sicherlich auch mit ihnen Kontakt bekommen,

wenn man vom Pineapple Rock aus, wo sie ihre Nistplätze haben, an sie herankommen könnte. Doch hier war der felsige Untergrund einfach zu gefährlich zum Ankern.

Ich hatte ja gerade vom Nackedei André gesprochen und will noch ergänzen, daß die ganze Crew der TRISMUS ständig im Adamskostüm herumlief. Sicherlich wollten wir damit weder die Mode der Flitzer nachäffen, noch war es eine Frage der Eitelkeit, also der nahtlosen Bräune. Aber unser schon zur Gewohnheit gewordener Aufzug schonte die Kleidung und senkte die Waschkosten. Vor allem konnten wir uns so am besten tarnen, die Tiere schöpften kaum Verdacht, wenn wir uns ihnen so näherten.

Nicht alle Tierarten sind so treuherzig wie Leguane oder so frech wie die Seehunde von den Gordon-Felsen. Vor allem die Flamingos von Rabida waren sehr mißtrauisch. Rabida besteht aus einem riesigen rostroten Sandstrand, an den sich ein Mangrovengestrüpp anschließt, wo nachts die Schildkröten zum Fressen hinkommen. Weiter hinten, in einer Lagune, standen die Flamingos. Wenn man sich ihnen auch nur mit einer Hose bekleidet nähern wollte, bekamen sie Angst und flogen davon. Waren wir aber nackt, achteten sie nicht weiter auf uns. Natürlich darf man sich ihnen nur vorsichtig nähern und muß zwischendurch immer wieder anhalten und abwarten, oder mal nach rechts, mal nach links gehen und so tun, als sei man ein Stelzvogel auf der Suche nach Futter. Ein solches Annäherungsspiel macht ungeheuren Spaß.

Aber all das wußten wir damals noch gar nicht, bis uns ein Inspektor der Darwin-Station von Academy-Bay zum Felsen der Wildziegen schickte. »Also«, sagte er, »wenn Sie zur James-Bay kommen, schießen Sie ruhig ein paar Ziegen ab, langsam werden es zu viele. Sie fressen die ganzen Mangroven, und wo die einmal langgezogen sind, finden die Schildkröten keine Nahrung mehr. Die Ziegen dann übrigens auch nicht.« Schon Fische schmecken lecker, und Langusten sind ein Genuß. Doch nun lief uns allen beim Gedanken an eine Ziegenkeule das Wasser im Munde zusammen. »Und außerdem gibt es dort ganze Wildschweinherden. Mögen Sie Wildschweinbraten?«

Mit großem Appetit zogen wir zur James-Bay los. Das Gewehr war frisch geölt, und ich hing bereits mit der Nase in einem Kochbuch. Die James-

Bay stellt sich zunächst als riesig langer, von Mangroven eingesäumter Sandstrand dar. Im Hintergrund öffnet sich eine Lagune, und das Gelände steigt dann langsam an. Hügel und Krater längst erloschener Vulkane reihen sich aneinander. Unter den langsam dahinziehenden Wolken entdeckten wir galoppierende oder auch regungslos verharrende Schatten. »Das sind die Ziegen«, meinte Pedro. »Vielleicht verhalten sie sich wie die Leguane und fressen uns aus der Hand. Wer nimmt das Gewehr?« Ich mag nicht auf Tiere schießen, und André behauptet, daß er einen Elefanten nicht einmal auf fünf Meter trifft. Sicherlich hat er übertrieben. Sollte man Martin die Waffe anvertrauen? Man könnte fast wetten, daß er binnen der nächsten Stunde wie Orpheus, nur mit Mundharmonika, im Schatten unter einem Baum inmitten einer zahmen Ziegenherde sitzen würde. Dieses Risiko sollte man lieber nicht eingehen. »Gut«, sagte Pedro, »ich gehe. Ihr könnt ja schon mal Holz sammeln.« Und mit dem Finger am Abzug verschwand er.

Als wir schon genug Brennholz zusammen hatten, um einen Büffel braten zu können, setzten wir uns zu einer Zigarettenpause nieder. Die Umgebung wirkte sehr friedlich. Von Zeit zu Zeit sah man die Schatten der Ziegen in großer Geschwindigkeit die Hügel hinunterrasen. Erst eine Weile später tauchte Pedros Silhouette auf, der ihren Spuren folgte. Natürlich war er viel langsamer als seine Opfer, aber das Kriegenspielen war schon sehr beeindruckend.

»Pedro ist ja mit Begeisterung dabei«, meinte André bewundernd. »Die Ziegen aber auch«, fügte Martin trocken hinzu. Es war Mai, und wir befanden uns fast am Äquator, und die Luft war sehr mild. Pedro kam zurück, warf sich zu Boden, fragte nach was zum Trinken, was leider verneint werden mußte, und überließ sich dann wenig schmeichelhaften Bemerkungen über die Ziegen. Das Spanische ist ja eine sehr blumige Sprache, und Pedro hat das voll zur Geltung bringen können. Als er endlich fertig war, trat eine beklommene Stille ein.

»Wann essen wir?« fragte Martin ganz ruhig, und Pedro merkte nicht einmal den respektlosen Unterton. »Ich brauche dazu Treiber«, sagte er. Also zeichneten wir eine Skizze der Umgebung in den Sand und besprachen unsere Strategie. Jeder erhielt einen Auftrag, Pedro ging wieder auf seinen Posten, und das Einkreisungsmanöver begann.

Als ich später diese Zeilen schrieb, war ich doch der Meinung, daß wir die Kugel verschenkt hatten. Ich war nackt und konnte mich den Ziegen bis auf wenige Meter nähern, ohne daß sie Angst bekamen. Mit einem Grasbüschel im Maul schauten sie mich eher neugierig als ängstlich an. Ich hätte auch noch weiter herangehen und sie dann ganz einfach einfangen können, so wie man einem Hund ein Halsband umlegt. Aber Vorschrift bleibt Vorschrift: Ich stieß also einen lauten Schrei aus, die Ziegen nahmen Reißaus, und dann erscholl ein triumphierender Schuß. Die Ziege war sehr alt und hatte eine äußerst zähe Muskulatur. Obwohl schon tot, hat sie sich gegen das Garen gewehrt, und wir haben uns ganz schön die Kiefer verrenkt, beschlossen aber, sie dennoch wohlschmekkend zu finden.

»Morgen sollten wir ein Wildschwein fangen. Das müßte doch wirklich lecker sein«, sagte André. »Oh ja, und als Beilage Maronenmus.« »Ich möchte lieber Champignons.« Unsere Gespräche wurden bei gewissen Gelegenheiten immer besonders geistvoll.

Rings um unser verlöschendes Feuer breitete die Nacht ihre Schatten aus. Der Mond war aufgegangen, und als er später hoch am Himmel stand, tauchten die Schildkröten aus dem Meer auf, um am Rande der Mangroven ihre Eier abzulegen. Im Morgengrauen des folgenden Tages kamen die Wildschweine aus dem Busch und badeten in der Lagune. Der Norden unserer Bucht mutete wie der Garten Eden an, auf dem Meeresgrund wimmelte es nur so von Langusten. Kaskaden von Rotwein hätten noch gefehlt, und man wäre sich wie Alice im Wunderland vorgekommen. Jedenfalls gab's genug, um jahrhundertelang das Auskommen armer Weltumsegler zu garantieren. Wenigstens war es in diesem Frühling 1973 so, aber schon einige Monate später hat die Regierung Maßnahmen ergriffen, deren Echo bis nach Polynesien hallte. Man begrenzte nicht nur die Liegezeit der Yachten auf zwei Wochen, sondern verlangte zudem unglaublich hohe Liegegebühren. Joan de Kat brachte uns diese Nachricht mit seiner MISÉRICORDE nach Papeete, er war ganz schön in Rage darüber. »Warum nicht auch gleich noch Metergeld?« glaubte ich mich sagen hören.

Persönlich halte ich die Entscheidung der ecuadorianischen Regierung für vernünftig, denn eine stets anwachsende Zahl von Seglern läßt sich

mit den Passatwinden hierhertragen, und so wäre es nur noch eine Frage der Zeit, wann die Galapagos völlig überlaufen und die James-Bay eine Filiale von Port Man geworden ist, wo man überall am Strand Verbotsschilder aufstellen muß, die das Jagen verbieten. Wir von der TRISMUS haben wohl als letzte die Freiheit auf den Inseln noch voll erleben können. Man muß sich eben ein neues Galapagos suchen, irgendwo.
Die letzten Absätze habe ich völlig ungeordnet und ohne zeitliche Einordnung aufgeschrieben. Es bringt ja auch nicht so viel, wenn man Schritt für Schritt jeden einzelnen Tag im Logbuch nachliest. Wir haben die Monate nur so verbummelt, und deshalb ist es auch schöner, wenn man die Erinnerungen spontan auftauchen läßt, und zwar genauso ungeordnet, wie das Gedächtnis sie freigibt. Das Logbuch kam in eine Schublade. Ich hatte sowieso nicht alles notieren können, auch wenn ich etwa die Ereignisse unserer Rückfahrt von der Insel Tower aufgeschrieben habe, wo wir einen solchen Nebel hatten, daß man nicht einmal 50 Meter weit sehen konnte. Eine Strömung hatte die TRISMUS gepackt und beinahe auf die Riffe von San Salvador gesetzt. Und dann war uns auch noch die Ruderanlage kaputtgegangen, als ich einmal mit einem Ruck die Pinne herumwerfen mußte. Doch die bösen Streiche, die uns ein Seehund von den Gordon-Felsen gespielt hat, sind nicht ins Logbuch eingetragen, also ab in die Schublade mit dem Ding.
Das Entscheidende kann man mit Worten sowieso nicht festhalten und bleibt nur in der Erinnerung lebendig. Beim Schreiben dieser Zeilen erinnere ich mich immer wieder an die listigen, schelmischen, äußerst witzigen, aber immer unwiderstehlichen Seehunde von den Gordon-Felsen.
Und schon bin ich wieder bei den mich so fesselnden Tieren . . .

## Seehunde auf Diebestour

In ungefähr sieben bis acht Meter Tiefe lag ich auf der Lauer. Mit der einen Hand krallte ich mich am Felsen fest, die andere hatte ich am Abzug und versuchte, mit angehaltenem Atem kleine glucksende Geräusche zu machen, um Fische anzulocken, die anschließend in die Pfanne wandern sollten.

*Wie ein Wachtposten blickt die Moai-Statue, Wahrzeichen einer untergegangenen Kultur, über die Osterinsel (10).*
*Während die* TRISMUS *im Hafen von Callao ankert, unternimmt Patrick van God Ausflüge in die Anden. Zwar beeindrucken ihn die Ruinen der terrassenförmig angelegten alten Inka-Stadt Machu Picchu, aber das Treiben der Touristen schreckt ihn ein wenig ab (11). Das bunte Leben der Inkas auf dem Markt von Puno in Peru (12) ist hingegen von neugierigen Fremden noch fast unberührt.*
*Während seiner Arbeit als Docker am oberen Amazonaslauf trifft Patrick selten auf Indianer, die entlang des Flußlaufes ein karges Leben fristen (13).*
*Am Titicaca-See, dem größten Hochlandsee der Erde, werden noch heute unzählige Boote aus dem Totora genannten Schilfrohr hergestellt, das gleichfalls als Baumaterial für die auf den schwimmenden Inseln errichteten Hütten dient (14).*
*Die Galapagos-Inseln sind nahezu ein unberührtes Reservat für vom Aussterben bedrohte Tierarten. Seltene Seevögel wie dieser brütende Albatros (15), Wildziegen (16) sowie die verspielten Seehunde (17, 18) verhalten sich den Menschen gegenüber ohne große Scheu.*
*Nach dem Besuch auf Galapagos nimmt die* TRISMUS *Kurs auf Polynesien. In der Nacht vom 24. auf den 25. März 1974 strandet das Schiff auf einem Korallenriff von Rangiroa, einer Insel des Tuamotu-Archipels (19). Patrick van God bekommt die* TRISMUS *nicht mehr frei und gibt sie auf.*

Am vorigen Abend waren in der gleichen Gegend drei Hammerhaie in nur fünf Meter Entfernung an mir vorüber geschwommen, gerade als ich an einem Felsen hing und meine Lockrufe ausstieß. Sie strichen im Gänsemarsch ruhig an mir vorüber und strebten wohl auf ein ganz bestimmtes Ziel zu. Im nächsten Augenblick waren sie schon wieder verschwunden, ohne meine Gegenwart überhaupt bemerkt zu haben. Dies war also das zweite und nicht das letzte Mal, daß ich in den Gewässern von Galapagos Haie gesichtet habe. Und wenn auch der visuelle Eindruck schon in der nächsten Minute verschwunden war, so hatte doch das Gedächtnis dieses Erlebnis registriert, programmiert und in die Rubrik »Gefahr« eingeordnet, um bei nächster Gelegenheit gleich Alarm schlagen zu können.

Ich lag also auf der Lauer, als plötzlich an meinem Bein gezogen wurde. In einer Hundertstelsekunde schon war der Alarm ausgelöst, mit dem Herz in der Hose drehte ich mich um und sah drei dunkle Riesenleiber. Der eine von ihnen kam dicht zu mir heran und knabberte an den Spitzen meiner Flossen. Seehunde!

Derartige Ängste können einem schon ganz schön den Stoffwechsel durcheinanderbringen. Ich tauchte wieder auf, und unter den mich begleitenden Luftblasen waren nicht wenige Erleichterungsseufzer. Die Seehunde folgten mir hartnäckig, weil sie wohl immer noch von meinen Flossen kosten wollten. Seehunde sind freundlich, immer in ausgelassener Stimmung, und wenn man auf ihre Spiele eingeht, werden sie genauso zudringlich wie ein Wurf sechs Wochen alter Welpen, denen man einen alten Pantoffel streitig macht.

Meine Flossen hatten es ihnen offenbar angetan, diesen liebenswerten Weggefährten, die mir immer so viel Spaß bereitet haben. Mit der Ausnahme allerdings, wenn ich auf die Jagd gehen wollte. Denn was machen wohl die Fische, wenn Seehunde auftauchen? Sie verziehen sich schleunigst. Und dann kann man Stunden mit dem Finger am Abzug und der vergeblichen Hoffnung auf die von nun an unsichtbare Beute durchs Wasser tauchen.

Drei Tage lang kam ich unverrichteter Dinge wieder zurück. Ich hatte mich vergebens hinter der schützenden Wand der TRISMUS und mit der Vorsicht eines Einbrechers ins Wasser gleiten lassen; ich hatte mit

geistesabwesender Miene das Schlauchboot genommen, um in Ruhe weiter draußen fischen zu können – alles umsonst. Es dauerte keine drei Minuten, bis meine Kameraden zusammenströmten und sich wie die Schneekönige freuten: »Spielen wir jetzt?«
Ich kam schließlich sogar zu der Überzeugung, daß, selbst wenn sie auf ihrem Felsen schliefen, einer von ihnen Wache hielt, um das Kommen und Gehen auf der TRISMUS zu beobachten und notfalls das entsprechende Signal zu geben: »Los hinein! Es geht wieder los.« Was sollte ich tun? Ich mußte mich damit abfinden, den lästigsten unter ihnen zu »entwaffnen«, das heißt, ihn davonjagen, wenn er mir mit blitzenden Augen Luftblasen unter die Sauerstoffmaske prustete. Ich habe es jedoch nie geschafft, auch nur einen einzigen von ihnen jemals beim Schwanz zu packen, weil ich immer aufpassen mußte, daß mir nicht sein Komplize die Flossen dabei auszieht und damit verschwindet. Immer wenn ich wieder an Bord ging, tauchten ihre runden Köpfe um die TRISMUS herum auf, und sie schauten mich ganz enttäuscht an: »Was? War das etwa alles?«
Als ich am zweiten Tag an Deck stieg, hatte es sich doch einer im Schlauchboot bequem gemacht. Er hatte sich auf den Rücken gelegt, die Flossen auf dem Bauch zusammengerollt und den Kopf weich auf dem Rand des Zodiac gebettet. So lag er und döste vor sich hin wie ein dicker Mönch bei seinem Verdauungsschlaf auf dem Rasen eines Obstgartens. Also so etwas!
»He! Du dort!« Er öffnete ein Auge, schloß es aber gleich wieder und dachte an etwas anderes. Ich zog an der Verbindungsleine. Das paßte ihm nicht, und mit beleidigter Miene beschloß er nun langsam, diesen Platz zu verlassen und sich ins Wasser zu begeben. Aber sein ganzes Verhalten brachte seinen Unmut über mich zum Ausdruck: »Was ist denn das für ein Typ?« Und er war es auch, der eine Stunde später mit einigen Komplizen zurückkam, um das zu versuchen, was man wohl vorsätzlichen Diebstahl nennt.
Ich war gerade an Land und hatte das Schlauchboot einige Meter vom Strand entfernt verankert. Als ich mich noch einmal umdrehte, merkte ich, wie es sich langsam seewärts bewegte, und da schöpfte ich Verdacht. Es gab hier weder Strömung noch Wind, und eine fünf Meter lange Kette mit einem zwei Pfund schweren Draggen-Anker mußte eigentlich halten.

Meine Zweifel wurden zur Gewißheit, als sich das Wasser plötzlich bewegte und ein kleiner runder Kopf und ein schwarzer Rücken die Spitzbuben entlarvte. Wenn das Schlauchboot heute nicht dem Chef der Seehundfamilie der Gordon-Felsen als Schlafplatz dient, liegt das nicht daran, daß ich schneller als sie schwimmen kann, sondern daran, daß die Räuber nicht mit der notwendigen Geschwindigkeit arbeiteten.
Als sie sahen, wie ich mich an ihre Fersen heftete, haben sie sich wohl vor Lachen den Bauch gehalten und sich wegen ihrer Albernheit um ihre eigenen Chancen gebracht. Diese letzte Hypothese stellte Martin auf, und ich teile sie eigentlich mit ihm. Es wundert mich sowieso, daß nicht ein paar Seehunde im Cockpit sitzen und eine meiner letzten Flaschen Johnny Walker leeren, wenn ich nach mehreren Stunden Abwesenheit wieder an Bord der TRISMUS komme. Aber meine Freunde von den Gordon-Felsen, diese Räuber, Wegelagerer und Spaßvögel, haben nicht zuletzt die Gründung der Galapagos-Trismus-Gift-Corporation Limited mit verursacht.
Ich muß das näher erklären: Was tut man, wenn ein halbes Dutzend Nichtsnutze das ganze Jagdrevier in Panik versetzen? Man forscht ein bißchen, und das tat ich dann auch. Die See bei den Plaza-Inseln birgt keine außergewöhnlichen Schätze. Ich inspizierte gemeinsam mit den Seehunden, die entweder vorweg oder hinter mir schwammen, mal hier, mal dort die Täler und Felsspalten unter Wasser, pflückte Muscheln und brachte ein paar Proben der Unterwasserflora und -fauna mit an Bord, um meine Sammlung zu vervollständigen. Im großen und ganzen nichts Besonderes. Vielleicht bis auf den Korallenzweig, den Pedro mit Daumen und Zeigefinger aus meiner an Deck ausgebreiteten Sammlung herausfischte. »Schwarze Koralle«, sagte er, »ein schönes Stück. Als Anhänger an einem Stück Garn würden die Amis in Academy-Bay dafür ohne weiteres fünf Dollar zahlen.« Fünf Dollar! Ich geriet ins Träumen. Um alle Zweifel auszuräumen, möchte ich nochmals mit Nachdruck darauf hinweisen, daß ich kein Souvenirhersteller bin, sondern Zahnarzt. Für nichts in der Welt würde ich mich für die Fabrikation von Männeken Pis oder goldgefärbten Eiffeltürmen hergeben. Aber die Herstellung von Korallenanhängern zu fünf Dollar das Stück schien mir interessant und verführerisch. Anhänger sind Schmuck, fast Juwelen, und ihre Ferti-

gung ist eine Kunst, die mich schon immer fasziniert hat. Man sollte niemals die Stimme einer wahren Berufung überhören! Und ich hörte gut hin.

Seit meiner Abreise aus Europa und abgesehen von Mindelo ist meine Dentisten-Ausrüstung nie wieder in Gebrauch gewesen und kann hier nun endlich ihre Existenzberechtigung unter Beweis stellen: Vom nächsten Tag an habe ich Diamantenschleifer, kleine Bohrer der Größe Nr. 3 (die ich sonst für die empfindlichen feinen Damen nehme) und die besten Instrumente der Zahnheilkunde in Aktion treten lassen und das Deck der TRISMUS in ein Atelier für Kunsthandwerk höchster Qualität verwandelt. Ich will zwar nicht behaupten, daß das Herstellen von Korallenanhängern die gleiche Akribie wie das Schleifen von Diamanten verlangt – dennoch, diese Kunstgegenstände erforderten auch ein bestimmtes Können hinsichtlich der Materialverarbeitung, eine besondere Sorgfalt und Genauigkeit beim Bohren und Polieren. Als Schraubstock für meine künstlerische Tätigkeit benutzte ich eine Zahnzange. André und Pedro besorgten das Rohmaterial – wir entwickelten bei unserer Arbeit eben Teamgeist.

Ich darf noch in aller Bescheidenheit erwähnen, daß in den nächsten Wochen unsere Korallenanhänger die Bestseller von Academy-Bay wurden. Die Amerikaner, deren guter Geschmack ja bekannt ist, schätzten ihren Wert auch richtig ein – nämlich auf fünf Dollar. Was ich nach erneuten Überlegungen eher für einen lächerlichen Preis halte, wenn die Käufer aus dem Mund des Künstlers erfahren, daß dieser die schwarzen Korallen nur in unglaublichen Tiefen und zudem in einem von menschenfressenden Haifischen total verseuchten Gebiet finden kann. Schon allein diese Erzählung ist ihre fünf Dollar wert.

Wir zogen also von Insel zu Insel, verkauften unsere Anhänger, spielten mit den Seehunden, zündeten am Abend ein Feuer an und verbrachten so unsere Zeit.

Nachts saßen wir auf Höhe der Insel Barrington im Cockpit und warteten auf das Morgengrauen. Der Mond ging langsam unter, verschwand schließlich ganz, um wieder aufzutauchen, nahm langsam zu, ging wieder unter, zog seinen Kreis durch die Sterne. So war es Juni geworden und die Zeit zum Abschiednehmen gekommen.

## Der gute alte Martin

Seit Tagen schon fällt es mir immer schwerer, die Sätze geordnet nacheinander zu Papier zu bringen und die richtigen Worte zu finden, die mir inzwischen so schwer wie Blei geworden sind.
In ungefähr drei Stunden, um 1.55 Uhr, ist es genau 50 Tage her, daß ich die TRISMUS auf einem Riff von Rangiroa, einem Atoll des Tuamotu-Archipels in Französisch-Polynesien, verloren habe. Ich kann kaum noch schlafen, und wenn ich doch kurz mal einnicke, höre ich den Todesklang der Wellen, die noch nachts, 2000 Meilen von hier, gegen ihren Rumpf schlagen.
Meine Erinnerungen sind jetzt nicht mehr das, was sie vordem waren, ich kann mich auch nicht dazu zwingen, meine Erlebnisse in den eigentlichen Farben zu schildern. Ein Schleier hat sich wie Nebel über alle Eindrücke gesenkt, und auch die Lagune der Insel Floreana, in der die TRISMUS wie ein gelber Farbklecks ankerte, erscheint mir nun recht glanzlos.
Pedro und André hatten uns verlassen. Sie wollten in das in Agonie liegende Chile zurückkehren. Der eine nahm seinen unsicheren Architektenberuf wieder auf, und der andere zog mit dem nahenden Winter nach Farallones, um dort als Skilehrer tätig zu sein. Ob man in dem unsicheren Jahr überhaupt noch in den Kordilleren Skilaufen wird? Nachdem sie losgezogen waren, begaben sich Martin und ich in die Einsamkeit von Floreana.
Während der letzten Wochen unseres Aufenthalts auf den Galapagos hatte Martin mit der Akribie eines Schweizer Uhrmachers die letzten Handgriffe an die von ihm entwickelte Steuerung gelegt. Seit mehr als einem Monat wurde die Fertigung nach und nach von der Werkstatt der Darwin-Station in den Garten von Deroy in Academy-Bay verlagert. Deroy lebt seit 18 Jahren auf den Galapagos und war gerade mit dem Bau eines Segelbootes beschäftigt, um eines Tages die Inseln verlassen zu können.
Am Strand von Floreana nahm die automatische Steuerung nun ihre Endform an. Wir waren schon beim Windbrett, das aus Balsa-Holz bestand und mit Glaswolle verkleidet wurde. Ich hatte die Glaswolle schon damals von Hauptmann Sepulvida in Quintero bekommen. Wir

kamen unserer Arbeit allerdings recht langsam, gleichgültig, vielleicht sogar mit Bedauern, nach, weil wir beide wußten, daß mit ihrer Beendigung auch unser Abschied gekommen sein würde. Deshalb machten wir ausgedehnte Pausen, bummelten endlos umher, badeten, machten Ausflüge zu den anderen Inseln, Spaziergänge von mehr als zwei Meilen bis zur legendären Tonne der Post Office Bay.

Als zu Beginn dieses Jahrhunderts die Walfänger zu ihren weiten Zügen aufbrachen, machte fast jedes Boot Zwischenstation bei dieser Tonne. Auslaufende Schiffe steckten ihre Post hinein, heimkehrende Schiffe nahmen diese mit in ihre Heimatländer. Auf diese Weise wurde ein Postverkehr eingerichtet, der wegen Tradition, Gewohnheit und Folklore auch in der heutigen Zeit des Radios und der Blitzgespräche die Tonne noch immer nicht überflüssig werden ließ. Sogar in unseren Tagen wird die Korrespondenz kostenlos in aller Herren Länder befördert, aber mir fehlt das Vertrauen in die Sache: Die paar Briefe, die ich dort eingesteckt habe, sind nie an ihrem Bestimmungsort angekommen.

Und was ist an der Legende von Post Office Bay überhaupt dran? Neben der berühmten Tonne gibt es eine Unmenge von Schildern und auf Pfähle genagelte Gedenktafeln, auf denen jedes Segelschiff, jede Yacht und jedes Charterschiff Name und Datum vermerkt hat. Die ganz alten Bretter hat schon der Wind umgeworfen, und Unwetter haben nach und nach die Inschriften ausgewaschen. Wenn man in diesem Durcheinander gut sucht, findet man sogar eingeritzte Vornamen und Herzen mit dem obligatorischen Pfeil, wie an manchen Bäumen im Stadtpark. Aber man wird auch nicht mehr lange darauf warten müssen, bis ein ordentlich befestigtes Schild ein erfrischendes Getränk oder ein noch zwölfmal weißer waschendes Waschmittel anpreist. Später habe ich dann erfahren, daß man am 25. Oktober 1973 in der Post Office Bay ein Schild aufgestellt hat, das für ein provençalisches Steak in einem Restaurant in Seebrügge wirbt! Den Fortschritt kann man eben nicht aufhalten. Das oben erwähnte Steak hat meine Geschmacksnerven angeregt und mir ist dabei deutlich geworden, wie genügsam unser Leben auf Floreana doch war. Als ich den Cousin noch an Bord hatte, waren die Mahlzeiten das wichtigste Ereignis am Tag. Ihre Vorbereitung wurde nahezu zelebriert, der Primuskocher war der Tabernakel und Bratpfanne sowie Pfeffer-

mühle kultische Instrumente. Selbst das Lesen in der Bibel, die gelegentlich von einem Kochbuch verdrängt wurde, hatte seinen festen Platz in unserem Leben.
Nie im Leben werde ich vergessen, als eines Tages in Patagonien, kurz vor Eintritt in den Sarmiento-Kanal, der Cousin in den eisigen Williwaws umkehren und den Leuchtturmwärter um den ihm fehlenden Zucker bitten wollte. Er träumte nämlich von flambierten Pfannkuchen. Als er aber von Bord gegangen war, entbehrten die Gerichte immer mehr der Fantasie und wurden zunehmend karger.
Während des Aufenthalts auf Floreana gings richtig spartanisch bei uns zu. Vielleicht wurde mein Dichter-Ingenieur von Träumen und Mundharmonika-Melodien satt oder vom Rauschen des Windes wie die Albatrosse. Ich jedenfalls liebe gutes Essen, doch die entsprechenden Vorbereitungsarbeiten und das anschließende Aufräumen schreckten mich zu sehr ab, und so haben wir gegen Ende unseres Aufenthalts auf den Galapagos immer häufiger zur Mundharmonika als zum Topf gegriffen. Das war zwar kein gleichwertiger Ersatz, aber man kann den Körper leichter daran gewöhnen, als man so glaubt.
Als ich ganz allein von den Galapagos zu den Marquesa-Inseln segelte, hatte ich über 24 Stunden weder das Verlangen zu essen, noch ein Glas Wasser zu trinken. Eine solche Diät hat zumindest bei mir großen Erfolg. Als ich auf Hiva-Oa anlegte, mußte ich mit einer Zange die in etwa 20 Meter Tiefe in Unordnung geratenen Glieder der Ankerkette richten. Ohne wieder aufzutauchen und nur mit angehaltenem Atem habe ich diese Arbeit so mühelos erledigt, als hätte ich an Deck gespleißt.
Mit der gleichen Kraft und ohne Luft zu holen hätte ich bestimmt mit Daumen und Zeigefinger eine Kokospalme wie ein Gänseblümchen ausreißen können. Seit der Zeit sind raffinierte kulinarische Köstlichkeiten vom Tisch der TRISMUS verschwunden. Aber natürlich habe ich immer einige günstige Gelegenheiten wahrgenommen – das Fleisch ist schließlich schwach!
Das Reklame-Schild über die Steaks hat meinen Bericht über die Herstellung des Windbretts etwas verzögert. Als auch der letzte Bolzen angebracht und die letzte Farbschicht getrocknet war, erreichte der Wind gerade Stärke 2. Und als die TRISMUS die Lagune verließ, flaute es noch

mehr ab. Mit gefierten Segeln reagierte die TRISMUS auf den leisesten Hauch, doch ein Windbrett funktioniert um so besser, je höher man an den Wind geht. »Segel runter!« kommandierte Martin, dessen Seemannsslang immer deutlichere Fortschritte gemacht hatte. Wir schlugen also die Segel ab und segelten nur noch mit Fock und Stagsegel. Schweigend beobachtete Martin das Kielwasser, die Segelstellung und das Windbrett, das auf das leiseste Lüftchen reagierte. Dann fingen seine Augen an zu leuchten, und ein Lächeln breitete sich über sein Gesicht: »Das war's wohl«, sagte er. Und darauf griff er zufrieden zu seiner Hohner. So verliefen unsere letzten gemeinsamen Tage.

Seitdem wir auf den Galapagos weilten, hatte sich Martin einen guten Ruf erworben, der seinen Ausgang sicherlich von der Darwin-Station nahm und sich wie ein Lauffeuer über die Insel verbreitete. Wahrscheinlich wußten sogar die Pinguine des Pineapple Rock davon, und wenn nicht sie, so wußte es zumindest Mr. Devin, Eigentümer eines zum Hotel ausgebauten Bauernhofes, wo er amerikanische Touristen aufnahm.

Im Moment funktionierte bei Mr. Devin weder die Wasserpumpe, noch das Stromaggregat, noch die Klimaanlage, darüber hinaus kämpfte er gerade mit einer Reihe komplizierter technischer Anlagen. Er neidete mir meinen Shelley und hatte ihm deshalb ganz konkrete und lukrative Angebote gemacht: »Ich glaube, ich werde ihm zusagen«, meinte Martin. Ich wollte nicht um ihn kämpfen. Wozu ihm abraten? Und ich hätte dies vielleicht sogar in egoistischer Absicht versucht und es erreicht, wenn mir nicht ein bestimmter Plan durch den Kopf gegangen wäre, wozu ich unbedingt allein sein mußte. Zudem war ich wegen der vielen Segler, die hier auf dem Weg nach Polynesien Zwischenstation machten, ziemlich sicher, ihn dort eines Tages wiederzutreffen. Keine Yacht, der wir begegnet sind, hätte es jemals abgelehnt, ihn mit an Bord zu nehmen. Wie gesagt, man beneidete mich um ihn. Martin würde gar nicht auf einen »Boot-Stop« angewiesen sein, um mich 6000 Kilometer von hier wiederzutreffen.

Wir haben uns also getrennt und uns, als sei es die natürlichste Sache der Welt, einige Monate später in Papeete wiedergetroffen. Dann gingen unsere Wege erneut auseinander, so wie damals auf dem Kai von Ushuaia. Martin zog weiter nach Süden in Richtung Neuseeland, wäh-

rend die TRISMUS mit Kurs 30 Grad ihr Schicksal auf einem Riff von Rangiroa vollendete.
Ob in Kanada, Südafrika, den Sunda-Inseln oder irgendwo anders – es ist gut möglich, daß sich unsere Wege erneut kreuzen. Oder wir treffen uns niemals wieder. Vielleicht begegnen wir uns sogar eines Tages in einem Büro oder einer Zahnarztpraxis in Brüssel, um in unseren gemeinsamen Erinnerungen zu schwelgen?
Doch schon in dem Moment, in dem ich mir auch diese letzte Möglichkeit eines Wiedersehens vorstelle, schrecke ich davor zurück und bekomme es mit der Angst. Nichts ist grausamer, als nach fast einem Menschenalter in dem nun faltig gewordenen Gesicht eines Freundes, den man Jahrzehnte nicht gesehen hat, das Abbild seines eigenen Abstiegs zu sehen. Lieber nicht. Entweder in ein paar Jahren oder niemals mehr . . .
Nach unserem Abschied nahm ich allein Kurs auf die 3200 Meilen entfernten Marquesa-Inseln.

Nie wieder ein Buch!

Endlich ist die Stunde gekommen, diesen Bericht zu vollenden. Ich habe vor gut einem Jahr damit begonnen, am selben Morgen, als die Galapagos im Kielwasser der TRISMUS verschwanden. Vor uns lagen unendlich viele einsame Tage, in deren Verlauf – so naiv dachte ich damals – ich das Manuskript zu Ende schreiben könnte.
Als Hiva-Oa, eine der Marquesa-Inseln, am Horizont erschien, waren aber erst 42 Seiten fertig. Mein Verstand riet mir, sie einfach zu vernichten und an unterhaltsamere Dinge zu denken. Doch ich nahm mich zusammen, sehe aber für meine Halsstarrigkeit eigentlich heute noch keinen vernünftigen Grund. Genauso hielt ich und halte auch immer noch die Instandsetzungs- und Pflegearbeiten an Bord für reine, leider unerläßliche Frondienste. Jede Stunde, die ich mit dem Reinigen, sprich Abkratzen des Kiels, Schleifen und Malen und schließlich Segelnähen zugebracht habe, erscheint mir gestohlen, ganze Tage gingen damit verloren. In dieser Zeit hätte man nützlichere Dinge tun sollen, wie etwa neue Menschen, fremde Gesichter kennenlernen, neue Horizonte entdecken. Doch ich blieb hart und tat meine Pflicht.

Wenn ich jetzt über diesen Seiten brüte, gehen meine Gedanken oft an die GEMINI zurück: Am oberen Amazonaslauf Schiffe mit Salz und Bananenstauden zu be- und entladen, in der schwülen Hitze und mit all den Moskitos, ist im Hinblick auf das Schreiben eines Buches fast wie Zuckerschlecken. Und wieviel Säcke Salz habe ich schon getragen seit den letzten elf Monaten! Tausende. Mindestens zehn pro Seite. Es ist einfach verrückt!

Eine solche Dummheit werde ich nie wieder begehen. Ich halte es da mit Miles Smeeton, der bei einer anderen Gelegenheit einmal sagte: »Once is enough« – Einmal reicht.

Und indem ich meinen letzten Salzsack abwerfe, verkünde ich feierlich: »Fontaine – von deiner Tinte werde ich niemals mehr trinken!«

Übrigens – ich bin kein Schriftsteller. Ich bin Zahnarzt.

Geschrieben auf dem Pazifik, 17. Juni 1973 – 12. Mai 1974.

# ANHANG

Wer einem ungewöhnlichen Weg folgt, setzt sich der Gefahr des Hochmutes aus, sagt von Lefort. Obwohl dies ein wenig übertrieben ist, kann dieser Satz viel von dem erklären, was man leider die »Legende von Kap Hoorn« nennt. Unter den ersten, die im 20. Jahrhundert auf dieser von den Klippern nicht mehr befahrenen Route gesegelt sind, haben nicht wenige durch ihre späteren Veröffentlichungen den Mythos von Kap Hoorn tüchtig genährt. Beinahe jeder kennt die Heldensaga der berühmten Dreimaster, die oft wochenlang gegen Wind und Gezeiten kämpften, um vom Atlantik in den Pazifik zu gelangen. Das stimmte auch. Doch heute ist es nicht mehr so. Für unsere modernen Yachten, die in der Lage sind, hoch am Wind zu segeln und damit Kurs zu halten, stellt Kap Hoorn weder eine unüberwindbare Schwierigkeit noch ein zu hohes Risiko dar.

Wenn man einen sicheren Ankerplatz auf Feuerland verläßt und den Mut hat, auf Bedingungen zu warten, die günstiger sind, als in der Literatur beschrieben, kann man die Situation mit der Passage der Needles vergleichen – mehr Gefahren bestehen eigentlich nicht. TRISMUS hat diese Gefahren im südlichen Winter bei lächerlichen zwei Beaufort glänzend bestanden. Einige Monate später hat die WILLIWAW dasselbe vorgeführt. Skipper Willy De Roose hatte die Nacht zuvor ganz ruhig an einem Ankerplatz im Schutz der kleinen Insel Barneveldt verbracht. Und in Argentinien habe ich einen Jugoslawen getroffen, der während eines Urlaubstrips das Hoorn gleich zweimal rundete . . . im Kajak! Dieses Schreckgespenst Kap Hoorn ist nämlich gar nicht so schrecklich.

Man könnte sich also vorstellen, daß eines Tages das Hoorn von einigen wagemutigen Seglern zu ausschließlich publizistischen Zwecken gerundet wird (haben Sie nur keine Angst, das wird so kommen!) – sagen wir auf einem Wassertretrad. Mir blutet richtig das Herz, wenn ich bedenke, daß ich mich im Mai 1972 auf der anderen Seite des Hoorns befand und doch nur offene Türen einstieß. Es ist eben sehr trügerisch, sich einzubilden, ein Held zu sein und auf der anderen Seite feststellen zu müssen, daß auch tausend andere das realisieren könnten, was man selbst für eine Heldentat hielt.

Nun gut. Eigentlich ist Kap Hoorn nur ein Wegweiser, ein Anhaltspunkt zwischen zwei Ozeanen, um die sich eine recht respektable Legende bildete. Diese Legende ist von all den Schiffen der vergangenen Jahrhunderte gewoben worden, die sich dort abrackerten, um das Hoorn zweimal zu runden. Doch wer die einmalige Leistung des englischen Admirals Lord Anson, der dort unten fast seine gesamte Flotte verlor, mit der Passage auf unseren heutigen modernen Yachten vergleichen will, liegt völlig schief.

Den Berichten der ersten Skipper, die diese Route wieder unter Segeln befuhren, mangelt es oft an Objektivität. Vielleicht waren sie ja auch noch zu sehr durch die »Legende der Kap Hoorniers« beeinflußt oder dadurch, daß sie dieses Abenteuer als Herausforderung begriffen, als Leistungsanreiz, oder, noch schlechter, sich einem Eroberungsdrang unterwarfen, um sich anschließend mit einem leuchtenden Nimbus umgeben zu können. Erst seit einigen Jahren tauchen hier und dort recht vernünftige Berichte auf, die auch schön zu lesen sind. Schön, weil sie nichts über Heldentaten aussagen, sondern vom Zauber und Reiz des Segelns in den südlichen Breiten sprechen, dabei sachlich bleiben und ohne romantische Übertreibungen auskommen. Schön aber auch, weil Kap Hoorn ein wenig vergessen war und hinter dem wesentlichen Element zurücktrat: dem Meer, dem südlichen Meer.

Die heftigen Winde der Vierziger kann man auch im Atlantik oder im Englischen Kanal erleben. Das Hoorn, diesen ebenso imposanten wie finsteren Felsen, kann man hundertfach erleben, wenn man um die Welt segelt. Doch einzigartig ist hier das Meer, berauschend und gewaltig, schön und abschreckend zugleich. Es ist niemals ruhig, stets in Bewegung, sogar in jenen stillen Stunden, die einem Tief vorausgehen. Und

wenn das Unwetter dann da ist, nimmt es unglaubliche Formen an.
Ich glaube, daß es unnütz ist, eine besondere Segeltechnik für diese Breitengrade vorschreiben zu wollen. Wenn es als sicher gilt, daß Schleppanker und Beigedrehtliegen verdammenswerte Techniken sind – was soll man noch dazu sagen? Ein Boot wird, beigedreht und unter stark gerefftem Großsegel, in aller Ruhe auch die höchsten Wellenberge abreiten. Ein anderes wird sich während eines Unwetters in Sicherheit bringen wollen, es profitiert von seiner Schnelligkeit, bleibt voll manövrierfähig und schert sich kaum um die folgenden Wellen. Bis zu dem Moment, in dem die große See von hinten aufkommt, jene Woge, die man in den hohen Breiten jederzeit erwarten muß: Das ist dann der Knock-out oder, im schlimmsten Fall, der Untergang.
Von dem Moment an, wo man sich entscheidet, über die Vierziger hinauszusegeln, ist es unumgänglich, das Boot materiell und die Besatzung psychologisch darauf vorzubereiten. Nur weil diese fundamentalen Regeln mißachtet wurden, sind in den letzten vier Jahren vier Yachten für immer verschwunden. Es gibt sicherlich noch einige mehr, doch spreche ich nur von den vier Fällen, die ich gut kenne. Eines war ein Serienboot aus Plastik, dessen Takelage höchstens eine Brise auf dem Genfer See durchgestanden hätte. Dann waren da zwei sehr alte hölzerne Kutter mit zu großen und zerbrechlichen Aufbauten, sogar verglaste Fensterscheiben hatte man eingebaut. Eine riesige Welle zerschlug die Aufbauten und begrub das restliche Schiff unter sich, es sank. Das letzte war ein Trimaran.
Aus ganz anderen Gründen würde ich niemals in den südlichen Breiten auf einer Yacht segeln, die an einem Wettbewerb teilnimmt, wie er gerade vor den Augen der Weltöffentlichkeit abrollt, dem Whitbread Round the World Race 1973/74 (ich schrieb dies Ende Oktober 1973 auf Papeete. Im Mai 1974 ist dem leider nichts hinzuzufügen).
Weil man in diesen Breiten eine böse, unberechenbare See antreffen kann, besteht für ein Boot, das nicht schnell genug ist, um gut zu manövrieren, ebenso große Gefahr wie für eine Yacht, die zuviel Tuch führt, überschnell ist und damit unkontrollierbar wird. Darüber hinaus ist man in einem solchen Wettbewerb stets einer unwiderstehlichen Versuchung ausgesetzt: Die Segel werden bis zu dem Moment genaue-

stens im Auge behalten, in dem es ganz dick kommt, und dann riskiert man ein Menschenleben, nur weil man einen nach vorn schicken muß, um das einzuholen, was zu viel stand.
Das einzige Geheimnis der Segelkunst in den südlichen Meeren besteht darin, ein solides Boot zu haben, das man mit einer optimalen Geschwindigkeit fahren kann: Weder zu langsam, damit man manövrierfähig bleibt, noch zu schnell, weil man es dann nicht mehr ist. Das ist ganz einfach, es ist auch alles, was man wissen muß. Auch wenn es schwierig zu realisieren ist, man schafft es.
Ich bin mir völlig im klaren darüber, daß, wenn man von einem »soliden« Boot spricht, allen möglichen fantastischen Interpretationen dieses vagen Begriffs Tür und Tor geöffnet sind. Ich besaß keinerlei Segelerfahrung, bis ich dann die TRISMUS unter mir hatte. Für mich wie für viele andere war Segeln synonym mit einer norwegischen Colin Archer-Ketsch, dem Urtyp eines starken und hochseetüchtigen Bootes. Ich brauchte jedoch keine fünf Jahre Segelerfahrung, um festzustellen, daß dessen Rumpfform im allgemeinen zum Segeln wenig taugt, ganz besonders wenig in schwierigen Gewässern. Von der nicht vorhandenen Wohnlichkeit möchte ich gar nicht erst sprechen. Es ist ganz klar, daß man mit einem breiteren Heck über eine ganz angenehme Kajüte verfügen würde, anstatt diesen Raum als Abstellkammer benutzen zu müssen. Ich kann mich vor allem dann aufregen, wenn man über die Hochseetüchtigkeit des Norwegers spricht. Und das aus drei Gründen:
1. Dieser Bootstyp ist grundsätzlich langsam und unfähig, hoch am Wind zu segeln. Wenn man auf der Karte einen Kurs absteckt, darf man sich später über eine Abweichung von 120° nicht wundern. Hoch am Wind zu segeln ist ein wichtiger Sicherheitsfaktor, wenn man die Passatroute verläßt.
2. Durch seine große, stets benetzte Oberfläche und seinen Mangel an Freibord besitzt der Norweger keine gute Schwimmfähigkeit; das Deck ist nicht nur stets naß, sondern wird darüber hinaus ständig von den Wellen überspült, und wenn es einmal dicker kommt, unter Wassermassen begraben.
3. Schließlich und vor allem wird der überragende Vorteil des Kanu-Hecks meiner Meinung nach völlig überschätzt. Dies gilt vor allem für

das Segeln in den hohen Breiten. Das Heck taucht ziemlich tief ein, wenn das Boot zu surfen beginnt und reagiert dann kaum auf das Ruder. Für mich ist es jedenfalls sehr wesentlich, daß ein Boot seinen »Hintern« auch in die Luft heben kann, daß es durch flachere Heckformen auch bei hoher Geschwindigkeit manövrierfähig bleibt, dem Druck des Ruders Folge leistet. Die alte Theorie, mit einem Norweger könne man besonders gut die Wellen zerschneiden und damit Schäden vom Boot abhalten, ist einfach kindisch. Es gibt keinen Beweis dafür, daß eine Welle für sich Schäden an einem Boot angerichtet hätte. Die Erschütterung durch eine Welle mag zwar gewaltig sein, ist aber doch nicht vernichtend. Die Schäden werden vor allem an einem geflickten Rumpf oder in der durch Wind und Wassermassen beanspruchten Takelage auftreten.

Um die Pläne zum Bau meiner TRISMUS II zu realisieren, habe ich zwei Monate im Architekturbüro eines kalifornischen Freundes zugebracht, der ein Schlepptau-Versuchsbecken in San Diego benutzen konnte. Wir haben dort unter anderen vier Modelle getestet, die die Untauglichkeit des Norwegerhecks nur bestärkt haben. Ich habe auch aus reiner Neugier einen Umweg von 1500 Kilometern gemacht, um mir in Kanada eine Yacht anzuschauen, die durch ihr Mißgeschick in der Kap Hoorn-Region berühmt geworden war. Dort habe ich dann ein Boot gesehen, das sehr schwer war und ein kanuförmiges Heck hatte. Die vorherigen Besitzer waren mit ihm über zehn Jahre durch alle Weltmeere gekreuzt und verdienten tatsächlich das Lob »hochseetüchtig«, doch ich fürchte, für ihr Schiff traf dies nicht zu.

Aber lassen wir das. Abschließend kann man sagen, daß man so oder so ein hohes Risiko eingeht, wenn man in den hohen Breiten segelt.

## Patagonien

Patagonien nennt man die riesige Steppenregion zwischen dem Rio Negro im Norden, dem Atlantik im Osten, den Anden im Westen und der Magellan-Straße im Süden. Heute gibt es in diesem Gebiet hauptsächlich große Estancias, also Güter, die vornehmlich Schafzucht betreiben. Früher lebten hier die Indianer vom Stamm der Tehuelche, die hinter ihren Häuptlingen, den Kaziken, Strauße und Guanakos, eine

Wildkamelart, jagten. Es gab zu früheren Zeiten einige Zehntausend, doch sie gingen in dem Maße unter, wie sie sich assimilierten.
Weiter im Süden, unterhalb der Magellan-Straße, beginnt Feuerland – Tierra del Fuego. Diesen Namen erhielt die Insel von Magellan angesichts der von den Eingeborenen nachts an der Küste entzündeten Feuer. Diese Feuer waren von den Onas gelegt worden, ethnischen Verwandten der Tehuelche, die wie diese von hoher Statur waren und als Nomaden von der Jagd lebten.
Heute gibt es nur noch einen Überlebenden dieses Stammes: Eine alte Frau, die, verständnislos auf ihrem Zahnfleisch kauend, die wenigen Touristen betrachtet, die sich in diese Gegend verirrt haben und die vor ihr knien, nicht etwa um ihr ihre Ehrerbietung zu erweisen, sondern um ein paar historische Negative für ihre Instamatic einzufangen.
Unter West-Patagonien versteht man jenes Sammelsurium von Halbinseln und Labyrinth von Kanälen, das sich von Kap Hoorn (56° Südbreite) bis zur Insel Chiloé erstreckt (42° Südbreite). Vornehmlich hier im Süden lebten früher die Yahgans an den Kanälen von Feuerland; weiter nördlich waren die Indianer vom Stamme der Alakaluf beheimatet. Da wir ihre Geschichte kannten, wußten wir, daß diese Stämme fast das ganze Jahr über unbekleidet lebten, und so waren wir ein Experiment eingegangen, eine Art Wette: Wenn sie ganz nackt hier gelebt hatten, warum sollten wir dann nicht einmal versuchen, unsere Körper an die Kälte zu gewöhnen? Daher auch die Entscheidung: Keine Heizung an Bord! Es war übrigens recht einfach, diese Entscheidung zu fällen, denn es gab gar keine an Bord, und ein nachträglicher Einbau hätte die Bordkasse stark angegriffen. Die Wette schien aufzugehen. Ohne warme Kleidung und Ölzeug hätte sich während unserer langsamen Fahrt gen Süden allmählich der Organismus an die niedrigeren Temperaturen gewöhnen können. Auf dem Meer verlief auch alles nach unserer Zufriedenheit. Als wir uns Kap Hoorn zu Beginn des südlichen Winters näherten, froren wir nicht. Wie vorauszusehen war, hatten wir in der Kajüte eine Temperatur, die nur geringfügig über der an Deck lag, und das war ein wichtiger Sicherheitsfaktor. Um es zu erklären: Die Temperatur in der Kajüte verführte nicht gerade zum Dösen, wir stiegen oft ins Cockpit hoch, um uns sozusagen »aufzuwärmen«. Und jedesmal war dort etwas zu tun.

Entweder ein paar Schoten schleiften im Wasser, der Niederholer war locker oder eine Fock war zu wechseln, ein Reff einzubinden.
Man hat immer die Annehmlichkeiten eines dog house oder einer Plexiglas-Kuppel hervorzuheben versucht, doch niemals ist man sich über den Zustand der See so im klaren wie an Deck. Unter einer Kuppel wie etwa der der TRISMUS sind einem die Ohren verstopft und die Augen verschleiert. Und wenn man erst einmal eine Heizung an Bord hat, muß es draußen schon ganz schön dick kommen, ehe man das Ölzeug überstreift und an Deck nach dem Rechten sieht. Oft ist es dann schon zu spät. Doch all das trat während unserer Fahrt nach Süden nie ein. Die TRISMUS steuerte sich prächtig und marschierte mit einer guten Geschwindigkeit voran.
Da wir die meiste Zeit an Deck waren, hatten wir das beruhigende Gefühl, stets Herr der Situation zu sein und uns auf jede mögliche Situation sofort einstellen zu können. Bis wir das Kap Hoorn passiert hatten, bereuten wir nicht ein einziges Mal, daß wir keine Heizung an Bord hatten. Doch diese Euphorie hielt nur kurz an: Spätestens in den feuerländischen Kanälen merkten wir, daß wir mit unserer Entscheidung in eine Sackgasse geraten waren – wir froren erbärmlich und zitterten vor Kälte. Trotz des Primuskochers, den wir dreimal pro Tag anwarfen, und trotz eines erhitzten Schamottsteins, der in der Kajüte eine trügerische Wärme hielt, gelang es uns nicht mehr, richtig warm zu werden. Ich kam nicht umhin, an die Yahgans-Indianer zu denken, die sich durch ihren Körperbau, ihre rassischen Erbmerkmale daran gewöhnt hatten, in dieser Kälte ohne Bekleidung zu leben. Bis zum Hals in Pullover eingewickelt und in Ölzeug verpackt, im Cockpit vor Kälte mit den Zähnen klappernd, wurde ich mir darüber klar, wie sehr uns doch das Leben in der Zivilisation verweichlicht hatte.
Doch wenn ich auch unter den äußeren Umständen litt, so war ich andererseits in einem Zustand, in dem man alles mit besonderer Intensität wahrnimmt, also hellwach ist. Diese Reise öffnete die Tür, durch die man von der alltäglichen Realität in eine andere, unerforschte Welt eintritt, die man sonst nur im Traum erlebt. Diese Erfahrung habe ich insgesamt dreimal gemacht: auf der Osterinsel, in Puno an den Ufern des Titicaca-Sees und vor allem in Patagonien.

Wieviel Stunden habe ich eigentlich damit verbracht, über dieses schöne Land nachzudenken! Ich weiß es nicht mehr. Es überkommt einen eine innere Ruhe, die sich von der Landschaft her überträgt. Während dieser Wochen in Patagonien fror ich rein äußerlich sehr. Innerlich aber befand ich mich in völliger Übereinstimmung mit mir selbst!

Vom Technischen her gesehen ist das Navigieren an der Küste nicht schwer. Die Strömungen sind unbedeutend und nur in den engen Kanälen spürbar. Nach den nautischen Handbüchern können sie vier bis fünf Knoten betragen, doch wir haben nie mehr als zwei Knoten erlebt.

Die Küste und die Klippen fallen im allgemeinen steil ab, und trotz einer oftmals nur annähernd genauen Vermessung kann man eventuelle Gefahrenstellen schnell erkennen. Wo die Wassertiefe weniger als zwölf Meter beträgt, trifft man auf große Seegrasteppiche, deren große braune Blätter bereits von weitem erkennbar sind. Sie werden hier »Wiro« oder »Kelpa« genannt und haften mit einer solchen Festigkeit am Meeresboden, daß man sie in den geschützten Buchten ruhig als Ankerboje benutzen kann. Wenn man später wieder Anker auf geht, kann man sich mit Hilfe eines Messers leicht aus ihrer »Umklammerung« lösen.

Auch die Bäume erleichtern das Ankern. Wenn sie über Jahre den Schlägen des Williwaws getrotzt haben, kann man sie getrost mit einem Ende belegen. Durch diese Möglichkeiten brauchten wir nur einmal in Tiefen von mehr als zwölf Metern zu ankern – ganz entgegen den Vorhersagen, die in den Büchern standen. Meist haben wir ganz dicht am Ufer geankert, in Tiefen zwischen vier und sechs Metern. Bis auf ein einziges Mal waren diese Ankerplätze sehr angenehm. Vermeiden sollte man jedoch unbedingt die steilen Granitküsten: Die hier teilweise herunterstürzenden Windböen können das Schiff derart durchschütteln, daß man an den Rand einer Katastrophe gerät. Und nachts ist das eben überhaupt nicht angenehm. Da ist es schon ganz gut, wenn man eine Stelle findet, an der sich ein oder zwei kleine Wasserfälle ins Meer ergießen, denn dann findet der Anker auf dem Anschwemmboden genügend Festigkeit, und am nächsten Tag wird die Fronarbeit am Ankerspill erleichtert: Keinerlei Felsgestein, um das sich die Ankerkette winden könnte, und kein Seegras, das erst mit dem Messer gekappt werden müßte.

An Land ist man erstaunt über die karge Fauna. Sie ist, abgesehen von einigen Vogelarten, im nördlichen Patagonien rein gar nicht vorhanden. Allerdings findet sich hier und da einiges, was die normale Küche an Bord bereichert: Champignons, von denen drei besonders große Arten eßbar sind, und eine Unzahl von Wildbeeren, die Ende des südlichen Sommers reifen.

Um unsere Menüs zu bereichern, begnügten wir uns im wesentlichen mit diversen Miesmuschelarten: »choritos«, »cholgas« und »chorros«. Bemerkenswert ist, daß die größeren Muscheln nicht so bitter schmecken wie die kleinen. Man findet auch Seeigel wie am Mittelmeer, doch sie sind größer und von feinerem Geschmack. Fischen ist ebenfalls erfolgreich, besonders in den flachen Buchten, in denen man eine delikate Sardinenart fängt.

Wir waren dort unten im Winter. Um jedoch wirklich einen Aufenthalt in Patagonien genießen zu können, sollte man in den Sommermonaten hinfahren. Nicht etwa weil die Temperaturen dann günstiger wären – minus 5 Grad im Winter, plus 8 Grad im Sommer –, doch die Tage sind länger, und so kann man die schönen feuerländischen Kanäle besser kennenlernen.

Wenn man von Chile aus hinunterfährt, anstatt von unten hochzugehen, kann die Navigation in Patagonien fast zu einem Ausflugsvergnügen werden: An Tagen mit zu starkem Ostwind bleibt man am Ankerplatz abseits der Williwaws, und an anderen Tagen zieht man ruhig seines Weges, jederzeit bereit, den Motor in jenen engen Passagen anzuwerfen, wo der Wind zu schwach ist.

So gesehen, ist das Revier von Patagonien eines der letzten, wo man inmitten einer herrlichen, unberührten Natur segeln kann – und das, wenn man so will, über Monate in vollkommener Einsamkeit –, der größte Luxus, den unsere Welt noch bietet.

## Das Schiff

Ich bin von Europa aus aufgebrochen, ohne genau zu wissen, was mich erwarten würde. Der Gedanke, ums Hoorn zu gehen, ist erst im Verlauf langer Monate entstanden, und ich brach schließlich mit einer Joshua

(einer von Bernard Moitessier entwickelten Ketsch) auf, die eine glückliche Verbindung zwischen einem Panzer und einem U-Boot darstellt. Was die Sicherheit des Schiffes anbetraf, so war ich völlig beruhigt. Nach elf Monaten harter Arbeit hatte mein Freund François, ein genialer Tischler und Schreiner, eine vernünftige und bequeme Kajüteneinteilung mit richtig bürgerlichem Komfort zurechtgezimmert. Kurz, ich brach zu meinem großen Abenteuer mit ein paar Sachen unter dem Arm auf – wild entschlossen, das Experiment abzubrechen, falls mir diese neue Existenz nicht gefallen sollte, und bereit, zu meinen Zahnzangen und zum Auto zurückzukehren, im Sommer wieder Regatten mitzufahren und all die Annehmlichkeiten zu genießen, die ich bis dahin als unerläßlich für mein persönliches Glück betrachtet hatte.
Diese Beschreibung meines Aufbruchs ist sicherlich ein wenig karikaturistisch geraten. Doch ich stelle mir vor, daß ich nicht der einzige bin, der sich so auf Zehenspitzen weggeschlichen hat, um seine Neugier zu befriedigen und herauszufinden, ob die Realität mit den Träumen übereinstimmt. Heute kann ich sagen, daß nach drei Jahren auf See und Aufenthalt in vielen Häfen meine Neugier längst nicht befriedigt ist. Ich behaupte sogar, daß sie sich von Monat zu Monat steigert, und wenn ich eine Weltkarte auf dem Tisch ausbreite, weiß ich, daß mein Leben gar nicht ausreicht, um überall dorthin zu fahren, wohin ich noch gern möchte. Das Abenteuer ist eine Droge, und ich gestehe, daß ich süchtig bin.
Ich glaube, in der Lage zu sein, ein ideales Leben zu führen und das heißt, frei zu sein und einfach wegzugehen, ganz gleich wohin und wann. Dies scheint mir eine ganz treffende Definition von Freiheit. Und einfach frei und glücklich zu sein, das ist schon ganz beachtlich.
Sogar unterwegs macht mir das Arbeiten Spaß – eine Sache, und hier mögen mir meine alten Patienten verzeihen, die mir in meiner Praxis nie passiert ist. Ich weiß, daß ich mit dieser Arbeit sofort aufhöre, wenn die Bordkasse wieder aufgefüllt ist und ich meinen Törn fortsetzen kann. Ich gestehe es, ohne rot zu werden: Um zwölf Monate zu leben, habe ich nur immer einen Monat arbeiten müssen. Dieses Verhältnis befriedigt mich sehr.
Mein Budget hatte ich anfangs mit 1000 Dollar veranschlagt, doch die

TRISMUS hat praktisch keine Kosten verursacht: Weder in der Werft noch beim Slip (wird in Süd-Amerika fremden Yachten meist kostenlos angeboten), weder für Anstriche noch für Reparaturen mußte ich während der Reise Geld ausgeben. Das Schiff ist bei Méta solide gebaut worden, und das Sparlight-Rigg hat mehr ausgehalten, als ich ihm jemals zugetraut hätte. Ich blicke also ganz ruhig in die Zukunft, und doch erwarte ich mit Schrecken jenen Augenblick, wo sich die reinen Unterhaltskosten für die TRISMUS verdreifachen könnten.

Ich werde mich nun von dem Schiff in dankbarer Erinnerung an seine guten und stets loyalen Dienste trennen und mich ein wenig mit meinem neuen Schiff beschäftigen – der »idealen« Yacht. Ideal in dem Sinne, daß ich noch weniger Handgriffe an Bord tun muß, um freier für andere Dinge zu sein. Das Hauptmerkmal des neuen Schiffes wird also seine einfache Handhabung sein.

Wenn man an die Konstruktion einer Yacht geht, etwa aus Zement, vergißt man oft, daß der Rumpf rund ein Viertel des vollausgerüsteten Schiffs kostet. Was man also beim Rumpf einspart, und einem Amateur wird dies schon schwerfallen, verliert man dann wieder bei der Takelage, den Segeln, den Aufbauten, dem Motor.

Bei der Konstruktion von Yachten hat man grundsätzlich Auswahl zwischen vier interessanten Materialien, zwei etwas billigeren: Sandwich-Polyester oder formverleimtes Sperrholz; zwei etwas teureren: Vollholz und Aluminium. Wenn ich wenig Geld hätte, was im Augenblick übrigens der Fall ist, würde ich Polyester oder Sperrholz verwenden, denn damit kann auch ein Amateur umgehen. Der Bau ist sehr viel weniger aufwendig als etwa mit Ferro-Zement, und beide Materialien garantieren eigentlich genügend Robustheit. In Kanada sind sogar einige Fischerboote aus verleimtem Sperrholz gebaut und verrichten seit einigen zig Jahren erfolgreich ihre harte Arbeit. Doch aus verschiedenen Gründen wie Festigkeit, Widerstandsfähigkeit gegen die härtesten Schläge der Wellen und nicht zuletzt gegen die unangenehmen Holzwürmer würde ich doch lieber die Sandwich-Polyester-Bauweise bevorzugen (Balsa-Holz oder PVC).

Bei diesem Rumpf könnte ich mich mit einem Mast begnügen, anstatt zwei zu führen, zwei Segel reichen dann auch, anstatt der vier, die erstens mehr in der Anschaffung und dann später im Unterhalt kosten. Vor allem der Unterhalt bereitet Ärger: weniger den Muskeln als dem Portemonnaie. Ein leicht gebautes Schiff hat zudem den Vorteil, daß es besser zu überholen ist. Eine Yacht von sieben Tonnen an den Strand zu ziehen, um den Unterwasseranstrich zu erneuern, ist schon keine leichte Aufgabe – doch versuchen Sie dies einmal mit einem 15-Tonnen-Schiff! Da braucht man schon ein paar bezahlte Hände, und diese Haie lauern überall.

Man kann natürlich der Auffassung sein, daß ein leicht gebautes Schiff wenig Komfort bietet. Das mag so sein und ist eine ehrenwerte Meinung. Doch ich habe es selbst ausprobiert und muß sagen, daß ich nicht schlecht zurechtgekommen bin. Für eine Weltumsegelung braucht man rund 300 Tage, also nicht mal ein Jahr auf See. Wenn man für die gleiche Strecke dann rund drei Jahre braucht, sind es noch weniger Tage auf See. Und wenn man dann noch ein neugieriger Zeitgenosse ist und viel sehen möchte, kann sich solch ein Trip schon über fünf oder zehn Jahre hinziehen. Man sieht also, daß der Komfort auf See weniger entscheidend ist als die Annehmlichkeiten im Hafen, und diese wiederum sind umgekehrt proportional zu den Tagen, die man mit dem Unterhalt des Schiffes und der Takelage verbringt, anstatt einfach herumzutrödeln und sich Land und Leute anzuschauen.

Auch über die verschiedenen Takelungsarten gibt es die unterschiedlichsten Ansichten. Viele glauben, daß eine Slooptakelung nicht besser sei als die einer Ketsch. Nun gut, das ist auch wieder eine sehr ehrenwerte Meinung wie alle Meinungen. Ich bekämpfe sie ja auch gar nicht, sondern meine nur, daß eine Ketschtakelung gleichbedeutend mit einer Vermehrung der Manöver auf See ist. Die Sloop DAMIEN mußte zwischen Rio und La Rochelle nicht ein einziges Mal die Segel wechseln. Auf dem gleichen Kurs habe ich bei der TRISMUS aufgehört zu zählen, wie viele Reffs ich eingebunden habe, wie oft Großsegel und Besan eingeholt und wieder gesetzt wurden – und das stets im Rhythmus der Cavaleria Rusticana. Das gibt doch wohl zu denken, oder?

Auf der anderen Seite hat mich meine 15 Jahre währende Erfahrung als Regattasegler eines gelehrt: Eine Yacht mit Ketschtakelung ist nicht gerade sehr leistungsfähig.

Sollte ich eines Tages wieder ein schweres Schiff besitzen, so steht für mich heute schon fest, daß ich es auch nicht als Sloop takeln werde, sondern als Kutter. Ich sage dies mit um so größerer Überzeugung, weil die TRISMUS eine Ketsch ist, und man sollte nur von Dingen reden, mit denen man sich auch auskennt.

Aber lassen wir das. Am liebsten säße ich jetzt an der Pinne einer Aluminium-Sloop mit kleiner Verdrängung und brauchte mich nicht um die Holzwürmer zu kümmern, die im Rumpf schwelgen. Gegenüber der Stahlbauweise bietet Aluminium doch einige Vorteile, vor allem muß sich der Eigner nicht dauernd um Korrosionsschäden kümmern, die Zeit und Geld kosten – zwei Dinge, die ich ungern verschwende. Außerdem kann ich bei dieser Bauweise Kiel und Ruder so konstruieren, daß sie einziehbar sind. Das mag zwar komisch klingen und läßt einige Experten schallend loslachen, doch ich habe dafür meine Gründe: Man kann in kleine, flache Buchten einlaufen und direkt am Strand ankern oder auch ein Flüßchen hochsteigen, um das Land ein wenig zu erkunden.

Und wie steht es mit der ganzen Ausrüstung für einige Jahre auf See? Wird sie nicht ganz automatisch eine leichte Yacht überladen? Ohne Zweifel wird es so sein. Erst nach einigen Monaten merkt man, daß zuviel Bücher, Ausrüstungsgegenstände, Bekleidung, Ersatzteile und unnützes Zeug an Bord ist. Wenn man nach einem Jahr von all dem, was einem nützlich und brauchbar war, einen Haufen macht, sieht man erst, wie klein er ist. Ich jedenfalls habe es gemacht und war erstaunt über das Gewicht, das ich über drei Jahre hinweg unnütz an Bord mitführte.

Schon immer habe ich behauptet, daß man auf jenen Schiffen am glücklichsten ist, auf denen das Inventar und die Ausrüstung sich auf das Wesentliche beschränken. Anstatt meine kostbare Zeit der Reparatur und Wartung eines Generators oder Außenbordmotors zu widmen, entdecke ich viel lieber neue Freunde, neue Gesichter. Der Generator der TRISMUS wurde in Rio geklaut, und den Kühlschrank habe ich auf den Galapagos verkauft – beides habe ich nie bereut.

Die Yacht soll ein Fortbewegungsmittel sein. Sicherlich angenehm und komfortabel, doch es muß auch möglich sein, sie für ein paar Monate ohne Wartung im Hafen liegen zu lassen, während man irgendwelche Entdeckungsreisen an Land macht. Wenn es nicht so ist, wird man zum

Sklaven seines Schiffes und arbeitet während der gesamten Hafenliegezeit. Ich weiß, daß nur wenige meine Ansicht teilen, doch so denke ich nun mal darüber.

Das Geld

Ich habe bereits über mein Jahresbudget gesprochen: 1000 Dollar. Sicher ist es nicht viel. Man sollte das Geld vor allem vor der Abfahrt zusammenhaben, möglichst als Ergebnis einer kurzen beruflichen Karriere. Wer in der Lage ist, sein Geld unterwegs zu verdienen – um so besser. Das war aber nicht mein Fall, und ich hatte nur einen Pfeil im Köcher: meinen Beruf als Zahnarzt. Da ich aber beschlossen habe, diesen Beruf nicht mehr auszuüben, außer in Notfällen wie etwa bei Bewohnern einer einsamen Insel, bleibt mir nur ein Weg, die Bordkasse aufzubessern: Mein Schiff zu verchartern.
Ich weiß zwar nicht, was eine solche Tätigkeit etwa auf den Antillen abwirft, doch habe ich von vielen gehört, daß es relativ leicht sein soll, ein Paar zu finden, das über eine Kreuzfahrt von einer Woche Dauer schon glücklich ist. Mir ist es erfreulicherweise gelungen, das Schiff für einen Monat an den Club Mediterranée zu verchartern; von dem Geld konnte ich dann weitere zehn Monate leben. Sicher, das war eine gute Gelegenheit, doch so rar sind sie gar nicht.
Wenn man keine der oft lästigen Passagiere durch die Gegend schippern möchte, kann man das Schiff auch ein oder zwei Monate liegen lassen und einen Job für eine Überführungsfahrt finden. Das passiert oft Amerikanern, die sich einfach zu lange auf den Inseln aufgehalten haben. Ich habe zweimal Gelegenheit gehabt, Yachten nach Kalifornien zurückzuführen. Allerdings hätte ich es nicht gemacht, wenn andere Objekte in Sicht gewesen wären. Nun ja, zumindest wurde der Job gut bezahlt: ein Dollar pro Meile, das ist doch ganz anständig für eine Vergnügungsreise.
Hätte ich einigermaßen Ahnung als Schweißer, Elektriker, Installateur oder auch nur als Bastler, wie etwa Martin, hätte ich durch Gelegenheitsarbeiten noch einiges dazuverdienen können. Doch da ich für nichts Spezialist bin, hätte man mir bei solchen Jobs einen Verdienst angeboten, mit dem man keine weiten Sprünge machen könnte.

Das Geld, das man schon vorher hat oder erst dazuverdient, muß für drei Ausgaben reichen: persönliche Dinge, Nahrungsmittel, Unterhalt des Bootes. Um gleich auf den ersten Posten zu kommen: Wenn man mit einem Paar guter Jeans ein Jahr hinkommt, wird man sich kaum von Hosen aus dem Hause Cardin oder einem teuren Eau sauvage verführen lassen. Was soll's also – nach drei Jahren habe ich mehr als die Hälfte meiner Kleidung verschenkt, und mit dem, was ich noch besitze, werde ich noch fünf weitere Jahre auskommen. Bleiben also noch die Nahrungsmittel und der Unterhalt des Bootes.

Die Ernährung

Man sollte von vornherein realistisch sein, denn früher oder später muß man die wahrhaft schönen Menüs aus der Dose abschreiben. Entweder sind sie zu teuer für die schmale Bordkasse, oder man kann sie in den exotischen Ländern gar nicht erst kaufen. Weil ich das wußte, habe ich mich seit meiner Abfahrt mit kleinen, aber bekömmlichen und kraftvollen Mahlzeiten versorgt, die vor allem auch billig waren. Grundlage dafür ist der Reis. Nun behaupten zwar die Anhänger der makrobiotischen Diätetik, daß man Reis über Monate hinweg essen könne, ohne physiologische Mangelerscheinungen zu erleiden. Ich glaube das auch gern, doch kann dem trotzdem nicht ganz folgen, weil es einfach zu langweilig wäre, immer nur ein und dasselbe zu sich zu nehmen.
Aber es ist schon ganz beruhigend zu wissen, daß, wenn es einem mal ganz schlecht geht, noch immer ein hübscher Vorrat Reis an Bord ist. Ich bewahre ihn in kleinen Plastikbeuteln auf, die ich in den Benzinkanister stopfe. So bleibt er vor Feuchtigkeit geschützt.
Eine ganz gewöhnliche Mahlzeit besteht bei mir aus gewürztem Reis mit kleinen Zutaten wie Tomaten, Champignons und Sojabohnen. Zappelt mal ein Fisch an der Schleppangel – um so besser, und in den Häfen kann man sich mit den örtlichen Gemüsesorten ein köstliches Ratatouille à la niçoise bereiten.
Ich sehe jetzt einige Leser die Stirn runzeln, sie werden mein dünnes Süppchen zu spartanisch finden. Doch glaube ich, daß man letztlich nur die Wahl hat zwischen bescheidenen Menüs an Bord und dem täglichen

Entrecôte im Hafen, wo man dann auch die eigene Yacht genüßlich vom Restaurant aus betrachten kann.
Beim Frühstück gibt es zwei Möglichkeiten: Haferflocken oder Kefir. Kefir ist ein Produkt, das das Kasein der Milch umwandelt, und das Rezept ist denkbar einfach: Zwei Löffel Trockenmilch werden in einem Glas Wasser gut verrührt, das Ganze über eine Kefir-Kultur gegeben, und am nächsten Morgen kann der Joghurt serviert werden.
Für die Zufuhr von Proteinen ist damit gesorgt. Sollte es an Vitaminen mangeln, kann man sich in jedem Hafen ein paar Salatblätter besorgen. Auf See oder an abgelegenen Ankerplätzen ist das schon schwieriger, dort lasse ich dann mein eigenes Getreide sprießen.
Das Getreide wird in eine Schüssel gegeben und über Nacht gewässert, danach in ein Tuch eingeschlagen und dreimal am Tag kräftig benäßt. Nach 48 Stunden erscheinen die ersten Triebe, und am dritten Tage wird Ernte gehalten. Das ist eine ganz einfache Methode, möglichst billig einen richtig knackigen, frischen Salat zu machen, der auch noch gut schmeckt.
In einigen Ländern habe ich sogar mein eigenes Brot gebacken – eine ideale Ergänzung zur Tasse Ovomaltine, die ich zwischen den Mahlzeiten nehme, um die Stunden zu verkürzen.
Nun will ich nicht gerade behaupten, daß meine Mahlzeiten nach jedermanns Geschmack sind, ich wollte auch nur aufzeigen, wie man sich auf eine gesunde und ökonomische Art ernähren kann.
Fische bringen immer wieder eine höchst willkommene Abwechslung in einen sonst spartanischen Speisezettel. Doch immer derselbe Fisch – das wäre auch höchst monoton. Man muß versuchen, möglichst verschiedene Arten zu fangen, und das ist mir in der ersten Zeit sehr schwergefallen.
Ich habe es zunächst mit einer gewöhnlichen Schleppangel versucht und war höchst zufrieden, wenn ich nach drei Wochen auch drei Fische am Haken hatte. Nach einiger Zeit hatte ich aufgegeben zu zählen, wie oft ich die Angel einholte und die abgenagten Fischköder auswechselte, manchmal hing nicht einmal mehr eine Gräte am Haken. Alle möglichen Alarmsysteme habe ich dann ausprobiert, bis hin zu Glockenspielen, doch es half nichts.
Ich wollte schon das Fischen aufgeben, als mir die Idee mit der Sportan-

gel kam, wie sie die Sportfischer an Land benutzen. Und siehe da – sie bissen an. Meine Ausbeute war seit dem Tag so erfolgreich, daß ich heute bei jeder sich bietenden Gelegenheit die Angel auslege. Sobald das Glöckchen bimmelt, ziehe ich sie ein und brauche nur noch den Primus anzuwerfen.

Neben der Ergänzung des normalen Speisezettels ist Angeln natürlich eine willkommene Abwechslung während eines monotonen Törns. Der Köder ist auch denkbar einfach: Ich benutze immer einen in schreienden Farben bemalten Plastik-Tintenfisch, bestückt mit kleinsten funkelnden Glasperlen, wie man ihn mit großem Erfolg an der chilenischen Küste und in Polynesien benutzt. Das Schönste sind jedoch die Fliegenden Fische, die sich ab und zu morgens an Deck finden – ein Geschenk des Himmels.

Eine andere Methode ist die Unterwasserjagd mit der Harpune. Wenn man sich nur eine Harpune leisten kann, sollte man sich eine gute Marke zulegen, für die man auch in allen Häfen der Welt Ersatzteile bekommt. An Bord der TRISMUS hatten wir eine zusätzliche Harpune vom Typ »Scubapro«, die eine lange, feine Spitze besitzt, mit der man auch kleinere Fische erlegen kann, ohne sie gleich zu zerstören.

Dann hatte ich noch immer ein Luftgewehr für die größeren Brocken bei mir, doch lohnt sich kaum die teure Anschaffung, außer man will größere Mengen Fisch an Land verkaufen, um die Bordkasse zu füllen. Das ist gar nicht so utopisch, wie es sich zunächst anhört. Auf den Galapagos haben wir unseren Fang an die Restaurants der Academy Bay verkauft, und dies war nicht das einzige Mal während unserer Reise.

Um von der Unterwasserjagd möglichst viel zu profitieren, muß man sich zunächst eine besondere Atemtechnik zulegen, sonst wird man nie sehr tief hinuntergehen können und lediglich wie ein Mannequin herumschwimmen. Die Übung ist ganz einfach: Eine Minute lang schnell ein- und ausatmen (so ähnlich wie ein hechelnder Hund), dann 30 Sekunden tief ausatmen, so daß die Lunge jedesmal ganz leer wird. Dann kurz Luft holen und ins Wasser springen. Sie werden überrascht sein, wie sehr sich Ihre Fähigkeit, die Luft anzuhalten, verbessert hat. Nach einigen Versuchen kann es losgehen, und Sie merken bald, daß dies etwas anderes ist als die kurze Jagd, die Sie vielleicht bis dahin betrieben haben, einfach weil die Luft ausging. Jetzt können Sie sich auf die Lauer legen, und ich empfehle, sich währenddessen an einem Felsen festzuhalten, damit man in aller Ruhe die Beute erwarten kann. Man kann sogar den Lockvogel spielen, wenn man in der Lage ist, Geräusche mit der Mundhöhle zu machen. Weil Fische von Natur aus neugierig sind, werden sie sich anschauen wollen, welches komische Geschöpf da solche Laute von sich gibt. Lassen Sie ihn nur ruhig herankommen und betrachten Sie ihn nicht allzu genau, außer ganz hinterhältig durch die Taucherbrille. Das Auge ist ein Einschüchterungsorgan, und ein offener Blick läßt den Fisch sofort fliehen. Wenn sich Ihre Beute auf eine gute Schußweite genähert hat – spießen Sie ihn auf.

Dieses Auf-der-Lauer-Liegen ist eine ganz einfache Technik, mit der man hervorragende Resultate erzielt. Bis zu 20 Metern bin ich schon hinabgeschwommen, und mit ein bißchen Training kann das jedem gelingen. Allerdings muß man wachsam bleiben, und wenn sich aus Sauerstoffmangel alles zu drehen beginnt, einen kühlen Kopf bewahren: Keine Ohnmacht riskieren und nur langsam wieder aufsteigen!

Von Anfang an sollte man sich daran gewöhnen, die Beute nicht an einen Gürtel zu hängen, sondern sie gleich in das in der Nähe befindliche Dinghy zu werfen oder sie in einen mitgeführten Beutel zu tun. Denn die an einer Schnur baumelnden Fische sind ein ideales Lockmittel für Haie, und man verliert bei dieser Gelegenheit möglicherweise noch ein Stück vom Ober- oder Unterschenkel. Über Haie wird ja eine Menge erzählt. Sicher, einige werden immer um sie herumschwimmen, doch Sie gewöhnen sich sehr schnell an ihre Anwesenheit. Manchmal tun sie auch so, als wollten sie den Fisch jagen, der gerade vor ihrer Harpune schwimmt. Ihre Absicht verraten sie durch schnellere Bewegungen, durch ein stärkeres Vibrieren ihrer Körper. Dann ist es Zeit, sich zu entfernen, besonders wenn man allein ist. Bei dieser Aktion darf man ihnen aber nie den Rücken zukehren, sondern sollte sie genau im Blickfeld haben und so tun, als wolle man sie jeden Moment angreifen. Im Grunde genommen ist das Ganze nur ein gegenseitiger Einschüchterungsversuch.

Ich habe nachts oft mit der Unterwasserlampe gefischt. Dann kann man Muscheln am besten fangen, sich bei der Gelegenheit noch das Blühen der Korallen ansehen und ab und zu eine Languste ins Netz geben. Haie

haben mich dabei nie belästigt, offenbar macht sie der Lichtstrahl noch mißtrauischer, als sie es am Tage schon sind. Ohne Lampe und Taucheranzug würde ich nachts aber nie ins Wasser gehen. Wenn man sich nicht wohl fühlt oder sogar Angst hat, merken dies die Haie und werden mutig, ähnlich wie Hunde. Ich muß es nochmals sagen: Immer so tun, als habe man keine Angst, und ihnen immer ins Gesicht sehen! Das hört sich zwar einfach an, ist aber nicht leicht zu praktizieren, vor allem am Anfang.
Es gibt noch eine weitere Möglichkeit zu angeln, an die man nur selten denkt, die jedoch vor allem in geschützten Buchten erfolgreich ist: Das Angeln mit einer einfachen Nylonschnur, an der man einen Haken befestigt. In allen mediterranen Ländern kann man die kleinen Jungen mit dieser »Palangrotte« sehen, mit der sie immer etwas herausziehen.
Trotz der Vielfalt der Methoden gibt es doch Zeiten, zu denen man absolut nichts fängt. Daher ist zu überlegen, ob man nicht bei Gelegenheit Fischfilets konserviert, indem man sie etwa in dickbäuchigen Flaschen mit einem Gummiverschluß einkocht. Ich habe sie auch getrocknet, und obwohl es hier zahlreiche Techniken gibt, wende ich immer nur die folgende an: Die Fischfilets in Salz legen und dort gut eine Stunde liegen lassen, dann vorsichtig den Saft aus dem Körper drücken und sie in der Sonne trocknen. Dieses Trockenverfahren muß man über drei Tage hinziehen, es kann auch fünf Tage dauern, wenn es bedeckt ist oder ein feuchter Wind geht. Abends habe ich den Fisch immer mit nach unten genommen, um ihn vor dem Morgentau zu schützen, auch sollte man ihn bei drohendem Regen hereinnehmen. Der Fisch verliert durch dieses Verfahren zwar an Geschmack, aber ihn so zu essen ist gewiß billiger, als eine Dose Corned Beef aufzumachen.

## Der Unterhalt des Bootes

Wir treten hier in ein finsteres Kapitel ein. Der Unterhalt bedroht nicht nur die Bordkasse, sondern nimmt einem während des Hafenaufenthaltes auch jene Mußestunden, die man sehr angenehm irgendwo verbringen könnte. Unter diesen Gesichtspunkten sollte man wirklich nur das Notwendigste an Bord haben, und hier denke ich vor allem an die Instrumente.

Es versteht sich von selbst, daß jeder erfahrene Segler mindestens einen Peilkompaß, den Sextanten, die Tabellen und ein gutes Radio zum Abhören der Mittagszeit mit sich führt. Alles weitere reißt unnötige Löcher in die Kasse und stiehlt Zeit und Geld im Hafen. Sicher gibt es noch weitere nützliche Instrumente, etwa ein Echolot, doch schon die Anschaffung eines Sende-Empfang-Gerätes scheint mir unlogisch, wenn man gerade der Welt des Telefons entflohen ist.

Die Stadt hat uns an gewisse Annehmlichkeiten gewöhnt, die das Leben scheinbar leichter machen. Ich will das gar nicht leugnen. Es ist aber ebenso wahr, daß es viele Menschen gibt, die sich nicht davon trennen können. Ich habe unterwegs sogar einige getroffen, die ihr Fernsehgerät vermissen! Doch noch unbeschreiblicher ist der Schmerz, der mich ergreift, der mir beinahe Magengeschwüre verursacht, wenn ich in manche Yachten blicke und all die teuren und komplizierten Instrumente und Apparaturen unter der Feuchtigkeit und dem Salz verrotten sehe. Und dann kommt noch irgendein Mechaniker aus dem Hafen, um die Dinge zu reparieren, und verlangt einen Preis, für dessen Gegenwert man sich einen Monat lang ernähren könnte.

Mir sind unterwegs sehr viele Yachten begegnet, und ich war immer wieder erstaunt, daß nur wenige Besatzungen wirklich glücklich waren. Vielleicht kommt dies daher, daß viele von ihnen einen Lebenstraum zu realisieren glaubten, für dessen Verwirklichung sie über Jahre hinweg alles geopfert hatten. Und nun, mitten auf See, mußten sie feststellen, daß die Wirklichkeit nichts mit dem Traum gemein hat. Für das, was einige »Enttäuschung« nennen, gibt es viele Gründe. Ich will nur den wichtigsten nennen: Sie haben niemals diesen gewissen Punkt des Nichtwiederkehrens erreicht, hinter dem alles leichter wird. Sie sind abgefahren, sicher, doch so weit sie inzwischen auch gekommen waren, so wenig hatten sie die Schranken ihrer alten Gewohnheiten, der Annehmlichkeiten, des kleinen bürgerlichen Komforts vor der Abreise durchbrechen können.

Sie legen sich immer wieder darüber Rechenschaft ab, wieviel sie im bürgerlichen Leben erreicht hatten und wie schwer es ist, dies alles aufzugeben. Sie fühlen sich in ihrer Haut einfach nicht wohl, sind mit sich selbst oder der Mannschaft oder der Familie unzufrieden. Die Furcht vor dem Unbekannten und vor allem die Angst vor der Einsamkeit läßt sie immer wieder in Häfen und an den bekannten Ankerplätzen mit Gesinnungsgenossen zusammenfinden, und so bleiben sie eingewoben in das Netz, dem sie entkommen wollten: den alten Gewohnheiten.

Vielleicht haben solche Überlegungen in diesem Kapitel gar nicht ihren Platz. Ich halte sie aber für sehr notwendig, allein um alle Träumer davor zu warnen, sich zu einem Abenteuer einzuschiffen, dessen Konsequenzen sie nicht ganz durchdacht haben. Es ist nämlich traurig, daß es so viele gibt, die eine Existenz führen, von der die meisten nur träumen – die aber doch nicht glücklich sind und in ihrem Hinterkopf immer die gleichen Gedanken wälzen. Man sagt, daß es vor einer Weltumsegelung das Schwierigste ist, die gewisse Tür aufzustoßen, die aus der Alltagswelt hinausführt. Ich füge aus eigener Erfahrung hinzu, daß, wenn man sie hinter sich geschlossen hat, man auch bereit sein muß, das meiste davon aufzugeben, was einen bis dahin umgeben hat. Und das ist dann im wesentlichen eine Rückkehr zu Einfachheit und Bescheidenheit.

Ich halte es für interessanter, über diese Probleme zu schreiben, als bis ins Detail über die Ausrüstung der TRISMUS zu informieren. Darüber zu sprechen, daß die Persenning alles so wasserdicht abgeschlossen habe wie eine Konservendose und daß die Tag- und Nachtgleichen für den Segler ebenso schön sind wie für den Unterwasser-Enthusiasten der schicke Taucheranzug, ist ja auch gut. Doch das wissen alle erfahrenen Segler bereits, und für die Laien ist das uninteressant – wem hilft's also?

Um es für die ganz Interessierten kurz zu machen: Wenn ich auf eine Weltumsegelung ginge, opferte ich all meine Ersparnisse für einen sicheren Rumpf und ein leicht zu unterhaltendes Schiff mit Metallmasten und einer Sarma-Takelage mit handgenähten Terylen-Segeln. Ich wäre bereit, innen alles möglichst kahl zu lassen, nur meine Hängematte würde über dem unvermeidlichen Kartentisch schaukeln. Das erwartet mich übrigens in meiner nächsten TRISMUS, und ich werde mich dabei sehr wohl fühlen . . .

## Edition Maritim

**Das große Buch der Gorch Fock**

Herausgegeben von Frank Grube und Gerhard Richter, 168 Seiten, davon 112 Seiten mit vielen farbigen Abb., Großformat 24 × 31 cm, DM 68,–

**Alain Gerbault · Abenteuer Atlantik**

144 Seiten mit 25 Abb., eingebunden in Segeltuch, DM 29,80

**Ludwig Schlimbach · Ein Mann erobert den Atlantik**

128 Seiten mit 20 Abb., eingebunden in Segeltuch, DM 24,80

**Erling Tambs · Kreuzfahrten des Grauens**

224 Seiten mit 24 Abb., eingebunden in Segeltuch, DM 29,80

**Johannes Voss · Die abenteuerlichen Reisen des Kapitän Voss**

256 Seiten mit 8 Abb., eingebunden in Segeltuch, DM 29,80

**Das große Buch der Passat**

Mit einem Text von Hans Domizlaff, 152 Seiten, davon 96 Seiten mit vielen farbigen Abb., Großformat 24 × 31 cm, DM 68,–

**Hannes Lindemann · Allein über den Ozean**

184 Seiten mit 22 Abb., eingebunden in Segeltuch, DM 29,80

**Tagebuch**

Herausgegeben von Neil Hollander und Harald Mertes, 96 Seiten mit 16 Abb., Großformat 25 × 20 cm, eingebunden in Segeltuch, DM 29,80

**Gästebuch**

Herausgegeben von Neil Hollander und Harald Mertes, 96 Seiten mit 12 Abb., Großformat 25 × 20 cm, eingebunden in gelohtes Segeltuch, DM 24,80

**Logbuch**

Herausgegeben von Neil Hollander und Harald Mertes, 128 Seiten mit 55 Abb., Großformat 25 × 20 cm, eingebunden in Segeltuch, DM 29,80